디지털시대의

사회복지 윤리와 철학

오미희 · 이태희 · 박순미 · 배은석 · 김수림

창지사

머리말

디지털시대의 사회복지 윤리와 철학

디지털시대는 신개념의 윤리적 도전을 제시한다. 인공지능을 일상생활에 성급히 통합할 수는 없겠지만, 도덕적 복잡성이 존재한다는 것은 예측할 수 있다. 또한, 오늘날 저출산·초고령사회에서 초래하는 개인의 위해를 보호하고 그들의 자율성과 균형이 유지되도록 보장하는 사회적 책임이 확고하지 못할 때 윤리적 딜레마가 발생할 수 있다.

이러한 시대 사회복지사의 관심은 난해한 도덕적 문제를 '어떻게 극복할 것인가?'를 깊이 숙고해야 할 것이다. 하지만, 상충하는 도덕적 의무, 권리와 가치에 직면했을 때 발생하는 윤리적 의사결정의 까다로운 문제 해결을 위한 사회복지사 개인의 가치관을 반영하기는 쉽지 않다.

철학(philosophy)은 사회복지사에게 생각하는 힘의 중요성을 알게 하고, 윤리(ethics)는 철학의 한 분야로 사람과 사람이 어울리며 어떤 행동이 도덕적으로 옳은가 또는 그 행동이 어떠해야 하는가를 다루는 개념이다. 윤리와 철학에 대한 교육의 필요성은 전문가적 윤리를 가르치는 것을 목적으로 행동하는 윤리적 실천가를 길러내는 데 있다. 사회복지사는 언제나 클라이언트를 위해 '무엇을 해야 하는가?', '나는 무엇을 추구하는가?'와 같은 철학적 질문을 통해 사회복지의 본래 사명과 정체성을 분명히 하여 그들에게 최선의 이익이 실현될 수 있도록 해야 한다.

현실적으로 사회복지사의 「윤리적 가치판단」과 「철학적 사고」는 사회복지 실천현장에서 매우 중요하다. 사회복지기관(시설) 또는 동료들과의 가치와 윤리적 판단이 일치하지 않을 수 있으며, 클라이언트와도 다를 수 있기 때문이다. 그러므로 사회복지사들은 다양한 현실적 문제를 올바르게 판단할 수 있도록 개인적 융통성과 유연성으로 윤리적 실천에 민감해야 한다. 민감성을 갖춘다는 것은 실천 현장에서 윤리적 문제의 불가피성을 인정하고 그 대안을 예측하여 사전에 충분히 준비하는 태도이다. 게다가 AI 기술이 가져오는 디지털시대를 맞이하면서 '인공지능 윤리(AI Ethics)'의 중요성이 강조되므로 전문가들은 다양한 윤리적 문제에 대처하기 위해 문제의 원인을 살펴보며 여러 관점을 통합하여 미래역량을 갖출 수 있는 '윤리의식'을 바로 세워야 한다고 강조하고 있다. 이처럼 사회복지 전문직은 시대적 변화에 따른 가치 지향의 학문적 이념을 기반하여 논리적이고 과학적인 사고를 토대로 자신의 임무를 수행해야 하므로 그 책임감은 매우 크다고 할 수 있다.

이러한 관점 아래 「디지털시대의 사회복지 윤리와 철학」에서는 기술혁신의 발달과 함께 인권과 생명의 존엄성에 관심을 두는 실천가로서 사회정의를 실현하고 사회복지 전문직 발전에 이바지할 수 있는 지침을 제공하도록 하였다.

저자 모두는 사회복지실천 현장뿐만 아니라 윤리적 가치와 철학적 이념에 관심이 있는 전문가들을 위해 사용하는 것에 집필의 목적을 두었다. 그리고 사회복지실천현장에서 경험하는 「윤리적인 문제 해결방법」을 어떻게 전달해야 하는가에 대해서도 고민하였다. 전공 과정에서 많은 이론을 습득하지만, 이를 적용하는 기술은 자유롭지 못하기 때문이다. 따라서 이 책에서는 문제 해결을 위한 다양한 '의사결정 모델 이론을 사례관리에 적용하는 진행 과정'을 제시하기로 하여 차별성을 두었다.

이 책은 전체 4부 13장으로 구성되었다. 제1부 제1장에서는 사회복지에서 왜 철학을 이해해야 하는지를 알고 철학의 개념과 특성 및 체계를 논하였다. 제2장에서는 고대 철학 사상으로 접근하여 소크라테스의 앎과 가치, 아리스토텔레스의 덕의 개념, 플라톤의 이데아 사상을 다루었다. 제3장에서는 현대 철학사상을 알기 위해 목적론적 윤리이론과 의무론적 윤리이론의 흐름을 파악하고, 공리주의와 칸트의 윤리학, 롤즈의 정의론과 공동체주의를 통해 사회복지적 함의를 도출하였다. 그리고 AI가 일상과 밀접해지는 인공지능의 등장과 윤리에 대한 사전적 준비를 강조하였다.

제2부 제4장에서는 사회복지실천에 있어 가치의 개념과 중요성 및 윤리의 유형을 구분하고 실천과정에서 발생할 수 있는 가치와 윤리의 관계를 다루었다. 제5장에서는 사회복지사가 형성해야 할 윤리관을 정립하고 윤리학의 연구영역에 따른 개념과 분석적 측면에서의 가치와 윤리에 접근했다. 제6장에서는 사회복지의 주요 가치인 사회정의의 개념과 가치를 유형별로 구분하고, 실천 현장에서 필요한 다양성과 차이점, 사회연대와 사회통합 및 자유의 가치를 소개하였다.

제3부 제7장에서는 사회복지 전문직 윤리강령의 기능과 필요성을 이해하고 한국과 주요나라의 사회복지협회 윤리강령을 비교 분석하여 시사점을 도출하였다. 제8장에서는 사회복지실천에서 발생하는 가치 갈등 상황을 이해하며 윤리적 쟁점의 내용과 쟁점 간의 한계를 정리하였다. 제9장에서는 사회복지실천 현장에서 발생하는 윤리적 갈등 해결을 위한 의사결정의 내용과 학자별 의사결정 모델을 제시하였다. 10장에서는 디지털윤리의 필요성과 사회복지와의 연관성을 모색하고, 공공의 이익과 사회적 책임 및 개인의 복지와 권리보호를 강조하고 이에 대한 실천사례를 정리하였다.

제4부 11장에서는 클라이언트의「자기결정권」과「비밀보장」의 사례를 제시하고 이를 로웬버그와 돌고프의 문제 해결 과정과 윤리적 원칙 심사표에 적용하였다. 제12장의 클라이언트「개별화」와「수용원리」 사례는 리머의 의사결정모델과 콩그레스의 모델에 적용하였다. 13장의 클라이언트의「목적 있는 감정표현」,「비심판적태도」,「통제된 정서적 관여」 의 사례에서도 각각 로웬버그와 돌고프, 리머, 콩그레스의 ETHIC 모델을 적용하였다.

이 책에서 차별성을 둔 4부는「사회복지실천론」에서 강조한 '비에스텍(Biestek)의 관계의 7 원칙'을 기반하여 사례를 소개하고 이에 대한 문제해결과정은 제9장에서 학습한 윤리적 모델을 적용하였다. 자유토론 공간을 마련하여 그룹별로 주어진 주제에 대해 새로운 관점에서 논의할 수 있도록 메모장을 남기었다. 그리고 학습자가 윤리적 딜레마에 직면하였을 때 필요한 정보가 무엇인가를 알아야 한다는 것과 의사결정 모델을 실제 적용하여 주도적으로 분석하는 능력을 함양할 수 있는 단계적 절차를 만들었다.

빠르게 변화하는 사회복지를 둘러싼 환경에 맞추기 위해 다섯 명의 저자가 나누어 집필하였으나 여전히 미흡한 부분은 계속 다듬어 나갈 것을 약속드린다. 그리고 이 책을 접한 모든 학습자에게는 전문적 역량을 갖추는 데 도움이 되기를 기대한다.

마지막으로 이 책이 나오기까지 성실한 인내심으로 기다려 주신 창지사 김기섭 사장님과 김영식 상무님, 그리고 편집진의 노고에 감사의 인사를 드린다.

2023년 8월

저자 일동

차례

제1부

사회복지 윤리와 철학의 기초

1장 사회복지철학의 이해

학습목표

1. 사회복지에서 왜 철학을 이해해야 하는 지 안다.
2. 철학의 개념과 특성을 이해한다.
3. 사회복지철학의 특성과 체계를 이해한다.

1. 사회복지와 철학

사회복지란 무엇인가? 대체로 우리가 사회복지에 관심을 가지고 이 학문을 전공하기로 결정한 계기는 주변에 어려운 이웃이 보다 나은 인간다운 삶을 살 수 있도록 전문적으로 돕고자 하는 마음일 것이다. 더 구체적인 동기는 개인마다 차이가 있을 수 있지만 궁극적으로는 이와 같은 전문적 활동에 참여하여 건강한 사회를 만들어가는데 기여하고자 하는 것은 일치하는 부분일 것이다. 하지만 오랜 기간 사회복지에 대해 학습하는 것은 사회복지 활동이 단순히 봉사활동에 그치는 것이 아니기 때문인데, 그렇다면 여기서 우리는 수많은 질문에 직면한다.

다시 우리가 사회복지를 하기로 마음먹은 계기를 살펴보자. ''주변'은 무엇이며, 어디까지를 '주변'에 포함시키고, 배제할 수 있는가?', '어렵다는 것은 무엇이며, 그 기준은 무엇인가?', ''이웃'은 누구인가', '인간다운 삶이란 무엇인가', '전문적이라는 것은 무엇인가', ''돕는다'는 것은 어떤 활동인가' 등의 수많은 질문이 있을 수 있다. 이 질문들은 여기에 그치지 않고, 다시 다른 질문을 파생시킨다. 예를 들면, '인간다운 삶에서 '인간'은 어떤 존재인가', ''삶'이란 무엇인가' 등의 질문이다. 이러한 질문들 앞에 피로감이 올 수 있다. 하지만 그렇다고 이 질문에 대한 탐구 없이 사회복지 활동을 할 수는 없다. 그것은 마치 설계도면이나 건축 자재에 대한 이해 없이 높은 건물을 쌓아 올리는 일과 같다. 단순히 어려운 일이 아니라 위험한 일이 된다.

그런데 문제는 사회복지와 사회복지대상자 그리고 사회복지의 본질이나 본성에 대한 질문이 가진 중요성에도 불구하고 이러한 질문에 대한 해답을 구하는 방법이 생각보다 쉽지 않다는 것이다. 사회복지에 대한 추상적인 정의를 분석하는 것으로는 사회복지의 본질을 정확하게 파악하는 것이 불가능하다고 하여 반대로 사회복지사가 구체적으로 활동하는 실천현장의 경험들로부터 사회복지의 본질에 대해 접근하는 것 역시 그다지 만족스러운 해답이 아니다. 왜냐하면 아무리 오랜 기간 동안 폭넓은 실천경험을 가진 사회복지사라고 하더라도 그의 경험이 사회복지의 본질이나 본성이 의미하는 내용이나 의미 전체를 포괄하고 있다고 그 누구도 장담할 수 없기 때문이다(오정수 외, 2022).

앞서 언급한 것처럼 사회복지와 관련된 본질에 대한 이해 없이 사회복지 실천 활동을 하는 것은 매우 위험한 일이다. 다시 말하면, 사회복지와 관련된 본질에 대한 이해는 사회복지사가 수행하는 사회복지실천, 그리고 사회복지전문가가 설계하는 사회복지정책이 과연 절적하고 효과성을 어느 정도 담보할 수 있는가의 문제와 직결된다. 그렇다면 사회복지는 조금 더 근원적인 학문, 즉 철학적 접근을 시도해야 할 필요가 생긴다. 철학은 어떤 대상의 본질과 의미를 근본적(radical)·총체적(holistic)·보편적(general)으로 탐구하는 학문이다(오정수 외, 2022). 또한 존재의 의미와 정당성을 마련하는 것이 철학적 접근이기도 하다. 다음 장에서 다루게 되겠지만 인류의 모든 역사를 관통하는 철학하기의 주된 주제는 인간이란 무엇이며, 인간은 어떻게 살아야 하는가에 대한 질문과 탐구였다. 그렇기 때문에 인간을 대상으로 인간의 전문적 활동을 설계하고 실천하는 사회복지 입장에서는 철학과 반드시 만날 수밖에 없고, 철학하기와 함께 성장해야 한다.

그것이 사회복지의 존재 의미와 정당성을 보다 풍성하게 설명할 수 있기 때문이다.

2. 철학의 기초 이해

사회복지사가 올바른 사회복지실천을 하고, 사회복지정책입안자들이 사회복지와 관련한 정책을 개발하고 또 집행하는 데 있어 사회복지에 대한 근본적인 이해는 반드시 필요하다. 이 과정에서 요구되는 것이 근본적인 이해를 돕는 도구로써 철학을 활용하는 것이다. 사실 철학은 활용되기보다 사회복지에 대한 이해의 시작이어야 한다. 그렇기 때문에 본 절에서는 철학은 무엇이며, 철학이 가지고 있는 특성과 탐구방법 등에 대해서 기초적인 내용을 학습하고자 한다.

1) 철학의 개념과 특성

(1) 철학의 개념

인류의 역사는 철학과 함께 시작하고 진행해 왔다고 해도 과언이 아니다. 인간의 살아감에 있어서 여러 가지 질문을 해왔지만, 시대와 장소를 관통하는 공통된 질문들이 있었다. 대표적인 공통된 질문은 첫째, 인간이란 무엇인가?, 둘째, 우리가 살고 있는 세계(사회)란 무엇인가?, 셋째, 우리는 인간과 세계를 어떻게 알 수 있을까? 였다. 이러한 질문들에 대한 다양한 접근 또는 노력들의 모습이 종교, 철학, 과학, 예술 등의 방법으로 표현되었다. 이 노력들은 각각 고유한 경로를 통해 발전해 왔고, 동시에 서로 상당한 영향을 주고 받으며 위와 같은 질문에 대한 답을 찾기 위해 탐구해 오고 있다. 여기서 정의할 수 있는 철학의 개념을 살펴보면 결국 철학이란 앞서 제시한 인간의 세 가지 질문, 즉 "인간이란 무엇인가? 세계란 무엇인가? 그리고 인간과 세계란 무엇이며 과연 우리는 그것을 어떻게 알 수 있는가?"에 대해 가장 적절한 해답을 찾아가는 체계적이고 전문적인 탐구 과정과 그 결실임을 정확히 알 수 있다(오정수 외, 2022).

보다 쉽게 설명하자면, '철학한다는 것'은 '생각한다는 것'을 말한다. '생각해 본다는 것'을 말한다. 철학한다는 것은 '무엇'에 대한 생각을 한다는 것이다. '철학적 사변', '학문'을 의미하는 라틴어 'Theoria'라는 말은 '보다', '구경하다'라는 의미를 지닌 그리스어에서 유래하였다. 측 철학하는 것은 어원적으로 생각하며, 보는 것을 뜻한다. 이렇게 볼 때 철학은 보는 것을 의미한다. 그런데 보는 것에는 단계가 있다. 첫째, '바라보다', '구경하다'는 단계로 경치를 보는 것처럼 막연하게 어떤 사물을 바라보는 단계이다. 둘째, '눈여겨보는' 단계이다. 어떤 것이 다른 것에 비하여 두드러지고 전체는 그 배경을 이루게 된다. 셋째, '들여다보다', '꿰뚫어 보다'는 단계는 속 내용, 참된 내용을 보는 단계이다. 이 때 우리는 사물의 참된 모습을 보게 된다. 이와 같이 철학하기는 것은 생각하는 것이며, 생각하는 것은 보는 것이다. 또 본다는 것은 대화를 한다는 것이다. 따라서 철학하는 것은 배우고, 우리가 보는 것이 한계가 있음을 인정하고 남들이 본 것을 받아들임으로써 우리 사지의 시야를 넓히는 것이다(정현태 외, 2022).

지금까지 철학의 개념을 간단히 살펴보았는데, 유사한 표현이 혼재되어 있는 것을 발견했을 것이다. '철학'과 '철학하기' 두 가지 표현이 혼재되어 개념정의가 되어 있다. 왜 학자들은 철학의 개념을 설명하면서 일종의 명사형과 동사형을 함께 사용할까? 철학은 완료형 즉 완성된 어떤 결과물로써의 대상이 아니라 활동적인 차원의 특성이 강하기 때문이다. 생각하는 그 활동 자체가 철학이기 때문에 '철학하기'가 더 그 개념이 가진 의미에 가깝기 때문이다. 따라서 우리는 철학을 이미 인류사회가 정의하고 있는 결과론적인 특정 학문이 아닌 '생각하는 활동'으로서 이해할 필요가 있다. 이는 어떤 대상을 철학한다는 것은 시대에 따라 그 대상에 대한 이해가 전혀 달라질 수 있음을 의미하기도 한다. 그렇기 때문에 시대에 적절한 인간다운 삶, 또는 인권을 고민하는 사회복지에 있어서 철학하기는 매우 중요하다고 할 수 있다.

(2) 철학의 어원

철학을 이해하는데 그 어원을 살펴보는 일은 도움이 된다. 현재 우리가 사용하는 철학이라는 명칭은 기본적으로 한자어이다. 이는 '밝다, 슬기롭다, 알다'라는 뜻을 가진 한자어 '철(哲)'과 '배우다, 공부하다'라는 뜻을 가진 한자어 '학(學)'의 합성어이다. 따라서 철학은 철(哲)에 관한 학문을 의미한다. 그런데 정치학이 정치에 관한 학문, 생물학이 생물에 관한 학문으로, 그 명칭에서 곧바로 연구대상을 쉽게 파악할 수 있는 것과는 달리 철에 관한 학문으로서 철학이 정확히 무엇인지를 직접 이해하기는 매우 힘들다. 철(哲)의 의미는 대표적인 유학의 고전 가운데 하나인 『중용(中庸)』에 등장하는 구절인 "시왈 기명차철이보기신(詩曰 旣明且哲以保其身)"에서 발견할 수 있다. 이 구절이 의미하는 바는 '사물에 밝고 도리에 통해 있으면 자기의 몸을 잘 보전하고 유지할 수 있다는 뜻이다. 아마도 이 문장에서 명차철(明且哲)이라는 것의 의미, 즉 밝은 동시에 통해 있다는 뜻을 한 글자로 뭉뚱그려 철(哲)이라는 글자로 담았을 가능성이 높다. 결국 철학이라는 학문은 '사물에 밝고 도리에 통함'을 연구의 대상으로 하는 학문 체계인 것이다. 만일 우리가 사물에 밝고 도리에 통함을 진리 혹은 참된 지식이라고 간주한다면 철학은 세상에 대한 참된 지식, 즉 진리를 추구하는 학문이라고 할 수 있다(오정수 외, 2022).

철학이 무엇을 의미하는지를 보다 면밀하게 탐구하기 위해서는 철학의 어원인 필로소피를 살펴보아야 한다. 영어 필로소피는 그리스어 philosophia(qihooopia)에서 유래하였다. 필로소피는 사랑을 의미하는 philia(pula)와 지혜를 의미하는 sophia(oogla)의 합성어이다. 글자 그대로 해석한다면 필로소피는 지혜에 대한 사랑을 의미한다. 따라서 철학이 무엇인지를 보다 분명하게 이해하기 위해서는 철학을 구성하는 두 요소인 지혜와 사랑의 의미에 대해 깊이 생각해 보는 것이 매우 중요하다(백훈승, 2015).

지식은 어떠한 상황이나 사건이 사실로 구현되는 것을 명제화한 하나의 정보 체계라고 볼 수 있다. 이와는 달리 지혜는 지식을 활용할 수 있는 능력을 의미한다. 지식은 지혜의 필요조건이지만 지혜는 지식의 충분조건이다. 지혜는 지식이라는 알아차림의 조각들을 이용하여 전체적인 앎을 그리는 능력을 의미하며 동시에 지식이 구체적인 상황과 사태에서 적절하게 마름질되어 구체화되는 모습, 즉 지식을 구현하고 활용하는 능력을 의미한다고 볼 수 있다. 다시 말해 지혜는 단순한 개별지식이나 정보에 대한 숙지, 암기, 이해를 의미하는 것이 아니라 지식들 간의 상호관계에 대한 종합적이고 본질적인 이해를 의미한다고 할 수 있다(오정수 외, 2022).

다음으로, 지혜와 함께 철학 개념을 구성하는 또 다른 개념인 사랑에 대해 살펴보도록 하자. 철학이 지혜에 대한 사랑이라고 할 때, '사랑한다 혹은 좋아한다'는 것을 의미하는 동사인 필레인(phiein)은 원래 호모로게인을 뜻하는 것으로, 이는 로고스에 순응하여 말하는 것을 의미한다(Heidegger, 2000). 여기서 순응하여 말한다는 의미에 주목한다면 우리는 필레인에 담겨 있는 중요한 개념이 바로 어떤 것과 어떤 것의 조화로운 울림, 즉 하르모니아(조화)임을 알 수 있다(Heidegger, 2000). 조화를 의미하는 하르모니아는 어떤 것이 다른 것과 잘 어울림, 즉 친밀감을 의미한다. 결국 필레인이라는 것은 근원적으로 서로가 서로를 따르면서 서로에게 기대는 것을 말한다. 이런 의미에서 볼 때 어떤 하나가 어떤 하나를 소유, 독점하거나 혹은 이를 기반으로 이용하거나 억압하는 것은 결코 필레인의 본뜻이 아닐 것이다. 지금까지 살펴본 사랑의 뜻을 이용하여 지혜에 대한 사랑으로의 철학의 의미를 생각해 보면 철학 혹은 철학하는 것의 본질을 보다 분명히 알 수 있다. 철학이라는 것은 전혀 알지 못하는 무지(無知)의 상태와 모든 것을 완벽하게 알고 있는 완전지(完全知)의 상태 사이에 놓여 있는 중간자(inter−esse)인 인간이 자신이 탐구하고자 하는 대상에 대해 끊임없이 관심(interest)을 가지면서 그에 대한 완전한 앎을 향해 노력하고 추구하는 것을 의미한다. 다시 말해 철학은 어떤 상태에 대해 관심을 가지고 그에 대한 완전한 앎을 위해 끊임없이 노력하는 상태라고 볼 수 있다(오정수 외, 2022).

2) 철학의 특성

철학은 위에서 언급한 바와 같이 결론적이 특정 분야를 말하는 것이 아니라 어떤 대상 또는 분야를 두고 생각하는 것을 말한다. 그렇기 때문에 철학은 생각해야 하는 고유한 분야가 따로 있는 것이 아니라 모든 사물, 존재, 사건, 분야 등이 그 대상이 될 수 있다. 모든 것이 철학의 대상이 될 수 있다는 것을 의미한다. 그렇다면 다음 질문은 무엇을 생각할 것인가에 대한 것이다. 철학은 무엇이든 생각하는 것을 말하지만 우리는 일상에서 아무것이나 생각하지는 않는다. 그렇기 때문에 우리는 생각해 볼 만한 것에 대해서 생각하게 되고, 생각해 보아야만 할 것에 대해 생각해야 한다. 무엇이 생각해 볼 만한 것이고 무엇을 생각해 보아야만 하는 것인가를 물어야 한다(정현태 외, 2022). 우리가 이 장에서 철학하기를 다루는 이유는 사회복지가 생각해 보아야하고 생각해 볼 만한 것이기 때문이다.

그렇다면 우리가 무엇이 생각해 볼 만한 것인가에 대한 도움을 얻으려면 인류 역사를 통해 수많은 철화자들이 또는 일반 대중이 무엇을 공통적으로 중요하게 생각해 왔는지를 살펴볼 필요가 있다. 대체로 철학자들이 다룬 질문들은 '안다는 것이 무엇인가?', '있다는 것이 무엇인가?', '인간이란 무엇인가?', '올바르다는 것은 무엇인가?', '신은 존재하는가?' 등이다. 첫째 '안다는 것은 무엇인가?'라는 문제를 우리는 인식론이라고 한다. 우리는 살아가면서 하는 대부분의 결정을 자신이 알고 있는 것을 근거로 삼는다. 그렇기 때문에 안다는 것은 매우 중요한 것인데, 그 '안다'는 것이 무엇인가에 대한 질문이다. 그 앎이 올바른 것일 때, 진리 혹은 사실이라고 말하며, 그 앎이 틀린 것일 때 오류, 거짓이라고 부른다. 하지만 안다는 것도 매우 모호한 것이다. 예를 들어 우리는 지구가 둥근 모양이라는 것을 알지만 사실은 우리가 지구 밖에서 둥근 형태를 직접 확인하는 경험은 개인이 가지기 힘들기 때문에 그렇게 촬영된 사진이나 우주에서 지구를 바라본 사람들의 주장을 믿는 것에 가깝다. 이처럼 안다는 것도 생각해볼 만한 것이다.

둘째는 '있다는 것은 무엇인가'라는 것이다. 이것은 '존재론'이라고 부른다. 있다는 것은 무엇이고, 왜 없지 않고 있는 것인가에 대해 생각해 보는 것을 형이상학이라고 한다. 이 역시 예를 들어, 우리는 눈에 보이는 것만 있다고 생각하지 않는다. 사랑, 우정, 양심 등은 그 자체로 가시적이지 않지만 우리는 있다고 인정한다. 이처럼 우리 주위에 있다고 하는 것들에 대해서도 생각해 볼 만한 것이다. 또 하나 대표적인 질문은 앞서 말한 인식과 존재의 주체가 되는 인간에 대한 질문이다. 즉 '인간이란 무엇인가'라는 질문이다. 이러한 질문을 유일하게 하는 존재가 인간이기도 하고, 인간을 어떻게 정의하느냐에 따라 인식과 존재에 대한 접근은 여러 가지 차원으로 설명되기도 한다. 여기서 나아가 인간이 모든 사물을 인식하고 존재를 생각하는 유일한 주체라면 그 인간은 어떻게 살아야 하는가에 대한 질문이다. 인간이 어떤 존재라면 어떻게 살아야 하는 가에 대한 당위성 혹은 적절성에 대한 질문은 자연스럽게 이어질 수 밖에 없다. 이 과정에서 인간이 선택해야 하는 선과 악, 즉 선은 무엇이고, 악은 무엇인가에 대한 질문으로 또다시 이어진다. 즉 사회윤리, 양심 등의 주제가 이 차원에서 철학적 주제로 다루어지게 되는 것이다.

이와 같은 논의로 철학의 특성을 정리하자면, 철학은 첫째 무전제성(無前提性)이다. 철학은 자신만의 고유한 전제와 조건에 따라 기계적으로 대상을 설명하는 것이 아니라 확실한 근거나 원리를 찾고자 하는 입장, 즉, 그 과정에서 철저한 무전제성을 견지한다는 것이다. 둘째, 근원적이다. 어떤 존재의 현상이나 겉모습을 살펴보는 것으로 끝나지 않고, 어떤 대상을 온전히 이해하기 위해서 그 본질에까지 계속해서 질문을 던져나가는 방식을 말하는 것이다. 다시 말해, 그 기원에까지 파악하고자 끊임없이 사유하는 특성을 가진다. 셋째, 반성 혹은 성찰의 특성을 가지고 있다. 철학은 생각하는 대상에 대해 비판적으로 끊임없이 바라보는 것과 동시에 그 주체가 되는 스스로 즉 인간의 사고방식과 사유 자체마저 비판적으로 검토하는 태도를 말한다. 마지막으로 전체성(全體性)이다(오정수 외, 2022). 우리가 생각하는 대상을 온전히 이해한다고 할 때 그 일부분만을 이해한 것을 말하지 않는다. 그 대상의 시작과 과정, 혹은 그 영향력 등의 다양한 차원을 모두 살펴볼 때 우리는 온전히 이해했다고 할 수 있기 때문이다. 그래서 철학은 전체성을 견지할 수 밖에 없는 것이다.

3. 철학과 사회과학

철학의 개념과 특성을 살피면서 주된 질문 중 하나가 '안다는 것은 무엇인가'라는 것이었다. 이 질문은 바로 여기서 적용해 보자. 우리가 특정한 어떤 것을 안다는 것은 특정하지 않은 다른 유사한 것들을 포괄적으로 알고 있을 때 '안다'라고 말할 수 있다. 예를 들면, 우리가 친구 A를 안다는 것은 다른 친구인 B와 C를 알기 때문에 가능한 것이다. B와 C를 알기 때문에 A와 구분할 수 있고 그래서 우리는 A를 특정하여 지칭할 수 있는 것이다. 본 절에서는 이러한 차원에서 철학을 이해하기 위해서는 인간과 세계를 이해하고자 하는 철학 이외의 다른 종류의 접근 방법들을 이해하고자 한다. 그러한 노력에는 과학, 예술, 종교 등이 있다. 이들과 철학은 어떠한 면에서 차별성과 공통점을 가지고 있는지 살펴보고자 한다. 그 중 가장 대표적으로 과학과 철학을 비교하여 살펴보자.

근대 이후는 과학의 시대이다. 과학은 스스로의 눈부신 발전을 기술과 결합하여 우리가 살고 있는 세계와 우리의 삶에 관하여 엄청난 양의 지식과 정보를 제공하고 있으며 우리의 삶의 질 또한 이전과 비교할 수 없을 정도로 향상시키고 있다. 실제로 과학이 이룬 업적은 정말로 위대하다. 우리는 과학을 통해 엄청난 삶의 진보와 향상을 이루었다(오정수 외, 2022).

과학(科學)이라는 용어는 원래 분과학문(分科學文)을 의미하였다(백훈승, 2015). 중세 이후 다양한 영역에서 부분 학문이 발달하면서 기존에는 철학의 부분이었던 분야들이 물리학, 생물학, 심리학, 의학 등으로 독립하기 시작하였고 이를 철학에서 분리된 학문이라는 의미에서 분과학문이라고 불렀다. 실제로 우리가 과학으로 번역하는 science라는 영어의 어원은 scientia로 이는 헬라어 philosophy 혹은 sophia를 라틴어로 옮긴 것이다. 결국 분과학문을 모아 하나의 학문으로 집적하면 바로 철학과 동일해진다고 볼 수 있다. 철학과 비교해 과학은 다음과 같은 특성을 가진다(오정수 외, 2022).

첫째, 과학은 개별적이며 부분적이다. 앞서 언급한 것처럼 철학은 세계와 삶의 전체를 온전히 순수하게 뿌리 끝까지 탐구하려는 무전제성이라는 특성을 보인다. 반면에 과학은 언제나 전체에서 차지하는 일정 부분의 대상을 연구 영역으로 한다. 결국 과학이 추구하는 지식은 부분지식이며 언제나 특수학문 혹은 개별학문이며 그런 차원에서 언제나 분과과학인 것이다. 둘째, 과학은 가치를 배제하고 사실에 대한 탐구에 집중한다. 과학이 보는 세계는 인간이라는 자율적 의지를 가진 존재가 개입할 여지가 없으며 인간의 가치판단과 무관한 객관적인 세계를 묘사하고 그 속에 담긴 법칙이나 원리를 규명하려 한다. 셋째, 과학은 언제나 일정한 전제 위에서 수행된다. 앞서 언급한 바와 같이 철학이 가진 가장 중요한 특성은 무전제성이다. 철학은 그 어떠한 전제나 제약 또는 선입견 없이 인간의 삶과 세상의 본질을 끝까지 추구하려는 것임에 반해 과학은 자신의 학문적 논증을 정립하기 위해 몇 가지 전제와 원칙을 가진다. 이를 흔히 과학적 세계관 혹은 과학주의라고 부른다.

하지만 아무리 과학이 발달하여 인간과 세계의 많은 부분을 설명한다고 하더라도 과학으로 설명하거나 해결할 수 없는 삶의 영역이 존재한다. 예를 들어, 죽음에 대한 고민이나 정치 혹은 예술의 문제는 생물학이나 물리학 혹은 수학으로 설명하거나 분석할 수 없다. 과학적 세계관은 과학의 영역만을 중시하여 인간 실존의 의미는 무시하거나 생략해 버리는 잘못을 저지를 수 있다. 우주의 본질은 무엇인가, 인간이란 무엇인가, 삶의 목적은 무엇인가, 사후에는 우리에게 무슨 일이 일어나는가 등의 문제와 관련하여 과학은 이 질문을 검증 불가능한 개인적 관심이나 취향 혹은 심지어 상상이라고 간주할 수 있다. 다시 말해 과학적 세계관에서 볼 때 이러한 질문은 합리적 인간이 관심을 가지거나 규명할 필요가 없는 무의미한 질문이다.

그럼에도 불구하고 분명한 것은 과학이 세계 전체를 설명하고 이해할 수는 없으며 세계 가운데 일부를 자신만의 독특한 방법으로 설명하고 제시할 수 있을 뿐이라는 것이다. 이러한 면을 종합하면 과학이 어떠한 토대나 원리를 가지고 작업을 수행하고 있으며 이러한 토대나 원리의 근거는 무엇이며 과연 타당한 것인가 그리고 과학이 수행하고 있는 작업의 의미와 가치는 무엇인가와 같은 과학의 본질과 근거에 대한 문제 제기가 중요해진다. 그런데 문제가 되는 점은 이러한 해답은 결코 과학 자체로부터는 도출될 수 없다는 것이다. 다시 말해 과학은 역설적으로 자신의 존립과 활동을 위해 본질적으로 철학을 필요로 하며, 이처럼 과학을 대상으로 하는 철학적 탐구를 과학철학(科學哲學: philosophy of science)이라고 부른다(강신익 외, 2011).

이러한 차원에서 사회복지에서도 철학을 해야 하는 당위성을 찾을 수 있다. 사회복지학 역시 인간을 이롭게 하는 실천적 학문의 성격이 강하다. 즉 인간의 삶을 풍요롭게 하는데 필요한 개인적, 집단적, 사회적 노력을 연구하고, 그 방법을 찾아내는 학문이다. 그렇기 때문에 과학과 마찬가지로 사회복지 안에서는 본질에 대한 결론을 도출하기란 어렵다. 충분한 철학적 사고를 바탕으로 정의내려진 인간과 사회에 대한 시간적으로 이후의 노력에 해당되기 때문이다. 물론 이 과정은 순환한다. 그 노력의 과정에서 존재에 대한 본질적 정의가 수정되거나 재해석되기도 한다. 하지만 실천활동은 실천 대상의 존재가 정의내려진 이후에 기획되는게 일반적인 사회복지 활동 과정이라고 할 수 있다.

4. 사회복지 철학의 개념과 하위체계

1) 사회복지 철학의 개념

앞서 우리는 철학을 '보다', '생각해보기' 등의 표현을 사용하면서 생각해 보아야 하고, 생각해 볼 만한 어떤한 사물, 사실, 존재에 대해서 근원적인 것까지 살피고 탐구함으로써 전체적인 온전한 이해를 하는 과정 또는 노력이라고 정의했다. 이러한 철학의 개념을 사회복지 분야에 적용한다면 사회복지 철학이란 '사회복지와 관련된 모든 대상과 제반활동에 대해 근원적인 이해를 하기 위한 비판적 사고 활동, 반성적 탐구 활동 또는 그 과정'이라고 정의할 수 있다. 모든 대상과 제반 활동이라는 것은 우리가 현실적으로 경험하는 다양한 사회복지 이념이나 실천, 정책이나 제도, 그 대상이 되는 대상자 속에 공통적으로 존재하는 동시에 이들이 현실적으로 존재할 수 있는 근거와 존재 이유가 되는 본질과 본성을 말하는 것이다.

하지만 사회복지 분야 역시 단편적인 차원으로 접근할 수 없는 매우 복잡한 체계를 가진 분야이기 때문에 모든 대상, 모든 과정을 관통하는 보편적인 철학적 사유가 가능하거나 존재하기는 어렵다. 물론 인간 혹은 인간을 둘러싸고 있는 환경에 대한 접근방법이라는 일반적인 특성을 사회복지 모든 하위 분야가 공유하고 있기 때문에 보편적인 철학적 사유가 존재하지 않는 것은 아니며, 오히려 중요하기도 하다. 하지만 사회복지 분야의 복잡성을 고려할 때 보편적인 철학적 사유가 전 과정에 전적으로 고려되어야 한다는 인식은 지양해야 한다는 것이다. 사회복지에도 대상자를 달리하는 노인복지, 아동복지, 장애인복지 등으로 구분되며, 접근방식에 따라 개인, 집단, 사회 등으로 구분하여 실천기술이 개발되고, 정책이 입안되어 집행되기 때문이다. 각 세부 분야에 따른 철학적 사유는 매우 다양한 방식으로 이루어져야 하며, 그 과정도 상이하다.

또한 사회복지는 다소 모호하지만 사람이 사람에게 사람을 전달한다는 특성이 매우 강한 측면이 있기 때문에 주체가 되는 사람(주로 서비스 제공 기관)과 객체가 되는 사람(주로 서비스 또는 급여 대상자, 최근에는 이러한 주체와 객체의 구분을 지양하려는 노력이 있음), 또 전달되어지는 사람(주로 봉사자, 이웃 등)에 대한 철학적 사유 또한 중요하게 다루어져야 하는 측면이 있다. 이러한 맥락에서 볼 때, 사회복지 철학은 결국 사회복지의 본성과 본질을 반성적으로 탐구하는 것이며 이는 인간과 사회를 이해하는 다양한 관점을 활용하여 사회복지를 새롭게 바라볼 수 있는 대안적 사유의 형태를 창안해 내고 그 의미가 무엇이며 그것이 어떻게 당화될 수 있는지를 설득력 있게 제시하는 기본적이고 근원적인 활동이라고 할 수 있다.

2) 사회복지 철학의 개별 하위체계

여기서는 앞에서 언급한 사회복지 철학의 체계를 구성하는 하위 분과학문의 내용을 보다 구체적으로 제시한다. 철학의 하위 분과 가운데 사회복지와 관련해 상대적으로 많은 함의를 가지고 있다고 생각하는 윤리학, 인식론, 정치철학을 중심으로 구성된 사회복지 윤리학, 사회복지 인식론, 사회복지 정치철학이 각각 어떠한 측면에서 사회복지 영역에 이론적·실천적으로 기여할 수 있는지를 살펴본다(오정수 외, 2022).

(1) 사회복지 윤리학

윤리학(ethics)은 철학의 다른 분과에 비해 사회복지 분야와 일찍부터 긴밀한 연관을 맺어 왔으며 현재 윤리학과 사회복지 분야의 교류 정도는 사회복지 윤리학(social work ethics)이라는 사회복지 철학의 고유 영역이 구축될 정도로 상당히 진전되었다(김기덕, 2002). 일반적으로 윤리학은 윤리적 가치, 곧 선(善)의 의미와 원천을 밝히고 선이 표현된 윤리적 규범들인 도덕법칙을 찾아내고 그것들 위에 서 있는 '도덕의 나라'를 추구하는 철학의 한 분야이다(백종현, 2007). 윤리학은 크게 두 가지 하위영역으로 나누어진다. 하나는 도덕적이란 것이 무엇을 의미하며 이러한 의미는 어떻게 정당화될 수 있는지를 논의하는 메타윤리학(meta ethics)이고, 다른 하나는 주어진 도덕적 문제를 해결하는 데 가장 적절한 도덕이론을 구체화하는 규범 윤리학(normative ethics)이다. 결국 윤리학은 도덕이 무엇인지에 대한 탐구를 통해 우리에게 주어진 규범적 문제를 해결하고자 하는 철학적 노력이라고 할 수 있다(Thompson, 2000). 윤리학이 가지는 이러한 가치를 생각한다면, 윤리학은 사회복지에 있어서 사회복지 실천 과정에서 살펴보아야 하는 전문직 가치와 윤리적 딜레마에 대한 해결방안을 모색하는데 매우 적절한 이론적 자원와 모델을 제시할 수 있을 것이다. 즉 윤리학 혹은 도덕철학은 사회복지학이 추구하는 가치와 이상이라는 규범성을 명확히 하는 작업과 아울러 구체적인 실천 과정에서 직면하는 윤리적 갈등을 명확히 하고 이를 해결할 수 있는 실천원칙과 기법을 제공하는 데 가장 적절한 철학의 하위분야라고 볼 수 있다. 윤리학이 사회복지에 대하여 제공할 수 있는 이론적·실천적 함의들을 보다 명료하게 정리하여 보면 크게 다음과 같다(김기덕, 2002).

첫째, 윤리학을 통해 사회복지는 자신의 사명과 기능의 본질을 명확히 확인할 수 있다. 다시 말해 윤리학은 사회복지가 지향하는 규범적 성격을 명확히 하고 사회복지의 가치와 이념의 내용과 정당성에 대한 근거를 제공한다. 또한 윤리학은 도덕적 측면에서 사회복지의 사회적 정당성을 뒷받침함으로써 사회복지 전문직의 사회적존재 근거를 명확히 할 뿐만 아니라 사회복지 전문직과 관련 활동들을 사회가 승인하고 지원할 수 있는 근거를 제공한다.

둘째, 윤리학은 사회복지사가 구체적인 실천 과정에서 바람직한 실천수단을 선택하는 데 있어 중요한 지침 가운데 하나로 작용한다. 사회복지사는 자신의 실천과정에서 언제나 무엇이 바람직한 실천인지를 모색하고 결정하는 과업이 직면하는 데 이 과정에서 윤리학은 사회복지 실천가가 바람직한 실천개입을 결정하는 과정에서 사용할 수 있는 다양한 수단 가운데 하나로 활용된다.

셋째, 윤리학은 앞에서 언급한 바와 같이 사회복지가 수행하는 실천활동의 정당성을 증명함으로써 사회복지가 사회적으로 존재할 의미가 있음을 정당화하는 과업에 기여할 수 있을 뿐만 아니라, 사회복지가 실천 과정에서 수행하는 다양한 연구, 조사, 출판 등의 인식론적인 작업의 정당성에도 기여할 수 있다. 만일 사회복지의 사명과 본질과 연관된 존재론적 성격이 규범적인 것이라면 이러한 대상을 파악하고 연구하기 위한 방법 역시 윤리적이어야 할 것이기 때문이다(Saleebey, 1990).

정리하자면, 윤리학은 우리 사회에서 무엇을 옳고 그른가에 대한 논의라고 정의할 수 있는데, 사회복지는 정책개발이나 실천과정에서 무엇이 옳은가에 대한 상당한 고민이 수반되는 특성을 가지고 있기 때문에 이와 같은 윤리학의 논의는 매우 중요한 함의를 제공해 준다는 것이다. 특히 사회복지는 당연히 옳은 목적을 가지고 있어야 함과 동시에 그 목적을 달성하기 위한 수단 역시 합목적성을 가지고 있어야 한다. 사회복지실천과정 역시 윤리적이어야 한다는 것이다. 이처럼 사회복지는 문제 인식부터 종결 이후의 전 과정에서 반드시 윤리적이어야 하는 것을 전제한다. 나아가 사회적으로 옳은 것은 급변하는 시대에 따라 변화하기 때문에 윤리적 사고력은 사회복지에 있어서 반드시 담보되어야 하는 역량이기도 하다.

(2) 사회복지 인식론

인식론(epistemology)은 인간의 참된 인식에 대한 철학이다. 인식론은 인간이 과연 자신을 포함한 세상을 어떻게 알아차리고 이해할 수 있을까라는 기본적인 질문에 해답을 주고자 하는 노력이다. 따라서 인간과 세상에 대한 참된 인식인 진리를 진리일 수 있도록 만들어 주는 의심할 여지 없는 확고한 기초가 무엇인지를 추궁하고 어떤 인식이 참된 인식이 되기 위한 조건들을 성찰하는 철학의 학문 분야가 인식론이다(백종현, 2007).

그런데 인간의 참된 인식이란 말 자체가 참된 지식이라는 말과 의미상 차이가 별로 없기 때문에 인식론은 흔히 지식이론(theory of knowledge)으로 불리기도 하고 또는 지식의 의미와 정당성에 대한 탐구라는 측면에서 지식철학(philosophy of knowledge)으로 불리기도 한다. 그렇다면 인식론과 지식철학은 사회복지에 대하여 어떠한 함의를 가지고 있을까? 현대 사회에서 사회복지는 하나의 전문직으로서 자신만의 고유한 가치(values)와 기술(skills) 그리고 지식 체계(knowledge base)를 활용하여 사회적으로 승인된 전문적인 실천활동을 수행해 나간다(Thompson, 2005). 따라서 사회복지가 자신만의 고유한 가치와 지식, 기술 가운데 어느 것 하나라도 제대로 갖추지 못한다면 독자적인 전문직으로서의 사회적인 승인은 불가능할 것이다.

20세기 초 사회복지가 하나의 전문직으로 도입되고 난 이후 전문직에서 요구되는 과학적 조사와 연구방법들을 하나씩 갖추어 나가면서 사회복지가 추구하는 고유한 가치나 기술에 비해 과학적이고 체계적인 지식에 대한 강조가 상대적으로 증가되어 왔다. 이러한 점은 사회복지가 확고한 전문직으로서의 위상을 사회적으로 확보하기 위하여 기울인 노력의 일환이라고 볼 수 있다. 이러한 과정에서 사회복지가 수행하는 실천활동을 안내하는 동시에 그러한 실천 결과가 설정한 목표를 달성하였는지를 알려 줄 분명한 논리적 체계가 존재하는지, 그리고 그 과정을 통해 구축되는 사회복지 지식이 과연 타당성과 신뢰성을 갖추고 있는지, 나아가 사회복지 지식들이 지식의 대상 및 획득 방법이라는 차원에서 다른 여타의 학문과 구별되는 독특한 특성을 가지고 있는지 여부 등에 대한 의문들이 지속적으로 제기되었던 것은 매우 자연스러울 수밖에 없었다(김기덕, 2003).

그렇다면 구체적으로 인식론은 어떠한 측면에서 사회복지에 기여할 수 있을까? 사회복지학이 인식론과의 만남을 통해 얻을 수 있는 성과는 크게 인식방법, 인식대상 그리고 인식의 사회적 함의로 구분하여 논의할 수 있다(오정수 외, 2022).

첫째, 인식방법과 관련하여 인식론은 사회복지학에서 다룰 수 있고 얻을 수 있는 지식의 종류와 내용에 대하여 보다 근본적이고 포괄적인 시각을 제시할 수 있다. 뿐만 아니라 다양한 지식 간의 관계를 이해하고 이를 활용하는 것과 관련해서 광범위한 이론적 자원을 제공할 수 있다. 그 결과, 사회복지는 그동안 인간의 지식으로 충분히 인식되지 못하였던 암묵지(tacit knowledge)나 장인적 지혜(craft knowledge) 등에 대한 이해를 포함할 수 있게 되었다(Trevithick, 2008).

둘째, 올바른 지식획득 방법을 탐구하는 인식론은 사회복지가 지식을 획득하는 방법에 대해 비판과 반성의 기회를 제공할 수 있다. 따라서 이러한 반성을 통해 확장된 지식획득 방법은 곧바로 사회복지가 다룰 수 있는 지식의 대상에 대한 확장으로 이어진다. 예를 들어, 그동안 사회복지는 논리실증주의와 같은 특정의 제한된 인식방법에 근거하여 연구대상을 한정해 온 경향이 있다. 하지만 인식론과의 전면적인 만남을 통해 지식의 대상에 대한 지평이 확대되면서 사회복지 역시 인간의 행복과 관련된 광범위한 주제를 다룰 수 있게 되었다.

셋째, 사회복지학이 인식론을 접하면서 얻게 된 가장 큰 의의는 사회복지 지식과 연구방법론이 가진 사회적 함의의 발견에 있다. 앞서 살펴본 바와 같이 인간이 관심을 가지고 있는 지식의 대상이 매우 다양하며 이와 같은 다양한 대상을 인식하는 인식방법 역시 다양하다는 것이 알려지면서 지식에 대한 입장은 근본적으로 변화하게 된다. 무엇보다 사회복지학이 다룰 수 있는 대상과 이들에 대한 접근방법이 다양할 수 있다는 것의 인식은 인간의 삶과 의미, 행복에 대한 접근방법이 매우 다양하며 그 가운데 가장 올바르고 타당한 접근법이라는 것은 있을 수 없다는 다원주의적 시각을 가지게 되었다는 것을 의미한다.

(3) 사회복지 정치철학

사회복지를 이야기할 때 정치는 전혀 다른 차원에서 이루어지는 사회활동으로 인식할 때가 많다. 하지만 이는 정치에 대한 매우 왜곡된 사회적 인식이 반영된 결과라고 할 수 있다. 정치는 의사결정과정에서 일어나는 역동이라고 정의할 수 있다. 즉, 민주적인 방식으로 사회적 합의를 도출하는 과정에서 각 부문의 입장이 충돌하기도 하고, 원만히 합의되기도 하는데 이 과정에서 일어나는 다양한 개인적, 집단적 활동을 의미한다. 격렬하게 이루어지는 갈등 상황이나 충돌 그 자체가 정치라고 인식해서는 안 된다. 그렇다면 각 집단의 이해를 대변하고 합의하는 과정에서 우리는 그 주장의 근거에 대한 철학적 사유가 필요하고, 그 집단들 혹은 주장들이 궁극적으로 지향하는 가치에 대한 철학적 사유가 반드시 요구된다. 이러한 수고와 노력을 외면하면, 문제나 목적에 대한 근거 없는 불합리한 정책이 만들어지고 집행될 것이기 때문이다. 이러한 차원에서 사회복지분야에서의 정치철학은 중요하게 다루어져야 한다. 현대의 사회복지가 복지국가(welfare state)에 의한 사회복지 정책(social welfare policy)을 중요한 수단으로 하여 이루어진다는 것을 볼 때 사회복지와 정치철학의 만남은 필수적이다(오정수 외, 2022).

사회가 점점 복잡한 조직체들의 발달과 연계로 전개되면서 사회복지의 모습도 상당 부분 변모하게 되었다. 사회복지 대상자와 사회복지 전문가가 개별적으로 직접 대면하는 전통적인 전문직 관계에서 점점 더 다양한 집합체, 제도, 규칙, 법률 등이 사회복지 실천가와 사회복지 대상자 사이를 매개하는 간접적 관계로 발전하게 되었다. 달리 표현하자면 개인과 개인 혹은 개인과 소집단과의 관계를 중심으로 이루어졌던 사회복지의 기본관계가 개인 대 사회 혹은 집단 대 사회의 관계로 전환된 것이다. 사회적 집합체와 개인의 문제를 집중적으로 탐구하는 철학의 하위영역이 바로 정치철학(political philosophy)이다. 정치철학은 사회제도(social institution)와 정치적 권위체(political authority) 그리고 분배정의, 시민의 권리, 자유주의, 공동체주의 등의 정치적 개념과 사상을 주요 연구내용으로 하는 철학의 갈래이다. 최근의 사회복지 영역에서 가장 중요한 쟁점이 되어 있는 국가의 역할과 분배정의에 대한 논의 역시 상당 부분 그 기원을 정치철학에 두고 있다고 볼 수 있다(Reamer, 1999).

오정수 외(2022)에서는 사회와 개인 간의 관계를 고찰하는 정치철학에 관하여 아래와 같이 사회복지에 던지는 함의를 정리하고 있다.

첫째, 앞서 언급한 바와 같이 현대의 사회복지는 국민국가를 중심으로 이루어지는 복지국가의 차원에서 진행되고 있다. 이러한 측면을 고려할 때 무엇보다 정치철학은 최근 들어 사회복지 영역에서 크게 관심을 보이고 있는 개인과 집단의 권리(rights)에 대한 개념을 심층적으로 이해하는 데 많은 도움을 준다. 정치철학을 통해 개인은 시민으로서 사회권(social rights)이나 복지권(welfare rights)을 가진 주체로 개념 규정될 수 있다. 이러한 과정을 통해 사회복지 대상자는 이제 단순히 사적 관계에서 비롯되는 자선적 시혜의 대상에서 벗어나 법적으로 사회적 책임이 보장되는 권리의 향유자로 전환할 수 있다.

둘째, 정치철학은 사회복지가 지향하는 핵심가치 가운데 하나인 사회정의(social justice)에 대해서도 많은 함의를 가지고 있다. 사회복지 실천이 개인 간의 관계를 넘어 사회 조직체 차원에서 진행되면 사회정의(social justice), 특히 분배정의(distributive justice)와 관련된 쟁점들이 중요한 쟁점으로 등장하게 된다. 앞서 살펴본 바와 같이 사회적 욕구 혹은 문제를 가진 개인을 사적 차원의 시혜나 돌봄의 대상이 아니라 한 사람의 시민으로서 스스로의 삶을 영위할 권리의 주체로 규정하게 되면 당연히 이러한 권리를 어떻게 구현할 것인가에 대한 집단적 노력과 책임의 문제가 자연스럽게 제기된다. 한 사회를 구성하는 개인들에게 어떻게 적절한 권리와 의무를 나누어 부과할 것인가의 문제는 정치철학의 오랜 핵심쟁점인데 이러한 쟁점이 복지국가 차원에서 설정된 것이 바로 분배정의(distributive justice)에 관한 영역이며(김기덕, 2005), 이 문제의 해결에 가장 많은 도움을 줄 수 있는 철학의 영역이 바로 정치철학이다.

셋째, 인권과 분배정의 그리고 이와 관련된 공동체의 성격과 책임에 대한 사회복지 차원의 고려는 곧바로 자연스럽게 개인과 공동체의 본질에 관한 문제를 제기한다. 다시 말해 복지국가 혹은 복지사회란 어떠한 모습이어야 하는가에 대한 고민은 과연 바람직한 사회는 어떠한 사회이며, 그러한 사회 속에서 개인이 차지하는 위치는 무엇인지 그리고 공공선(public good)과 공공이익(public interest)이란 어떻게 구별될 수 있는 것인가 등에 관한 정치철학의 핵심쟁점에 대한 고찰을 통해 그 해답을 얻을 수 있다(Christman, 2004).

넷째, 정치철학의 개념과 이론들은 사회복지학에서 다루고 있는 중요한 개념들이 과연 어떠한 의미를 가지고 있는지를 분석할 때도 많은 도움을 줄 수 있다. 사회복지 영역에서 사용되고 있는 개념들, 예를 들어 욕구, 자아, 장애, 배제, 연대 등의 개념에 대한 이해와 분석 그리고 관련된 문제를 실제 사회에서 해결하려는 사회적 실천들은 필수적으로 이 개념들이 가진 의미에 대한 논쟁을 포함할 수밖에 없다.

그런데 서두에서 언급한 바와 같이 사회복지분야의 논쟁에서 문제가 되는 것은 이러한 개념들이 엄밀하고 객관적 기준에 따라 과학적으로 확정될 수도 있지만 많은 경우 한 사회의 정치적 세력 균형이나 합의에 의하여 결정되기 쉽다는 것이다. 다시 말해 사회복지학에서 사용되는 개념들은 어떠한 선험적 근거를 가지고 존재하기 보다는 특정 시대의 정치 권력과 지식의 결합물로 우연하게 등장하는 것일 수 있다는 것이다(김기덕, 2004). 이러한 측면을 고려해 볼 때 이제 현대 사회의 사회복지학의 발전은 인권, 정의, 분배, 권력, 공동선과 공공이익, 정체성의 정치학 등과 같은 정치철학적 개념에 대한 이해를 전제해야 한다.

2장 고대 철학 사상의 이해

학습목표

1. 소크라테스의 앎과 가치에 대해 이해한다.
2. 아리스토텔레스의 덕의 개념을 이해한다.
3. 플라톤의 이데아 사상을 이해한다.

사회복지철학은 단순히 철학사 속에서 시대별로 일관된 사상의 맥락을 검토하는 데 목적이 있는 것이 아니라 사회복지학의 배경이 되는 인간의 생명과 생활에 대한 시대적인 인식(지식)과 태도(가치) 변화를 다루는 복지사상을 이해하는데 목적이 있기 때문이다. 사회복지학문의 배경이 서양사회에서 구축되었다는 점에서 본다면 기본적으로는 동양철학보다는 서양철학의 맥락 속에서 변화되는 세계관이나 인간관을 개관할 필요가 있다.

서양의 고대철학은 일반적으로 기원전 6세기경에 시작된 그리스철학에서부터 기원후 4~5세기의 헬레니즘과 로마 시대까지 약 1000년간 지속된 철학의 흐름을 말한다. 중세철학사상은 봉건국가를 배경으로 한 기독교철학에서 비롯된다. 그러므로 중세철학을 이해하기 위해서는 봉건국가를 배경으로 한 기독교에 대한 이해가 필요하기도 하다. 정치적 관점으로 보면 서로마제국이 멸망한 476년부터 중세가 시작되고, 동로마제국이 멸망한 1453년을 중세가 끝나는 시기까지의 약 1000년간으로 볼 수 있다. 그러나 기독교의 창립과 전파, 종교개혁 등과 연관하여 볼 때 대체로 중세교황권의 창시자로 볼 수 있는 그레고리우스 1세(Gregorius PP. I, 590~604)가 제64대 교황의 자리에 오르게 된 590년부터 르네상스 시기 이전인 14세기까지의 약 800년간이 중세에 해당한다(고수현, 2022).

1. 소크라테스 대화법

1) 소크라테스의 생애

소크라테스(Socrates, B.C. 470?~B.C. 399)
출처: Designed by Freepik

소크라테스는 대화술로서 반어법(irony)을 사용하며 이를 산파술로 칭하였다. 산파술로 칭한 것은 직업이 산파였던 어머니의 영향이다. 소크라테스는 평민으로 태어나 특별한 교육을 받지 않았지만 현학과 허식을 주장하는 당시의 소피스트와는 달리 자신을 필로소포스(philosophos)라고 칭하여 '지혜를 사랑하는 자'로 생각했고, 진리를 탐구하는 데 열정을 가지고 있었다. 하지만 역사적으로 많이 알려진 바와 같이 본인이 사용하는 대화술로 인해 주위의 미움을 받았고, 결국 72세의 나이에 사형에 처해진다.

그리고 소크라테스는 40세 즈음에 델파이 신전의 신관으로부터 아테네 제일의 현자로 신탁을 받은 것으로 알려져 있는데 이는 소크라테스가 늘 "나는 내가 아는 것이 없다라는 것을 안다"고 설파했던 것과도 상관이 있는 것으로 보인다. 이에 당시 소크라테스는 대부분 귀족이나 그들의 자녀가 많이 따랐고, 그렇기 때문에 아테네의 여론을 주도할 수 있었다. 하지만 주로 반어법을 사용한 토론식 강론을 했기 때문에 현재까지 그의 저서로 발견되는 것은 없다.

2) 소크라테스의 앎과 가치

소크라테스의 주요 관심은 인간이었다. 그는 사람들이 자신을 얼마나 이해하고 있고, 진리가 무엇이며, 앎이 또 무엇인지에 대한 관심이 많았다. 이 과정에서 사람들이 하는 말을 붙들고 늘어져 "너희는 도대체 그 말의 뜻이 무엇이라고 생각하느냐?", "그 말에서 무엇을 생각하느냐?", "그것을 어떻게 증명하려고 하느냐?" 등의 질문을 통하여 스스로의 주장에 잘못이 있음을 깨닫게 함으로써 자신을 반성하고 혼란한 생각을 정리할 수 있게 도와주었다. 이것이 앞서 말한 산파술의 방법이었다. 소크라테스를 통해 알아야 하는 것은 그의 본질(존재) 전체 속에서 진리가 무엇이며, 가치가 무엇인가 하는 것을 구체적으로 체험하게 된다. 그의 철학은 실존적인 철학이었다(정현태 외, 2022).

- 앎 : 우리가 어떤 것을 인식할 때 그것은 경험이나 구체적인 사례에서 출발하여, 이 구체적인 사례의 독자적인 성질을 연구하는데, 이 때에 우리는 항상 동일한 것을 발견하며, 이를 이끌어 낸다. 이것이 우리가 이야기하는 보편개념이다.
- 가치 : 가치의 문제에 있어서 그에게 중요한 것은 물질적(내용적)인 측면이다. 그는 내용상으로 보아 선(善)이 무엇인가, 특히 윤리적인 선은 무엇인가 하는 것을 알고자 한다. 그에게 있어서는 가치의 문제가 곧 윤리의 문제다.

(1) 앎으로서의 선

'아는 자는 현명하고, 아는 자는 선하다.' 이 말은 『국가』의 제1권에 나오는 문장이다. 이 주장은 아리스토텔레스와 견해를 같이한다. 아리스토텔레스에 의하면 소크라테스는 '모든 덕은 통찰 안에서 성립된다.'고 믿고 있었다고 한다. 이러한 윤리적인 가치개념을 주지주의(主知主義)라고 했다. 계몽주의 시대의 윤리학과 교육학은 이런 '소크라테스주의'를 중요한 가치로 삼았다. 즉 '덕은 앎(지식)이다'를 '앎은 덕이다'로 바꿔 말할 수 있다고 생각하고, 앎과 계몽만으로 사람들을 교육할 수 있다고 믿었다(정현태 외, 2022).

(2) 행복주의

소크라테스의 윤리적인 가치개념은 기술(techne)에서 유래된 것이기 때문에, 관계가치(relationswert)의 성격을 띠고 있다. 왜냐하면 모든 기술적인 가치개념은 목적을 달성하는데 필요가 있는 것을 뜻하기 때문이다. "네가 나에게 어떤 것에 쓰여질 수 없는 한 가지의 가치를 알고 있느냐고 묻는다면, 나는 그런 것을 알지 못하며, 또 알려고 하지 않는다"고 하는 특징 있는 말을 전하고 있다. 소크라테스가 욕망과 성향을 윤리적인 원리로써 거부했다고 하더라고 또 행복하기 위해 필요한 것은 덕이지 외적인 재산이 아니라는 현자(賢者)의 자족(自足)을 가르쳤다(정현태 외, 2022).

2. 아리스토텔레스의 앎과 덕

1) 아리스토텔레스의 생애

아리스토텔레스
(Aristoteles, B.C. 384~B.C. 322)
출처: Designed by Freepik

아리스토텔레스는 마케도니아왕의 시의였던 아버지와 의사집안 출신인 어머니 파이스티스 사이에서 태어났다. 부모가 사망한 이후 18세 무렵에 아테네로 넘어와 역시 철학자인 플라톤이 사망할 때까지 20년간 머물렀다. 플라톤은 아리스토텔레스의 스승이었으며, 37세에 플라톤의 아카데메이아에서 수학했다. 하지만 스승인 플라톤을 비판적으로 계승하였고, 스승인 플라톤의 이데아(Idea)론을 비판하는데서 그의 철학이 시작되었다.

B.C. 347년에 플라톤이 죽은 후 마케도니아의 왕 필리포스 2세(Philippos Ⅱ)의 초청으로 그의 아들 알렉산드로서의 스승이기도 했다. 그 이후 알렉산드로스 대왕의 도움을 받아 아테네에 기원전 335년경, 뤼케이온(Lykeion)이라는 학교(학원)를 설립했다. 아리스토텔레스는 처음으로 학문을 분류하기도 하여 "만학의 아버지"라고도 불리며, 모은 학문에 통하는 인간의 기본적 사고 규칙을 다루는 혁신논리학(formal logic)을 세우고 그 기본적 방법으로서 연역법과 귀납법을 제시하였다. 알렉산드로스 대왕이 33세의 나이로 병사하자 아테네에서 반마케도니아 운동이 일어났고, 아리스토텔레스도 아테네 시민들로부터 신을 모독한 죄로 고발당한다. 이에 아리스토텔레스는 마케도니아 지역으로 피신하여 은퇴한 후 B.C. 322년에 62세로 사망하였다(고수현, 2022).

2) 아리스토텔레스의 덕

아리스토텔레스는 지식에 관한 본격적인 학문, 즉 논리학을 주로 다루었다. 이 논리학은 오늘날에도 매우 중요한 학문으로 다루어지고 있다. 아리스토텔레스의 논리학은 인간의 사고와 언어를 대상으로 분석한다. 그는 인간이 가지고 있는 정신도 일정한 구조를 지니고 있으며, 여러 가지 요소들과 기본적인 기능들로 이루어져 있다. 그 궁극적인 요소들은 개념, 판단 및 추리 등에 있다고 보았다. 개념이란 참과 거짓이 아닌 분명한 사실이라고 하였다. 개념은 항상 보편적이며, 한결같이 있는 것과 필연적인 것, 간단히 말해서 본질적인 것을 파악한다. 개념이 본질적인 것, 즉 실체를 표현하는 것이며, 그러기에 개념은 진술기능이다. 개념이 본질을 파악한다고 한다면, 개념은 진리가 된다. 또한 올바르게 형성된 개념을 정의라 한다. 정의란 본질을 드러내는 말이다. 정의는 본질적인 어떤 것을 다른 모든 존재자들로부터 완전히 떼어놓고, 그 독자적인 성질 그대로가 통찰될 수 있도록, 한 대상의 본질을 확정지으려 한다(정현태 외, 2022).

아리스토텔레스는 정의를 유사한 것과 차이를 지적함으로써 생긴다고 말한다.

그래서 어떻게 하면 유사함에 이를 수 있는가 하는 것을 가르치고 있다. 즉, 여러 가지 서로 다른 대상들에게 공통적인 동등한 것을 이끌어 내는 것이라고 가르친다. 정현태 외(2022)에서는 아리스토텔레스의 사상과 관련하여 앎, 선, 덕, 국가의 과제를 아래와 같이 설명하고 있다.

① 앎: 아리스토텔레스에게 있어서의 학문은 항상 지식과 진리만을 위한 학문이며, 그 어떤 실용(用)을 위해 쓰이는 것이 아니다. 실용을 돌보는 과제는 기술(techne), 경험(emperia), 현명한 생각(phronesis) 등이 맡는다. 그러나 순수한 학문, 특히 지식의 이상적인 경우로서의 철학에 있어서의 학문이란 항상 진리에 대한 순수하고 이론적인 직관이며, 자족적이다. 따라서 학문(진리직관)은 인간의 진정한 자유의 징표이며, 어떤 신적인 것이요, 사람을 무한히 행복하게 해주는 것이다. 그에게 있어서의 학문의 본질이란, 그것이 앎(episteme), 정신(nous) 또는 지혜(sophia)라고 불리든 또는 그 무엇이라고 불리든 간에, 본질관계를 꿰뚫어 보는 것, 즉 분석·연역·직관 등으로서의 고대의 뜻의 '본질직관'이라는 것을 알아내는 것이다. 그리고 플라톤에게 있어서는 본질개념들은 선천적이었다. 보편적인 것은 개별적인 것보다 이른 것이었다. 왜냐하면 개별적인 것은 보편적인 것을 통해서 비로소 읽히고 이해되기 때문이다. 그러나 아리스토텔레스는 우리 인간들의 인식에게는 개별적인 것이 먼저 알려지고, 이 개별적인 것을 바탕으로 해서 보편적인 것을 알게 된다고 선언한다. 개념과 정의는 삼단논법적인 지식의 원리들이다. 그러나 이것들이 인식의 궁극적인 원천은 아니다. 이 궁극적인 원천은 오히려 경험이다. "우리들이 경험(epagoge=귀납)의 도움을 받아 최초의 것을 인식해야 한다는 것은 분명하다"(분석론 후편 2권 19장) 또는 "보편자는 항상 개별적인 사물들에서 생겨난다"(니코마코스윤리학 6권 2장) 아리스토텔레스에게 있어서는 모든인식이 감각적인 지각에서부터 시작된다.

② 선(행복): 아리스토텔레스는 존재자의 가치의 서열에 따라, 쾌락의 서열을 정하게 된다. 맨 위에는 순수한 사고와 결합되어 있는 쾌락이 있고, 그 밑에는 윤

리적인 덕과 결합되어 있는 쾌락이 있다. 그리고 맨 밑에는 감각적·육체적인 쾌락이 있는데, 이런 쾌락은 필연적인 것이고 또 본성 자체에 의해 정해진 길과 정도에 따라 움직이는 쾌락이다.

③ 덕론: 이지적(智)인 덕과 윤리적인 덕, 이지적인 덕은 지혜, 이성 및 지식 등에서 볼 수 있는 바와 같은 순수한 지성의 완전성이며, 여기서는 다 알고 있는 바와 마찬가지로 진리에 대한 순수한 직관을 위해, 인식을 위한 인식이 중요하며(이론적인 이성), 윤리적인 덕은 기술과 사려나 현명함의 완전성이며, 여기서는 응용적인 지식이 중요하게 마련이다. 이 덕들은 용기. 자제(自制)·관대·고결함. 도량이 큰 것. 명예심·온화함. 성실. 우아함. 정의(正義) 및 우정 등으로, 그 특성에 따라 현상학적으로 성실하게 서술할 때 새로운 현실을 보다 정확하고 보다 포괄적으로 묘사하고 있다.

④ 국가의 과제: 국가는 한 가지의 발전의 맨 끝에 있는 것이다. 자연적으로 보자면 개인, 가족이나 씨족 및 촌락) 등이 국가보다 이른 것이다. 이렇게 시간적으로 보다 이른 공동체들은 고립되어 있어 적에 대해서 약하고, 노동·교역·경제적인 면에서는 충분하지가 못하기 때문에, 이것들이 살아남기 위해 하나의 이익사회, 즉 국가로 결합하게 된다. "인간은 본성적으로 사회적인 존재다" (정치학 1권 2장 1235 a 2). 인간의 이념은 처음부터 인간이 본성적으로 국가를 형성하도록 그렇게 이루어져 있다. 또 개인적 및 가족적인 존재에게는 이미 국가에 집중되는 그런 경향이 깃들어 있는데, 이런 것은 우연적인 것이 아니라, 일종의 본질적인 존재 구조인 것이다. 아리스토텔레스는 인간이 본성적으로 사회에 끼어들도록 되어 있다는 강력한 증거를 언어에서 찾고 있다.

3. 플라톤의 이데아 사상

1) 플라톤의 생애

플라톤(Platon, B.C. 427~B.C. 347)
출처: Designed by Freepik

플라톤은 아테네의 귀족 출신이었고, 소크라테스를 스승으로 삼고 20세부터 8년간 교육을 받았다. 플라톤은 "소크라테스와 같은 시대에 태어난 것만 해도 신에게 감사한다"고 말할 정도로 소크라테스를 존경하였으며, 그의 저서 전체를 칭하는 『대화편(Diologues)』에서도 자기의 사상까지도 소크라테스의 입을 통하여 피력하고 있다. 플라톤은 아테네 교외에 정원과 체육공원을 매입하여 오늘날의 대학(university)의 전신인 아카데메이아(Academeia)를 창립하였다. 아카데메이아는 학칙, 규칙, 강의실, 기숙사, 박물관, 도서관까지 갖춘 대학과 연구소 형태로 지어졌는데, 선의 이데아를 탐구하고 이성적인 정신을 도야하는 연구와 교육을 하였으며, 플라톤은 소크라테스의 반어적이고 변증법(dialektike)적인 학문방법을 채용한 철학체계를 구축한 후 81세의 나이로 사망하였다.

플라톤은 그의 사상을 대부분 대화방식으로 기술했는데, 그의 다양한 저작을 '대화편'으로 부르는 이유도 여기에 있다. '대화편'은 플라톤의 가장 위대한 저서이다. 그리고 소크라테스의 재판 장면을 묘사한 『소크라테스의 변명』, 플라톤 자신의 이데아론에 대한 비판과 그에 대한 해설을 편 『파르메니데스(parmenides)』, 미의 신인 에로스에 대한 대화를 다룬 『향연(Symposion)』 등이 알려져 있다. 이러한 서적에서 플라톤은 모두 주인공으로서 그의 스승인 소크라테스를 내세우고 이념성에 기초한 정신철학인 영혼과과 이상주의인 이데아설(idealism)을 창시했다(고수현, 2022).

2) 플라톤의 이데아

플라톤은 소크라테스에 대한 부당한 판결을 보고 난 뒤에 그는 자기 자신에게 다음과 같이 말하고 있다. "그 때 나는 대단한 현기증을 느꼈다. 그래서 나는 마침내 현재의 모든 국가들의 제도가 좋지 않다고 확신하게 되었다. 그리고 이 때 나는 내가 진정한 철학을 키워나가는 것으로 되돌아오고 있다는 것을 알았다. 뒤에 와서, 공적인 생활에 있어서나 개인에게 있어서 정당한 것이라고 말할 수 있을 모든 것들에 대한 인식의 근원은 철학이라고 찬양할 수 있게 되었다. 그래서 나는, 순수하고 참된 철학의 대표자가 국가의 지배자로 되거나 혹은 국가의 통치권의 소유자가 신의 섭리에 따라 참된 철학을 열심히 연구하기로 결심하기까지에는 인류가 이러한 고민에서 풀려날 수 없다고 선언한다." 따라서 그의 철학은 진리에로 나아가는 길이기를 원함과 동시에, 개인적인 생활이나 공적인 생활에 있어서 선으로 나아가는 길이 되기를 원했다.

① 앎(지식)으로서의 선: 플라톤은 덕에 대한 앎을 권장하고 있다. 덕에 대한 앎은 선에 대해서 아는 것이기 때문에 일반적인 앎과 다른 것이다. 물론 '선'이라는 말만으로는 아무런 소용도 없다. 이런 것은 「국가(Politeia)」에 분명하게 언급되어 있다. 플라톤은 항상 이런 것을 알고 있었다. 그래서 소크라테스를 주인공으로 삼는 대화편들이 그의 회의적인 아포리아(Aporia)로 끝나 있다. 그는 앎과 능력이 항상 선이라는 주장을 부정하였다. 그는 단순한 앎과 능력을 모든 것을 다 해낼 수 있는 자격이라고 규정하고 있다. 업적과 권력만을 생각하고 있는 그런 세계관에서는 제일 교활한 자가 실제로 제일인자와 가장 높은 사람으로 된다. 그리고 거짓말을 가장 잘하는 자가 선전(宣傳)장관으로 될 수가 있으며, 또 되어야 한다.

② 목적으로서의 선: '지식 자체는 윤리적으로 중립적이다. 우리는 이 지식을

어떻게든 할 수가 있다'는 것이다. 그러나 우리들이 거짓말로도 될 수 있고 정직함으로도 될 수 있는 앎과 능력을 악이나 또는 선이라고 평가할 때에는 어떤 다른 것, 즉 마음가짐이 끼어들게 마련이다. 그러나 이 마음가짐은 의지의 태도이고, 다시 이 마음가짐이 가치가 있는가 없는가 하는 것은 의지가 향하고 있는 목표와 목적에 달려 있다. 이 목적들이 선하면 마음가짐, 앎 및 능력도 선하다. 그에게 있어서는 목적이 윤리적 선을 결정하는 최종적인 기준(시금석)이다.

③ 에로스(Eros)로서의 선: 「심포지온」에서 철학적인 가치문제를 에로스 개념과 결부시켜 설명하고 있다. 인간은 에로스 속에서 아름다움과 선을 열광적으로 붙드는데, 그 이유는 이것들(美와 善)이 인간에게 고유한 것이기 때문이요, 인간의 원형적(原型的)인 본성이기 때문이요, 사람들이 자기 자신을 사랑하는 것처럼 사랑하고, 따라서 우리들을 행복하게 해주고 기쁘게 해주는 본래적인 '나', 즉 보다 나은 '나'이기 때문인 것이다. 우리들을 행복하게 해주는 것을 선이라고 보는 것은 자명하다. 그러나 이런 것이 행복주의나, 쾌락주의를 뜻하는 것은 아니다. 인간의 자연적이고, 방자한 욕구능력에 뿌리박고 있는 도덕을 거부한다. 플라톤은 모든 에로스를 다 높이 평가한 것이 아니라 그 스스로도 가치 있는 것으로 되는 그런 에로스만 긍정하고 있다. 근원적인 미는 우리들이 그것을 사랑하기 때문에 가치가 있는 것이 아니라, 반대로 가치가 있는 것이기 때문에 우리들이 사랑하는 것이다. 이 근원적인 미는 우리들에게는 선험적이며, 항상 존재하는 것이며, 생성과 소멸이 없으며, 증가되지도 감소되지도 않으며, 다른 존재자에 의해 한정 지워지거나 기초 지워지지도 않으며, '꼭 한 가지 모양의 선'으로서 완전히 자체 속에만 머물러 있다. 따라서 윤리적인 선은 수요와 공급에 좌우되는 시장가치와 같은 그런 가치가 아니다.

④ 진리의 대상으로서 이데아 : '이데아'는 두 가지의 뜻을 지니고 있다. 이데아는 첫째로, 한 가지의 사상(주관적인 이데아)이고, 둘째로는 우리들이 생각을 하는 대상(객관적인 이데아)이다. 우리들이 진리의 근원에 관해서 말할 때는 첫

번째 뜻의 이데아에 관한 말을 하고 있는 것이다. 우리들이 지금처럼 진리의 대상의 세계를 눈앞에 두고 있을 때에는 두 번째 뜻의 이데아에 관한 말을 하는 것이 된다. 플라톤의 이데아는 비 공간적 무시간적이고, 변치 않는 어떤 것이며, 사고만이 접근할 수 있는 어떤 것이다. 이러한 이데아의 실재성(현실)은 오히려 일종의 관념적인 실재성이다. 관념적인 실재성이 무엇인가 하는 것은 수학과 관념적인 실재성이다. 관념적인 실재성이 무엇인가 하는 것은 수학과 논리학의 타당관련(妥當關聯) 다룰 때 어느 정도까지는 알 수가 있다. 그래서 플라톤은 관념적인 현실을 본래적인 현실, 즉 존재자 중의 존재라고 본다. 따라서 관념적인 현실인 이데아의 세계는 보다 더 강한 현실이다. 그래서 플라톤은 이데아의 세계와 눈으로 볼 수 있는 세계를 구별하고, 이데아의 세계만을 참되고 본래적인 세계라 보고, 눈으로 볼 수 있는 세계를 존재와 무의 한복판에 서 있는 모상이라고만 본다. 이 이데아적인 존재가 보다 강한 현실이며, '참되고', '본래적인' 존재이며, 이것이 있음으로써 다른 존재들이 존재를 갖게 되며, 존재에 관여한다고 말하고 있다.

4. 고대 철학 사상과 사회복지철학

지금까지 흔히 고대철학의 3대 사상가로 일컬어지는 소크라테스와 플라톤, 아리스토텔레스가 주장한 주요 철학적 개념을 살펴보았다. 1장에서 다룬 인류 역사의 공통된 중요 질문인 안다는 것은 무엇이며, 존재한다는 것은 무엇이고, 인간이란 무엇이며, 옳음(선)이란 무엇인가에 대한 질문이 이들을 통해 회자되고 정리되기 시작했다는 것을 발견할 수 있었다. 그것은 우리가 '고대' 철학이라고 부르지만 여전히 현재의 우리의 삶에 지대한 영향을 미치고 있다는 것을 반증하고 있는 셈이다. 실제로 현대의 어떠한 철학적 사유도 이들의 철학적 논쟁을 벗어나 전혀 다른 차원을 다루고 있는 것은 없다고 해도 과언이 아니다.

현대사회에서는 '생각한다'는 것을 매우 번거로운 일로 치부한다. 최근에는 어떠한 사실이나 대상에 대해 심층적으로 살펴보고 고민하는 태도를 가진 이를 보고 '진지충'으로 부르기도 한다. 어쩌면 자연스러운 현상인지도 모르겠다. 어떠한 사실을 접하게 될 때 이미 매스 미디어 차원에서 다양한 생각들을 사전에 함께 쏟아내기도 하고 심지어 생각할 시간을 주지 않고, 생각의 특정 결론으로 유도하는 방식의 편집기술을 활용하기도 한다. 더 이상 코미디 프로그램을 보면서 웃어야 할 시점을 우리가 정하지 못하고, 이미 화면에서 웃어야 할 지점을 선택해서 방송한다. 또한 개인방송에서부터 다양한 매체가 나름의 전문가라고 하는 유명인들의 생각을 수시로 전달한다. 우리는 그것을 보고 그들의 생각이 곧 나의 생각인 마냥 착각하며 더 이상 스스로 생각하기를 멈춘다. 그리고 나서 다른 이들에게 내 생각인 마냥 그 내용을 비판적 고찰없이 기계적으로 전달한다.

이러한 흐름속에서 고대철학 사항에 대한 학습은 오히려 매우 중요한 과제로 여겨진다. 인류가 던져온 질문의 시작을 살펴보면서 기본적으로 주변을 살피면서 던져야 하는 질문에는 어떤 것들이 있는지 확인하는 것은 매우 중요한 과업인 것이다. 어떠한 질문을 던져야할지 조차 생각해내기 어려운 시기에 고대 철학자들이 던지는 질문을 다시 한 번 되새겨 보는 것은 현대 사회의 수제석 인간으로 살아가는 데 매우 적절한 처방으로 생각된다.

사회복지학을 공부하면서는 더더욱 이러한 '질문의 시작' 단계에 해당하는 고대철학 사상에 대한 이해가 필요하다. 최근 우리사회에 사회복지가 폭발적으로 성장하면서 사회복지에 대한 철학적 사유 없이 정책 필요성이나 실천기술에 대한 개발과 적용이 기존의 것들에 대한 관성으로 이어지는 경향이 짙다. 근본적인 질문을 던짐으로써 현대사회의 다양하 사회문제에 대응하기 위한 적절한 사회복지적 대안을 마련할 필요가 있다.

3장 현대 철학 사상의 이해

학습목표

1. 목적론적 윤리이론과 의무론적 윤리이론의 흐름과 특성을 파악한다.
2. 공리주의와 칸트의 윤리학의 특성을 이해하고 사회복지적 함의를 도출한다.
3. 롤즈의 정의론과 공동체주의를 이해하고, 사회복지적 함의를 도출한다

본 장에서는 우리사회에 영향을 미치고 있는 현대의 철학사상 또는 윤리학을 소개하고자 한다. 이를 위해 수많은 역사속의 철학 사상과 그 흐름을 파악하여 설명하기에는 한계가 있다. 따라서 역사 속의 수많은 윤리이론을 통해서 발견할 수 있는 두 가지 큰 흐름, 즉 목적론적 윤리이론과 의무론적 윤리이론을 설명한다. 그 두 윤리이론의 특성을 살펴보고, 각각의 윤리이론에 대표가 되는 공리주의와 칸트의 윤리학을 설명하고자 하였다.

또한 지금 우리 사회에서 가장 많이 소개되었으며, 사회복지의 이론과 실천 현장에서도 그 적용 가능성을 인정받고 있는 주요 이론, 즉 롤즈의 정의론, 공동체주의, 인공지능 윤리에 대해서 설명하였다. 사회복지에 있어서 사회정의와 분배, 공동체의 가치는 궁극적인 목적이자 주요한 수단이며, 정책적·실천적 전략의 매우 중요한 이론적 기반을 제공한다. 뿐만 아니라 최근에는 제4차 산업혁명과 더불어 인공지능에 대한 사회적 논의가 풍성해지고 있기 때문에 인공지능 윤리에 대한 사회복지 차원의 이해와 필요한 논의를 마지막으로 다루기로 한다.

1. 목적론과 의무론적 윤리이론

사회복지에서 철학과 윤리를 살펴보는 이유는 결국 궁극적으로 어떠한 상태 또는 행위가 옳은 것인가에 대한 답을 찾기 위함일 것이다. 이러한 차원의 논의가 규범윤리학이라고 볼 수 있는데, 규범윤리학의 주된 두 개념은 좋음(선, the good)과 옳음(정, the right)이다. 규범윤리학은 이 두 개념 중 어느 것에 중심을 두느냐에 따라 목적론적(teleological) 윤리이론과 의무론적(deontological) 윤리이론으로 나뉜다. 차이점은 옳은 행위를 옳은 행위로 만드는 것이 무엇인가라는 물음에 각각 어떻게 대답하는가에 달려 있다. 목적론적 윤리이론을 대표하는 것은 공리주의이고 의무론적 윤리이론을 대표하는 것은 칸트의 윤리이론이다.

1) 목적론적 윤리이론

목적론적 윤리이론은 "무엇이 옳고 그르며 어떤 행위가 의무가 되는가에 대한 궁극적인 기준이나 척도는 행위에 의해 산출되는 도덕과 무관한 가치"라고 주장한다. 어떤 행위가 옳은 행위이기 위해서는 그 행위의 결과가 악보다는 선을 보다 많이 산출하여야 한다. 물론 절대적으로 한 편의 결과만 도출하는 경우는 없다. 여기서 중요한 것은 이것을 판단하는 기준이나 척도가 역시 도덕과 무관한 가치여야 한다는 것이다. 그렇지 않다면 이 기준이나 척도의 도덕적 가치를 다시 따져야 하는 순환에 빠지기 때문이다(Frankena, 1984). 결국 목적론적 윤리이론은 결과주의와 연결하면 이해하기 쉽다. 즉, 행위의 옳고 그름은 행위자의 의도와 관계없이 그 행위의 결과 즉 결과가 얼마나 좋은가에 따라 판단해야 한다는 점이다.

아리스토텔레스가 이러한 목적론적 윤리이론의 시작이라고 할 수 있다. 목적이라는 측면에서 모든 사물을 해석하고, 모든 것이 목적에 따라 움직인다는 세계관을 본격적으로 제시하였다. 이러한 목적론적 접근은 일반 대중이 이해하기 매우 쉽기 때문에 오늘날까지 철학자들과 일반 대중에게 영향을 크게 미치고 있다. 도덕에 있어 합리성이란 선을 극대화하는 것이다. 옳음은 이런 좋음을 극대화하는 것으로 규정된다. 우리의 일상에서 한 번씩 언급하는 '좋은 게 좋은 것이다'라는 표현이 여기에 해당된다고 할 수 있다. 어떤 의도이든 결과가 좋으면 좋은 것 아니겠냐는 입장이다.

그렇다면 목적론적 윤리이론이 말하는 선, 즉 좋은 것은 무엇이냐는 질문에 대한 답은 다양한 입장으로 정리되었다. 대표적인 학설들이 쾌락주의, 윤리적 이기주의, 공리주의이다. 첫째, 쾌락주의(양적 쾌락이든, 질적 쾌락이든 또는 물질적 쾌락이든 정신적 쾌락이든)는 쾌락만이 유일한 도덕적 판단기준이라고 한다. 공리주의는 근대에 부활한 쾌락주의이다. 물론 여기서 말하는 쾌락은 유사한 의미로 사용되기도 하는 불법적인 욕망만을 지칭하는 것은 아니다. 오히려 만족감, 즐거움 등에 가깝다. 둘째, 윤리적 이기주의는 개인의 유일한 의무는 자신에게 좋은 것을 가능한 많이 증가시키는 것이라고 한다. 모든 사람은 이기적으로 자기 자신의 이득을 추구하는 것이 가장 도덕적이다. 셋째, 공리주의라고도 불리는 윤리적 보편주의이다. 공리주의는 사회 전체에 최대한의 보편적인 선을 가져다주는 행위를 도덕적인 것으로 본다. '최대 다수의 최대 행복'이라는 표현이 여기에 해당한다(정현태 외, 2022).

2) 의무론적 윤리이론

의무론적 윤리이론은 좋음을 옳음과는 상관없이 규정하지 않으며 목적론적 윤리이론의 주장과 다르게 옳음을 좋음의 극대화로 해석하지 않는다. 어떤 행위가 올바른지는 '어떤' 행위가 초래하는 결과로 판단하는 것이 아니라, '행위 그 자체로', 혹은 그 행위가 하나의 사례로서 속할 수 있는 '어떠한 규칙 그 자체'에 내재되어 있는 어떤 본질적인 '속성'에 의해 결정되는 것이라는 입장이다. 의무론적 윤리이론은 도덕적으로 올바른 행위를 판단하는 기초가 되는 가장 기본적인 단위를 무엇으로 보는가에 따라 달라진다. 행위의무론은 개별 행위 그 자체에 초점을 맞추어 도덕적인 판단을 한다. 한 개인의 행위가 도덕적일 수 있는가 하는 점이다. 반면 규칙의무론은 해당 개별 행위보다는 이 행위가 하나의 사례로서 포함되는 규칙에 주목한다(김기덕, 2002). 즉 그 행위에 이루어진 근거가 되는 사회적 합의 또는 제도가 도덕적이며 바람직한 것인가하는 점이다. 규칙에 주목하는 것을 조금 극단적으로 해석하면 당장의 행위가 바람직하지 않는 경우라 하더라도 그 행위가 도덕적이라는 사회적 합의가 마련되어 있다면 도덕적이라고 주장할 수 있다는 점이다.

칸트의 윤리학은 대표적인 규칙의무론에 속한다. 규칙의무론이라는 맥락에서 칸트의 윤리이론을 이해할 때는 정언명령(categorical imperative)의 제1형식을 주로 다루게 된다. 정언명법의 제1형식은 "당신이 보편타당한 법칙이 되기를 동시에 바랄 수 있는 격률에 따라 행위하라"이다. 행위자가 깊이 숙고하지 않고 자기 자신에게 중요하기 때문에 자신의 것으로 만드는 격률(준칙)은 주관적이다. 이런 격률이 객관적 실천준칙이 되기 위해서는 그 격률이 보편적 형식을 가지고 있어 모든 사람에게 규범화될 수 있는지를 물어야 한다. 그러므로 사람의 행위가 보편타당성을 유지해야 윤리적 명령이 될 수 있다. 거짓 약속이라는 것을 예로 들면, 어떤 사람이 거짓 약속을 해서는 안 되는 이유는 필요에 따라 약속을 어기게 되므로 '약속을 한다는 것이 하나의 보편타당한 규칙으로서의 의미가 없어지기 때문이다(정현태 외, 2022). 결국 칸트에 의하면 거짓 약속을 하는 것은 그르다는 결론에 이른다. 예를 들면 여기에 근거할 때 '하얀 거짓말' 옳지 않은 행동에 속한다.

최근 유명한 저서인 마이클 샌델의 '정의란 무엇인가'에서 많이 언급된 롤즈의 공정으로서의 정의론은 이러한 의무론적 윤리이론에 바탕을 두고 있다. 왜냐하면 그의 정의론은 선을 극대화하는 것이 정의로운 제도라고 주장하지 않기 때문이다. 롤즈가 자신의 정의론은 순수 절차적정의로서 다루기 때문이다. 나아가 이러한 절차를 포함한 규칙이 정의로운 것이라면 그 결과 또한 충분한 정의를 담보할 수 있다는 입장이다.

2. 공리주의

목적론적 윤리이론을 대표하는 것은 공리주의이다. 공리주의 윤리학은 최고의 가치이념을 쾌락 또는 행복이라는 선에 두고 있다. 공리주의가 말하는 최대행복 원리는 결국 효율을 통해 효용의 극대화라는 자본주의 경제의 기초가 되었다. 공리주의는 정의를 배신한다는 치명적인 약점에도 불구하고 오랫동안 많은 사람들의 지지를 받아온 윤리학설이다. 특히 공리주의가 경제분야의 주요 정책결정에 미친 영향은 절대적이다(정현태 외, 2022). 정현태 외(2022)는 공리주의에 관한 좋음의 의미, 인간관과 사회관, 공리주의의 한계와 장점에 대하여 아래와 같이 설명하고 있다.

1) 목적으로서 좋음의 의미

목적론적 윤리이론은 일차적으로 우리 행위의 판단기준으로 좋음을 말한다. 좋은 결과를 가져오는 행위가 옳은 행위라는 것이다. 그렇다면 무엇을 좋음이라 하고 할지 논의해야 한다. 좋음에 대한 논의는 윤리학의 역사만큼 그 연원이 깊다. 목적으로서의 좋음을 본격적으로 다룬 철학자는 아리스토텔레스이다. 그는 바로 그 목적을 위해 다른 모든 목적들을 추구하게 되는 그러한 목적, 즉 '궁극 목적'이 과연 존재하는가 하는 질문을 던졌다. 만약 궁극 목적이 없다면 목적이 무한 소급[1)]되는데 아리스토텔레스는 이런 무한 소급을 부정하며 우리가 그 자체

1) 우리가 살면서 어떠한 결정을 하려고 할 때 무엇에 좋으려고 하는가에 대한 주변의 질문을 받을 때가 있다. 예를 들어, 공부를 열심히 하는 이유는 좋은 대학에 가려는 것이고, 좋은 대학에 가려는 이유는 좋은 직장에 들어가려는 것이고, 좋은 직장에 가려는 것은 여유있는 결혼을 하기 위해서고, 결혼을 하려는 이유는 또 어디에 있다로 이어지는 대화를 생각해 볼 수 있다. 아리스토텔레스는 이러한 무한 소급을 부정하고 흔히 이야기하는 행복을 궁극의 목적으로 설명한 것이다.

로서 욕구하며 다른 어떤 것 때문에 욕구하지 않는 어떤 유일한 것이 존재한다고 생각한다. 그 궁극 목적을 '최고 좋음'이라고 말한다. 그러면 최고선은 무엇인가? 그것은 '행복 그리스어로 'eudaimonia'이다'. 아리스토텔레스 이후 윤리적 행위에 대한 궁극적 판단기준을 좋음이라고 보는 목적론적 윤리이론과 쾌락(행복)주의가 오랫동안 서양 윤리학 사상을 지배하였다. 물론 우리가 살고 있는 현대사회에 여전히 강력하게 영향력을 행사하고 있는 사상이다. 공리주의는 좋음이 궁극의 목적이 되는 이런 윤리이론의 근대적 부활이기도 하다. 우리 일상에서 결과적으로 좋으면 된 것이다라는 입장이 여기에 해당된다.

2) 공리주의 이론

도덕의 판단기준으로 보다 많은 선의 산출이나 보다 적은 악의 산출을 추구하는 목적론적 윤리이론 중 대표적인 것이 공리주의(utilitarianism)이다. 공리주의에게 있어 옳은 행위란 행복을 증대시키기 위해 기여하는 정도에 비례해서 옳은 것이 되고, 행복에 반대되는 것을 산출하는 데 기여하는 정도에 비례해서 그릇된 것이 된다. 이것이 '공리(utility)' 또는 '최대행복'의 원리이다. 결국 얻어지는 행복이 크면 클수록 그 행위의 윤리적 가치가 크다는 것이다. 공리주의 이론의 선구자는 흄이라고 할 수 있으나 최초의 본격적인 공리주의자는 벤담(J. Bentham, 1748~1832)이다. 그는 사회복지의 증진을 위해 헌신한 사람으로도 유명한데, 공리의 원리와 함께 최대행복의 원리를 주장하였다. 벤담의 공리주의는 쾌락은 한 가지 종류밖에 없으며 양적으로만 차이가 있을 뿐이지 질적인 차이가 없다고 주장하여 양적 쾌락주의라고 불린다. 양적 쾌락주의를 주장하는 벤담에게는 당연한 귀결로서 쾌락의 양을 수학적으로 측정할 수 있고 계산할 수 있어야 한다. 그는 강도, 지속성, 확실성, 근접성, 생산성, 순수성, 범위

벤담(J. Bentham, 1748~1832)
출처: 나무위키(namu.wiki)

등 일곱 가지 기준을 가지고 쾌락 계산법을 제시하였다. 벤담은 쾌락의 양을 계산하는 과정에서 "누구나 한 사람으로 고려되어야 하고, 어느 누구도 한 사람 이상으로 고려되어서는 안 된다"는 원칙을 천명한다. 당시 진보적 개혁사상이었던 공리주의로서는 이런 평등주의가 당연한 전제였다.

밀(J. S Mill, 1806~1873)
출처: 나무위키(namu.wiki)

밀(J. S Mill, 1806~1873)은 벤담의 제자이며 그의 사상의 계승자이지만 스승의 양적 쾌락주의에 반기를 들었다. 그는 쾌락은 양뿐만 아니라 질도 중요하다고 말하여, 질적 공리주의라고 불린다. 즉, 질적으로 높은 쾌락은 소량이라도 질적으로 낮은 다량의 쾌락보다 더 바람직하다는 것이다. 그 결과 밀은 "만족한 돼지보다는 불만족한 사람이 낫고, 만족한 바보 천치보다는 불만족한 소크라테스가 되는 것이 낫다"고 말한다. 이렇게 말할 수 있는 것은 돼지나 바보 천지는 각자 자신의 입장만을 알고 있지만 이들에 비교되는 상대방(소크라테스)은 양쪽 모두를 알고 있기 때문이다. 이런 행복에 대한 질의 강조는 평등주의라는 입장에서 보면 퇴조를 의미한다. 돼지와 인간의 질적 차이를 정당화할 수 있다면, 밀이 직접 언급했듯이 바보 천치의 행복보다는 소크라테스의 행복이 낫기에, 지적인 인간과 그렇지 못한 인간과의 차별도 정당화될 수 있기 때문이다. 그 결과, 보다 지적인 사람의 판단을 그렇지 못한 사람은 따라야만 한다는 결론에 이르게 된다. 더군다나 더 심각한 문제는 소크라테스가 과연 돼지나 바보가 된다는 것이 어떤 것인지 실제로 안다고 정말로 말할 수 있는가이다. 소크라테스는 단지 자신의 입장에서 돼지나 바보를 생각해 본 것뿐이지 돼지나 바보가 되어 보지는 못한다. 결국 소크라테스의 행복과 돼지나 바보의 행복은 비교 가능하다고 할 수 없다. 행복은 지극히 주관적인 것일 수 있기 때문이다.

3) 공리주의 인간관 및 사회관

모든 도덕이론은 각 이론대로의 인간관과 사회관을 전제로 한다[2]. 인간을 어떻게 이해하고 그런 인간이 모인 사회를 무엇으로 이해하는가에 따라 다른 도덕이론을 주장하게 된다. 예를 들면, 인간을 이성적인 존재로 이해하는 경우와 인간의 감성이나 욕망을 강조하는 경우 다른 도덕이론을 내세울 수밖에 없다[3].

흄(D. Hume, 1711~1776)
출처: 나무위키(namu.wiki)

공리주의 이론에 결정적인 기여를 한 흄(D. Hume, 1711~1776)은 경험과학과 도덕철학 양자에 있어서의 이성 개념에 비판적 태도를 보인다. 흄은 이성은 인간에게 행동할 방식을 제시해 주지 않으며 도덕적으로 중립적이고 단지 열정(또는 정념)에 복종할 뿐이라고 보았다. 이성은 도구적 합리성이라는 제한된 영역 안에서만 중요성을 인정받을 뿐이며 인간은 본질적으로 합리적 존재라기보다는 열정, 필요, 이해관계의 존재로 더 잘 정의될 수 있다는 것이다. 흄의 사회이론에서 중심적인 위치를 차지하며, 모든 인간행동의 가장 중요한 측면 중의 하나는 동정심이다. 흄은 (사회의 공통의 이익과 효용은 옳고 그름의 기준을 낳는데, 이런 효용을 받아들이도록 하는 것이 이기심이 아니라 동정심이라고 한다. 최소한 때때로라도 인간은 다른 사람들에 대한 동정심을 드러내며 그들의 복지에 관

2) 사회복지는 사람이 사람다운 삶, 즉 취약한 이전과는 다른 삶의 질을 향상시켜 나가며 살아가는 것을 목적으로 한다. 이를 위해 개인과 사회의 긍정적인 방향으로의 변화를 전략으로 삼는다. 따라서 사회복지가 인간과 사회를 어떻게 이해하는가는 그 전략과 나아가 목적에 상당한 영향을 미치게 된다.

3) 우리는 그동안 사회를 정의하는 여러 가지 입장 중에 '만인에 대한 만인의 투쟁'으로 사회를 해석하는 설명을 가장 많이 들었다. 그렇게 우리가 사회를 투쟁의 공간으로 해석하게 되면 사회제도의 대부분은 갈등을 해소하는 장치로써의 기능이 주가 된다. 이 과정에서 공동체성을 가지고 협력할 수 있는 있는 인간의 본성과 선함은 무시되거나 배재된다.

심을 보이는데 이는 이기주의자가 주장하는 냉담한 무관심과 전혀 다른 감정이다. 이처럼 동정심은 사람들로 하여금 타인들의 감정에 민감하게 만들고, 공동체에 응집력을 부여하여 가치의 상대적인 통일성을 유지시킨다. 흄의 철학은 거의 대부분 공리주의에 수용되어 그 근간이 되었다. 공리주의의 인간관은 효용주의에 바탕을 두고 있다. 효용주의는 인간을 단지 효용의 생산자로 간주되고 효용생산의 효율성을 가치기준으로 삼는다. 이런 인간상은 일정한 욕망체계를 가진 고립된 도구로서의 합리적인 경제인이다. 공리주의가 인간을 평가할 때 이렇게 효용이라는 하나의 기준을 사용함으로써 인간이 갖는 다양한 필요를 고려하지 못한다는 비판이 있다. 인간이 효용으로만 판단되는 존재인가에 대한 의문을 가질 수 있다.

공리주의 사회관은 다음과 같다. 공리주의가 총량에만 관심을 쏟는 이유는 사회를 하나의 큰 개체로 보는 사회관에 기인한다. 공리주의적 관점에서 보면 개인은 사회와 독립된 존재가 아니라 전체의 일부일 뿐이다. 물론 이기주의와 달리 공리주의가 자신의 효용만이 아니라 타인의 효용도 동등하게 고려한다는 의미에서는 이타적인 요소를 지닌 가치원리이다. 하지만 효용의 사회적 합계만으로는 개인의 독립성, 권리와 복지가 무시되는 것을 막을 수 없다. 사회를 하나의 거대한 개체로 보며 그 구성원의 사회적 연대를 위해서 동정심에 호소하는 공리주의의 사회관과 인간관으로는 사회복지의 이론을 구할 수 없다. 예를 들어보자. 5명이 사는 사회가 있다. 1명은 효율적인 생산수단을 가진 부자이며, 4명은 매우 가난하다. 사회의 자원은 생산수단을 가진 부자에게 투자할 때 훨씬 많은 수익을 가져다준다. 총량에만 관심이 있는 공리주의는 이러한 방법을 옳은 것이라 이야기한다. 실제로 우리는 한 개인이 얼마나 취약한가에 대한 사실보다 국내총생산(GDP)이나 국가별 경제 순위에 훨씬 더 흥분하고 반응한다.

4) 행위 공리주의와 규칙 공리주의

모든 공리주의자들에게 효용의 원칙(원문은 '유용성의 원리'이다)은 인간행위의 옳음과 그름을 판단하는 궁극적인 척도이다. 그러나 이 척도를 적용할 때 우리는 개별적 행위에 직접 적용할 것인가 아니면 행위의 규칙에만 제한적으로 적용시켜서 행위규칙으로 하여금 개별적 행위가 옳은가 그른가를 결정하도록 할 것인가? 전자의 경우를 행위 공리주의와 후자의 경우를 규칙 공리주의라 한다. 행위 공리주의는 도덕적인 행위란 구체적인 행위에 의해 판단되어야 한다고 말한다. "내가 이런 상황에서 이런 행위를 한다면 어떤 결과를 가져올 것인가"가 문제이다. 옳은 행위란 어떤 사람이 할 수 있는 행위 중 최대의 효용을 지닌 행위이다. 반면 규칙 공리주의자들은 도덕에 있어 규칙의 중요성을 강조한다. 효용의 평가대상이 되는 것은 개별적인 행위가 아니라 어떤 종류의 행위를 요구하는 규칙 또는 관행이라고 주장한다. 두 경우 다 공리주의인 만큼 판단의 최종 기준은 효용의 원칙이다. 행위의 결과를 따라가든 행위를 규정하는 규칙을 따라가든 그 결과가 최대의 효용을 산출해야 한다. 쉽게 말하면 좋은 결과를 낳는 행위를 개인 차원에서 판단할 것인가, 좋은 결과를 낳을 것이라고 합의된 어떠한 규칙을 따랐는가의 차원에서 판단할 것인가에 대한 문제이다. 규칙 공리주의는 어떤 특정 행위가 문제의 상황에서 최선의 결과를 가져오는가를 묻지 않고 참말을 하라는 것과 같은 어떤 규칙에 호소한다. 어떤 규칙이 모든 사람에게 최대의 일반적 좋음을 가져다줄 것인가를 물어 규칙을 결정한다. 달리 말해 문제는 어떤 행위가 최대의 공리를 갖는가가 아니고 어떤 규칙이 최대의 공리를 갖는가이다(Frankena, 1984). 예를 들면, 모든 살인자는 법에 의해 처벌을 받아야 한다는 규칙은 규칙 공리주의자에게 타당한 규칙이다. 왜냐하면 이러한 규칙이 사람의 행위를 규제한 결과가 규제하지 않은 결과보다 더 유용하기 때문이다.

행위 공리주의와 규칙 공리주의는 각기 일리가 있다. 행위 공리주의자는 행위의 일반화에 반대한다. 행위의 일반화는 과거의 경험에 바탕을 둔 지침으로서 도움이 될 수는 있다. 하지만 과거의 행동에 의해 일반화된 규칙이 현재의 구체적인 행위에 최대의 효용을 가져다준다는 보장이 없다. 이러한 입장은 벤담이나 무어(G. E. Moore, 1873~1958)를 거쳐 스마트와 플렛처에게 지지를 받고 있다. 특히 플렛처는 이러한 입장을 '상황윤리'라고 부르는데, 행위 공리주의도 일종의 상황윤리라 할 수 있다. 쉽게 말해 일반화된 행위라 할지라도 시대에 따라 장소에 따라 그때그때 달라질 수 있다는 것으로 고려하는 것이다. 보편적인 상황에서 좋은 결과를 가져오는 행위가 개별적인 특정 상황에서 무조건적으로 좋은 결과를 가져올 것이라고 낙관하기 어렵다는 것이다.

하지만 규칙 공리주의자들은 일반적인 규칙이 구체적인 상황에서 최대한의 효용을 가져다주지 않는다고 해도 의미가 있다고 말한다. 첫째는 사람이 경험적으로 모든 경우에 모든 행동을 개별적으로 판단해서 살아가는 것은 아니라는 것이다. 둘째는 도덕이 가져야 하는 보편적용성에 대한 강조이다. 도덕이 가지는 공공성을 염두에 둔다면 구체적 상황에서 자신이 선택한 행위가 다른 모든 사람들에게 선택되었을 때 장기적으로 어떤 결과를 가져올 것인가를 고려해야 한다는 것이다. 즉 일반적인 규칙이 개별적인 행위보다 좋은 결과를 가져올 가능성이 월등히 높다는 것을 지적하는 것이다.

5) 공리주의의 유용성

공리주의가 사회복지 차원에서는 상대적으로 중요하게 다루어야 하는 윤리사상은 아니지만 현재까지 미치는 영향력을 고려할 때 그 자체가 가지고 있는 유용성은 인정해야 한다.

공리주의는 무수한 도전을 받아왔음에도 불구하고 사람들에 의해 넓게 수용되어 나갔다. 공리주의의 장점은 다음과 같다.

첫째, 공리주의의 최대 매력은 행복(쾌락)이라는 단일 기준을 가지고 개인과 사회에 관한 일체의 현실적인 가치판단이 가능하다는 점에 있다. 최대한의 행복

(효용)을 가져오는 행위를 선택하면 된다.

둘째, 공리주의 이론은 매우 탄력적이고 어떤 상황에서도 적용될 수 있는 잠재력이 있다. 어떤 상황, 조건, 행위의 주체가 누구이든지 단지 가장 좋은 결과를 가져오는 것이 무엇인지에 대해서만 생각하면 된다.

셋째, 이 이론이 보통 사람들도 모두 쉽게 공감할 수 있는 매우 상식적이라는 것이다. 즐거움을 가져오는 것은 선이고 고통을 초래하는 것은 악이라는 주장은 매우 그럴듯한 이론이다.

넷째, 무엇보다도 이 이론이 도덕적 판단과 관련한 단순히 하나의 형식적인 체계가 아니라 실질적인 내용을 제공하고 있다는 점이다. 의무론적 윤리이론이 제시하는 윤리원칙들이 일반적 원칙을 제공하는데 비해 고전적 공리주의가 제시하는 윤리원칙은 매우 실질적이다. "선한 것은 취하고 악한 것은 부정하라."

다섯째, 도덕규칙이 인간의 행위를 제약하면서 그것이 없을 경우보다 더 큰 행복이나 쾌락을 산출하는 것으로 입증되지 않는다면 정당화될 수 없다. 그렇기에 한 사회가 유용성을 그 사회의 기본적 도덕으로 사용하지 않는다면 비합리성의 전형이 될 것이다. 그러므로 공리주의는 가능한 한 가장 합리적인 방법으로 한 사회의 도덕률을 따라 사는 사람들에게 정당화할 필요성을 만족시키는 규범윤리 체계이다.

6) 공리주의 비판

공리주의에 대한 비판은 다양하다. 반공리주의 논증은 그 수도 많고 또 매우 설득력이 있다. 하지만 현대의 공리주의자들은 반공리주의적 논증들은 오직 수정되어야 할 필요가 있다는 것을 보여주는 것에 불과하다고 주장한다. 공리주의에 대한 비판 중 가장 대표적인 것 몇 가지만 보자.

첫째, 옳은 행위를 낳게 하는 선이 오직 행복(쾌락) 하나뿐만은 아니다. 레이첼스는 행복에 대한 공리주의의 잘못된 생각을 지적한다. 우리가 무엇을 좋아하는 것은 그것들이 행복을 가져다주기 때문에 그것들을 좋아하는 것이 아니다. 다른 것들은 오직 행복을 가져오는 데 도움을 주는 수단으로 여겨지는 데 반해 행복은 그 자체로서 선하고 추구해야 할 유일한 것이 아니다. 오히려 행복이란 독립적으로 그리고 그 자체의 권리에 의해 선한 것으로서 인정하는 사물들을 얻었을 때 수반하여 얻어지는 대응물이다.

둘째, 결과만이 중요한 것은 아니다. 목적론적 윤리이론의 계열인 공리주의에게 있어 결과주의는 필수적인 부분이다. 옳은 행위를 결정하기 위해 결과 이외에 고려해야 할 또 다른 사항이 있다면 공리주의의 논리는 무너지게 된다. 권리와 자유 등 다른 비 효용적인 가치도 중요하다. 공리주의는 단지 그것들이 효용에 영향을 미치는 정도까지만 간접적으로 가치가 매겨진다. 행복도 중요하지만 행복한 노예일 필요는 없다.

셋째, 공리주의의 기본 원리인 최대다수의 최대행복은 그렇게 간단히 결합될 수 있는 것이 아니다. 쾌락주의는 극단적으로 밀고 나가면 개인적 쾌락주의이며 이는 이기주의에로 나아가는 경향이 있다. 그러나 최대다수의 원리는 이타주의라는 윤리감에 기초를 두고 있다. 따라서 극단적으로 말하면 최대다수와 최대행복이라는 서로 상반되는 원리가 모순을 내포한 채 결합되어 있는 것이다.

넷째, 공리주의, 특히 행위 공리주의에 대한 비판 중 하나는 인간이 어떻게 특수한 행위의 모든 결과에 대해 다 알 수 있는가이다. 우리는 우리의 특수한 행위의 결과가 무엇인가를 모르기에 규칙을 필요로 하는 것이다. 도덕이나 법의 가장 두드러진 특징이 행동의 결과가 어떻든 상관없이 지켜야 할 규칙으로 구성되어 있다는 것이다.

다섯째, 공리주의에 대한 가장 큰 비판은 정의라는 관점에서 제기된다. 즉, 공리주의는 기본적으로 정의와 양립할 수 없는 불공정한 윤리체계라는 것이다. 공리주의는 행복의 총량에만 관심을 기울이기에 행복의 분배의 불평등을 무시하는 경향이 있다. 공리주의는 아무리 불평등하게 분배된다고 해도 총계만이 중요하다. 공리주의가 중요하게 내세우는 평등주의적인 관점이 내재적 모순으로 의미를 잃는다.

3. 칸트의 윤리학

의무론적 윤리이론에서 대표적인 철학자는 칸트(Kant, 1724~1804)이다. 칸트는 도덕이란 절대적 규칙, 즉 예외는 결코 허용되지 않으므로 결과가 어떠하든 상관없이 따라야 할 절대적 규칙의 문제라고 믿는다. 그의 윤리이론은 도덕이란 순전히 인간본성, 특히 감정과 욕망의 사물이라고 말한 스미스 등과 같은 경험주의자들의 윤리관에 반동으로 일어난 것으로 이해할 수 있다. 그들은 도덕 그 자체가 가지고 있는 존재가치를 부정하고 도덕을 행복이나 효용과 같은 도덕과 무관한(nonmoral) 가치의 생산에 얼마나 기여하는 가를 통하여 판단함으로써 도덕을 도구적인 것으로 파악하였다. 칸트는 이러한 이론에 반대하여 인간의 감정이나 욕망이 아닌 오직 이성의 의지에 근거한 절대적이고 보편적인 도덕원칙을 세우려 하였다. 칸트는 인간이 동물적 존재라는 지위를 벗어나 인간의 지위에 설 수 있는 것은 인간 안에 도덕법칙이 존재하기 때문이라고 한다. 그리고 이 도덕법칙의 근원은 바로 이성이다(정현태 외 2022).

칸트(Kant, 1724–1804)
출처: 나무위키(namu.wiki)

이성에 근거하여 보편적이고 절대적인 윤리이론을 정립하고자 하는 칸트에게 있어 가장 기초적인 개념은 선의지(good will)이다. 칸트의 윤리이론이 제시되는 도덕 형이상학의 기초』라는 저서는 다음과 같은 문장으로 시작한다. "이 세상 안에서, 아니 그 밖에서 조차도 무조건적으로 선한 것으로서 선의지 이외에는 다른 어떤 것도 생각할 수 없다." 선의지란 무조건적으로 선한 유일한 것이다. 다른 모든 것은, 예를 들면 지성이나 용기 등 어떤 것도 때때로 잘못 사용될 수도 있고 사악한 것이 될 수도 있다. 심지어 행복조차도 무조건 선하지는 않다. 인간에게 이성이 주어진 것은 인간이 이런 선의지에 도달하도록 돕기 위해서이다.

선의지에 기초한 의무들은 두 가지 형태로 드러난다. 하나는 정언명령(categorical imperatives)이고 다른 하나는 가언명령(hypothetical imperatives)이다. 가언명령이란 우리가 행할 의무들에 관계되는 소원을 가지고 있다는 '전제하에서'

우리가 해야 할 일이 무엇인가를 말해주는 것이다. 즉, 어떤 목적을 위해 수단으로써 그 행위를 명령하는 형태이다. 예를 들면, 만일 당신이 보다 영어를 잘하고 싶다면 당신은 영어 공부를 열심히 해야 한다. 이 명령은 영어를 잘하고 싶은 사람에게만 적용되는 행동원칙이다. 이 행위의 '당위'의 강제력은 우리가 그 소원을 버리기만 하면 그 힘으로부터 벗어날 수 있다. 그러므로 영어를 잘하기를 원하지 않는다면 그 순간 그는 영어공부를 할 의무에서 벗어나는 것이다. 이런 명령은 진정한 보편적 도덕명령이 될 수 없다. 왜냐하면 이 명령은 자체적으로 선한 것이 아니라 영어를 잘하려는 목적에 대해 하나의 수단으로 종속되기 때문이다.

이에 반해 진정한 도덕적 의무들은 특정한 소원에 의존해 있지 않다. 그것은 무엇 때문에 이런저런 행위를 하라는 것이 아니라 '무조건적으로 행하라'는 의무이다. 이것을 칸트는 정언명령이라고 부른다. 그렇기에 정언명령은 그 자체로 본질적으로 옳은 것이다. 가언명령이 가능한 것은 우리가 욕구들을 가지고 있기 때문이듯이 정언명령은 우리가 이성을 가지고 있기 때문에 가능하다. 이성이 명령하는 이 도덕적 의무는 보편적이다. 칸트는 이 정언명령을 다음과 같이 말한다. "당신은 그것이 동시에 하나의 보편적 법칙이 되기를 요청할 수 있는 그러한 준칙(maxim)에 따라서만 행동하라." 거짓말하지 말라는 정언명령을 이 보편적 원리에 의거해 설명해 보자. 예를 들어, 자기가 돈을 갚을 능력이 없으면서도 돈을 갚을 수 있다고 거짓 약속을 하고 돈을 빌리려고 할 경우 이 행위가 보편적이 될 수 없다. 왜냐하면 그것은 스스로 그 규칙을 깨뜨리는 것이 되기 때문이다. 일단 이것이 하나의 보편적 행위가 될 경우 아무도 그와 같은 약속을 믿지 않을 것이고 그 결과 아무도 이 규칙 때문에 돈을 빌려 쓰는 일이 불가능해질 것이기 때문이다. 그러므로 도덕적 행위를 한다는 것은 자신의 행위를 보편적 법칙들에 타당한 도덕 규칙을 따라 행한다는 의미이다.

그럼에도 불구하고 칸트의 이론에는 몇 가지 문제점이 있다. 우선 칸트가 윤리이론을 정립하는 데 있어 지나치게 이성에 의존했다는 것이다. 도덕원칙이 왜 이성에만 의지해야 하는가? 이성의 작용이 온전하지 못한 장애인이나 어린이들은 도덕적으로 온전하지 못한 존재들이란 말인가? 이런 질문들에 만족할 만한 대답을 제시하기 위해서는 이성 이외의 다른 도덕적 판단에 대한 인식기초를 제시하여야 할 것이다(Pojman, 2002).

또 다른 문제점은 절대적 도덕 규칙들 간에 서로 갈등하는 경우 어떻게 해결해야 하는가이다. 예를 들면, 우울이 심한 자녀에게 부모의 시한부 진단을 고지해야 하는가에 대한 것이다. 부모의 의료 진단 결과를 고지하면 우울이 심한 자녀가 자살을 시도할 수 있는 위험에 직면하게 되고, 그렇지 않다면 보호자에게 고지해야 하는 규칙을 어기게 된다. 절대적인 규칙이 오직 하나만이 아닌 것이다.

그럼에도 불구하고 칸트의 윤리이론이 우리에게 주는 의미는 적지 않다. 칸트 윤리이론의 의미는 다른 사람에게는 금지되어 있는 것이 자신에게만은 허용된다거나(다른 사람이 남의 답안을 보면 부정행위, 내가 보면 요령!) 자신의 이익이 다른 사람의 이익보다 더 중요하다고 생각할 수 없다는 의미를 보여준다.

4. 롤즈의 정의론

공리주의로 대표되는 목적론적 윤리이론과 각을 이루고 있는 학설이 의무론적 윤리이론이다. 의무론적 윤리이론의 대표적인 것이 칸트의 윤리이론이다. 칸트 윤리이론은 정의를 통해 권리를 추구한다. 이때 판단기준이 정, 올바름이다. 사회정의는 사회복지의 가장 본질적인 가치이고 목표이다. 롤즈는 공리주의 사상에 대한 대안으로 자신의 정의론을 전개한다고 말한다. 공리주의는 모든 개인이 만족의 최대 순수 잔여량을 달성하도록 사회가 편성될 경우 그 사회는 정당한 질서를 갖춘 것이며 따라서 정의롭다고 한다. 하지만 공리주의는 만족의 총량이 개인들에게 어떻게 분배되는지에 대해 간접적으로만 문제 삼는다. 더구나 다수의 보다 큰 선을 위해 소수의 자유와 권리가 훼손되는 것이 정당화될 수도 있다. 하지만 롤즈가 말하려는 정의는 어떤 사람들의 자

존 롤즈(John Bordley Rawls, 1921–2022)
출처: 나무위키(namu.wiki)

유의 상실이 다른 사람들이 갖게 될 보다 큰 선에 의해 정당화되는 것을 부인한다. 다수를 위한 소수의 희생이 어쩔 수 없다는 주장을 인정하지 않는 것이다. 롤즈의 정의론을 이야기하면서 가장 많이 등장하는 '철로를 이탈한 전차의 딜레마'가 여기에 해당한다. 비상 철로를 보수하고 있는 한 명을 희생하는 것이 기존 철로를 고치고 있는 다수의 인부를 살리는 정당한 방법인지에 대한 의문이 바로 이것이다.

1) 원초적 입장과 무지의 베일

사람은 각자가 자기 혼자만의 노력으로 살기보다는 사회 협동체를 이루는 것이 보다 나은 생활을 할 수 있다는 점에서 이해관계가 일치한다. 하지만 사회란 이해관계의 상충이라는 특성도 갖는다. 결국 이해관계의 상충을 해결하고 적절한 분배의 몫에 합의하는 데 필요한 어떤 원칙들의 체계가 요구된다. 이러한 원칙이 사회정의의 원칙이다. 정의의 원칙에 대한 합의를 도출하는 방법으로 롤즈는 사회계약론을 사용한다. 이는 하나의 가상적인 사회계약이다. 합의를 이루는 사람들은 자신의 이익증진에 관심을 가진 자유롭고 합리적인 존재들이다. 이들 아무도 자신들이 타고난 우연의 결과나 사회적 여건의 우연성으로 인해 유리하거나 불리해지지 않는다는 점이 보장된다. 아무도 자신의 특정한 조건에 유리한 원칙들을 구상할 수 없다. 그 결과 그들의 합의는 공정한 것이 된다. 동시에 각자가 동등한 관계가 되는 원초적 입장은 이들 합리적인 존재들에게는 공정한 최초의 상황이 된다. 이처럼 공정한 최초의 상황에서 합의를 하기에 이를 '공정으로서의 정의(justice as fairness)'라고 부른다(정현태외 2022).

롤즈의 공정으로서 정의는 순수 절차적 정의이다. 순수 절차적 정의의 공정성을 담보하는 것이 원초적 입장이라는 관념이다. 롤즈가 "로크, 루소 그리고 칸트에게서 흔히 알려져 있는 사회계약의 이론을 일반화하고 고도로 추상화한 것"이라고 자신 있게 명명한 공정으로서의 정의가 이루어지기 위해서는 평등하고 자유로운 가상적인 상황인 원초적 입장이 전제된다. 이런 가정은 최초의 상황에서

계약을 맺는 당사자들이 자신에게 유리한 계약을 맺는 것을 피하기 위한 것이다. 원초적 입장은 무지의 베일 속에서 합의된다. 무지의 베일은 사회 구성원들에 의해 정의의 원칙이 채택되는 최초의 상황에 대한 철학적인 해석이다. 계약을 맺는 당사자들은 자신이 어떤 원초적 입장에 있는지 모르기에(무지) 자신의 이해관계를 떠나 자신의 도덕적 사고능력에 따라 판단하고 선택한다. 그는 다음과 같은 특수한 사정을 모른다고 가정한다(정현태 외 2022).

> "아무도 자신의 사회적 지위나 계층상의 위치를 모르며, 누구도 자기가 어떠한 소질이나 능력, 지능, 체력 등을 천부적으로 타고났는지를 모른다는 점이다. 심지어 당사자들은 자신의 가치관이나 특수한 심리적 성향까지도 모른다고 가정한다."

그들이 아는 유일한 특수 사정은 그들의 사회가 정의의 여건하에 있다는 것이다. 그들은 오로지 일반적인 고려사항들만으로 원칙들을 평가하게 된다. 당사자들이 자신의 특수 사정을 안다고 가정하면 그 결과는 임의적인 우연성에 의해 왜곡되고, 어떤 일정한 정의론을 성립시킬 수 없다. 공정한 합의가 이루어지기 위해서는 당사자들이 무지의 베일 속에 있을 것을 요구한다. 원초적 입장에서 당사자들은 합리적이고 서로 무관심하다는 특징이 있다. 그들은 자신의 욕구를 보다 많이 만족시켜 주고, 보다 성공적으로 실현시켜 줄 가능성이 큰 계획을 추구한다. 다만, 그들은 합리성에 한 가지 특수한 가정을 한다. 합리적 인간이란 시기심에 좌우되지 않는다는 것이다. 그는 다른 사람에게 손해만 입힐 수 있다면 자신의 손실도 선뜻 받아들이려는 그러한 자가 아니다. 무관심하다는 것은 당사자들이 서로 상대방의 이해관계에 관심이 없다는 뜻이다. 그들은 타인들의 이익을 위해 자신들의 이익을 기꺼이 희생하지 않는다는 것을 가정한다. 타인의 이득에 관심이 없는 인간에 대한 가정에서 도출되는 정의는 이기적이지 않을까? 롤즈는 상호 무관심과 무지의 베일이 결합하면 이타심과 동일한 의도를 성취할 수 있다고 말한다. 이런 두 조건들을 결합시키면 원초적 입장에 있는 사람들은 각기 타인들의 선을 고려하지 않을 수 없기 때문이다(정현태 외 2022).

2) 정의의 두 원칙

롤즈의 정의의 원칙은 제1원칙인 자유의 평등한 분배원칙과 제2원칙인 불평등의 원칙으로 이루어진다. 롤즈의 정의론은 자유와 평등이라는 두 가치 개념을 가지고 출발한다. 일반적으로 자유와 평등은 상호 대립하는 개념이다. 하지만 현실에서는 자유와 평등이 함께한다. 자유롭기만한 사회도 없고 평등만을 추구하는 사회도 없다. 일반적으로 엄격한 자유주의자들에게는 평등이 문제가 되지 않는다. 롤즈는 이런 자유주의를 넘어서려고 한다. 그 결과 롤즈의 정의론은 자유주의적 평등주의이다. 롤즈는 자유와 평등의 갈등과 충돌을 조화로운 관계로 이해하고자 한다. 자유주의자들이 말하는 자유의 절대성에 반대해 평등을 말하며 정의론을 구사한다. 원초적 입장에 있는 당사자들은 자신을 위해 특정한 이익을 취할 수 있는 길도 없고 특수한 손해를 그대로 묵과할 이유도 없다. 결국 그는 사회적 기본가치에 대한 평등한 분배를 요구하는 정의의 제1원칙에 합의하게 된다(정현태 외 2022).

- 정의의 제1원칙: 각자는 모든 사람의 유사한 자유체계와 양립할 수 있는 평등한 기본적 자유의 가장 광범위한 전체 체계에 대해 평등한 권리를 가져야 한다.

정의의 제1원칙이 평등한 자유의 원칙인 것은 롤즈의 정의론이 정치철학에서 출발하기 때문이다. 공정으로서의 정의는 '입헌 민주주의를 위한 철학적 입장'이다. 원칙에 의거해서 요구되는 평등해야 할 기본적 자유는 다음과 같다. 정치적 자유(투표의 자유와 공직을 가질 자유), 언론과 결사의 자유, 양심과 사상의 자유, 심리적 억압과 신체적 폭행 및 절단을 포함하는 인신의 자유(인신의 온전성),

사유 재산을 소유할 권리와 이유 없는 체포와 구금으로부터의 자유이다.

기본적 자유의 권리에 대한 평등에 바탕을 두고 사회경제적인 측면의 불평등이 용인되는 현실을 찾게 된다. 정의의 제2원칙은 사회경제적 기본 가치의 분배에 대한 것이다. 기본적 자유가 본질적으로 모든 사람에게 평등해야 한다는 것과 달리 재산 및 소득의 분배는 반드시 균등해야 할 필요가 없다.

- 정의의 제2원칙: 사회적·경제적 불평등은 다음 두 가지, 즉 (a) 그것이 정의로운 저축 원칙과 양립하면서 최소 수혜자에게 최대 이득이 되고, (b) 공정한 기회 균등의 조건 아래 모든 사람들에게 개방된 직책과 직위가 결부되도록 편성되어야 한다.

사회경제적인 불평등은 공정한 기회 균등의 원칙(b)과 차등의 원칙(a)이 채워진다는 조건하에서 용인된다. 공정한 기회 균등의 원칙은 한 사회의 개방된 직책과 직위가 모든 사람들에게 실제로 보장되어야 한다. 이는 '형식적인 기회 균등'과는 다르다. 형식적 기회 균등은 동등한 법적 권리를 인정하나 이를 달성하기 위한 사회적 여건의 평등이나 유사성을 보장하기 위한 노력이 없다. 공정한 기회의 균등은 동일한 수준의 재능과 능력이 있고 유사한 동기를 가졌다면 사회 모든 계층의 사람들은 최초의 지위와 상관없이 동일한 성공의 전망을 가져야 한다는 것을 말한다. 이것이 정의로운 사회체계이다[4]. 공정한 기회의 원칙이 갖고 있는 역할은 사회체계가 순수 절차적 정의에 의한 체제임을 보장하는 것이다. 정의를 향한 절차가 바르고 공정하면 그 결과도 마찬가지로 바르고 공정하게 되는 것이 순수 절차적 정의이다. 공정한 절차는 그것이 실제로 진실되게 수행될 때에만 그 결과에 공정성을 부여할 수 있다. 그러므로 공정한 기회의 균등 원칙이 실제로

4) 이 경우 우리 사회의 대표적인 기회 균등의 사례를 살펴보자. 수도권 상위권에 해당하는 대학에 입학하는 학생의 부모 소득은 전체 평균소득에 비해 월등히 높고, 수도권에 멀어질수록 국가장학금 수혜 비율은 비례적으로 높다.

적용되는 사회체제는 순수 절차적 정의의 체제이다(정현태 외 2022).

최소 수혜자에게 최대의 이익이 보장될 경우에만 사회경제적 불평등을 허용하는 차등의 원칙은 최소 극대화의 원칙(maximin rule)이다. 최소 극대화는 최소 중의 최대를 의미하는데, 이는 여러 대안들 중 하나를 선택할 때에는 각 대안이 갖는 최악의 결과 중 가장 나은 대안을 선택하게 된다는 것이다. 이런 선택을 할 수밖에 없는 이유는 최초의 입장이 무지의 베일에 가려져 있기에 자신이 어떤 처지에 있는지 모르기 때문이다. 차등의 원칙이 만족되면 모든 사람의 처지가 평등한 최초의 상황에 비해 개선된다. 최소 수혜자에게 최대 이익을 보장하는 차등의 원칙은 복지국가의 이념을 형성하는 데 기여를 하였다. 정의의 원칙에는 축차적 서열(lexical order)이 있는데 이는 본질적인 중요성을 가진다. 그 첫 번째가 제1원칙의 우선성(자유의 우선성)이다. 평등한 자유의 원칙이 정의의 제2원칙보다 우선적이다. 기본적 자유와 권리는 사회적·경제적 이익을 위해 제한될 수 없다. 기본적 자유에 대한 권리는 사회의 기본구조는 평등한 자유의 원칙에 위배되지 않는 식으로 부와 권력의 불평등을 배정해야 한다는 것이다. 기본적 자유는 어떤 다른 것에 의해 제한될 수 없고 오직 자유 그 자체만을 위해서만 제한될 수 있다. 정의의 제2원칙은 서열상으로 효율성의 원칙이나 이득의 총량의 극대화 원칙에 우선해야 하며 두 번째 것인 공정한 기회 균등의 원칙이 차등의 원칙에 우선한다. 자유주의 전통 위에 서 있는 롤즈에게 있어서는 공정한 기회 균등이 보장되어 개인이 자신의 능력을 통해 보다 나은 처지에 이르는 것이 우선적이다. 이런 공정한 기회 균등이 적용된 이후에 최소 수혜자를 위해 차등의 원칙이 필요하다. 롤즈는 자신의 정의의 두 원칙을 전통적인 민주주의의 세 관념, 자유, 평등, 박애와 연결시켜, 자유는 제1원칙에, 평등은 제1원칙과 더불어 공정한 기회균등에 있어서의 평등의 관념에, 박애는 차등의 원칙에 연결된다고 한다. 롤즈가 말하는 분배의 대상이 무엇인지를 살펴보자. 롤즈는 이것을 사회적 기본가치라고 표현한다. 기본가치는 합리적인 사람이면 누구나 갖고자 하는 것이다. 이것은 권리, 자유, 기회 및 소득과 재산, 자존감 등이다. 롤즈는 정의의 제1원칙을 통해 자유와 권리를 공정하게 분배하고, 제2원칙의 두 번째(b)를 통해 기회를 공정하게 분배하고, 제2원칙의 첫 번째(a)를 통해 소득과 재산을 공정하게 분배하고자 하는 것이다(정현태 외 2022).

3) 차등의 원칙

롤즈는 자신이 말하는 공정한 기회의 원칙이 냉담한 업적주의 사회에로 나아간다는 반론에 맞서 차등의 원칙이 갖는 세 가지 측면을 말하고 있다. 첫째는 차등의 원칙이란 틀림없는 보상의 원칙은 아니지만 부당한 불평등은 보상을 해 주어야 한다는 것이다. 진정한 기회 균등을 위해서는 보다 적은 천부적 재능을 가진 사람이거나 불리한 사회적 지위를 가지고 태어난 사람에게 더 많은 관심을 가져야 한다. 차등의 원칙은 천부적 재능의 분배를 공동의 자산으로 생각하고 그 결과에 상관없이 이러한 분배가 주는 이익을 함께 나누어 가지는 데 합의한다는 것을 의미한다. 공정으로서의 정의에 있어서 사람들은 공동의 이익을 가져오는 경우에만 자연적·사회적 여건의 우연성을 이용하기로 약속한다. 이러한 제도가 정의로운 것이다. 둘째는 차등의 원칙이 호혜성의 원칙의 입장을 표현하고 있나는 것이다. 그것은 상호이익의 원칙이다. 천부적 재능을 가진 사람에게 유리한 체제는 그들에게 이중의 이득을 주는 체제이다. 천부적 재능을 가진 이들은 다른 사람들의 이익에 기여하지 않는 방식으로 이익을 얻는 권리를 가져서는 안 된다. 그들이 천부적 자질을 가질 응분의 자격이 있는 것은 아니기 때문이다.

차등의 원칙이 갖는 또 다른 이점은 박애의 원칙에 대한 해석을 제시한다는 것이다. 박애는 자유나 평등과 같은 민주적 권리라기보다는 어떤 마음의 태도요, 행동의 형식인 까닭에 그다지 특유한 정치적 개념으로 생각되지 않는다. 박애는 시민적 우애와 사회적 연대감도 의미한다. 차등의 원칙, 다시 말하면 보다 못한 처지에 있는 타인들에게 이익이 되지 않는 한 보다 큰 이익을 가질 것을 원하지 않는다는 원칙은 박애의 자연스러운 의미와 부합하는 것으로 생각된다. 박애의 이상은 가족을 넘어 때때로 보다 넓은 사회의 성원 간에는 현실적으로 기대하기 힘든 정감이나 감정의 유대를 포함한다(정현태 외 2022).

4) 순수 절차적 정의로서의 롤즈의 정의론

의무론적 윤리이론에 바탕을 둔 롤즈의 정의론은 절차에 있어 공정성을 요구한다. 롤즈는 절차적 정의를 세 가지로 분류한다. 첫째는 완전한 절차적 정의이다. 완전한 절차적 정의는 다음의 두 가지 조건이 있다. ① 공정한 분할이 무엇인가에 대한 독립적인 기준이 있고, 이 기준이 절차에 선행하여 정해져 있다. ② 바람직한 결과를 가져올 절차를 고안할 수 있다. 롤즈는 케이크를 공정히 나누는 것을 예로 든다. 어떤 한 사람이 케이크를 자르고 다른 사람들이 그보다 먼저 케이크를 집어 들게 하면 케이크를 자르는 사람은 자신의 몫을 최대로 하기 위해 가능하면 똑같은 크기로 자를 것이다. 반면 불완전한 절차적 정의는 올바른 결과에 대한 독립적인 기준은 있으나 그것을 보장할 만한 절차가 없다. 예를 들면, 형사재판의 경우이다. 재판에서는 죄 있는 사람이 유죄판결을 받고 죄 없는 사람이 무죄판결을 받아야 한다는 기준이 있다. 하지만 이런 결과를 위한 법과 제도가 있어도 그릇된 결과에 이를 수 있다. 이것은 인간의 잘못이라기보다는 우연한 여건들의 결합에 의한 것이다. 마지막으로 언급할 것은 순수 절차적 정의이다. 이 경우 올바른 결과에 대한 독립적인 기준이 없고 대신 바르고 공정한 절차가 있어서 이 절차만 제대로 따르면 내용에 상관없이 그 결과도 마찬가지로 바르고 공정하게 된다(정현태 외 2022).

롤즈는 분배의 몫의 문제를 순수 절차적 정의의 문제로 고찰한다. 노름의 예를 보면 내기하는 절차가 공정하고 이런 공정한 조건 아래서 자유롭게 가담한다면 이런 공정한 내기의 결과는 어떤 형식으로 분배되든 똑같이 공정한 것이 된다. 물론 이런 공정한 조건이 공정하게 이행되기 위한 정의로운 체계가 설립되고 공평하게 운영되어야 한다. 공정한 기회의 원칙이 갖는 역할이 바로 순수 절차적 정의의 체제임을 보장하려는 것이다. 만약 이 체제에 비판할 문제점이 없을 경우에, 즉 정의의 두 원칙을 받아들일 경우 사회정의의 문제에 있어 잡다한 정보나 복잡한 일상사는 상관없는 것으로 무시한다는 데 합의하는 것을 의미한다(정현태 외 2022).

6) 롤즈 정의론의 한계

첫째, 원초적 입장이 지나치게 비현실적이고 이상적(ideal)이다. 롤즈의 정의의 원칙은 원초적 입장에서 무지의 베일에 가려진 합의 당사자들로부터 도출된 것이다. 그리고 이러한 완벽하게 정의로운 원칙에 따라 제도와 규칙을 먼저 규정하고, 그 기준에 따라 현실의 부정의를 찾아서 수정하는 것이다. 하지만 롤즈의 정의 원칙은 경험 가능한 현실 세계에 적용 가능한 기준이 아니라, 존재한 적도 없고 앞으로도 경험 불가능한 세계에서 도출된 것이라고 비판한다. 롤즈의 정의 기준은 현실 사회의 부정의를 발견하고, 이를 교정하여 정의로운 사회를 실현하는데 실효성 있는 지침을 제공하지 못하는 한계가 있다(조수민, 2020).

둘째, 제1원칙인 자유의 원칙이 너무 협소하게 정의되었다는 점이다. 롤즈의 자유 개념은 다양한 목적을 인정하기 때문에 특정 계급의 이익을 반영하는 편향적 성격을 가질 수 있으며, 인종차별주의자의 자유와 같이 보장 여부에 논란의 여지가 있는 경우도 있다. (Barr, 2004).

셋째, 제2원칙에서 차등의 원칙을 실현하기 위해 최소 수혜자를 규정하기 모호하다는 점이다. 롤즈는 어느 정도의 임의성은 있지만, 최소 수혜자로 규정될 수 있는 집단을 제시하였다. 예를 들어, 미숙련 노동자와 같이 사회적으로 열악한 지위에 있는 사람들이나, 소득과 부가 중위 수준 이하인 사람들을 최소 수혜자로 열거하였다. 또한 가족 및 계급적 기원이 열악한 사람, 천부적 재능이 부족한 사람, 운이 따르지 않는 사람도 최소 수혜자의 범주에 포함하였다(정진화, 2016). 그러나 지리적 혹은 시대적 기준에 따라 최소 수혜자에 대한 기준이 달라질 수 있으며, '천부적 재능이 부족한 사람'처럼 구분할 수 있는 경계가 불분명할 수도 있다(정진화, 2016).

넷째, 롤즈의 정의 원칙은 일반적 정의 이론이 아니라 자유 이론에 불과하다는 비판이다. 밀러에 의하면 사회정의는 권리(right), 보상(deserts) 그리고 필요(needs)의 세 가지 요소로 파악될 수 있다. 한 사회에서 사회정의 개념은 그 사회의 형태에 결정적으로 의존하게 된다. 그러나 롤즈의 정의 개념은 이 세 가지 요소의 관계에 대한 분명한 설명이 부족한 채 별개의 요소로만 존재하고 있는 한계가 있다. 롤즈는 모든 사회 구성원에게 통용될 수 있는 유일한 사회정의 개념을 상정하지만, 밀러는 서로 다른 사회의 정의 개념은 개별 요소들의 우선순위에 따라 달라지기 때문에 서로 상충하는 세 가지 요소를 동시에 고려하여야 한다고 주장한다(Barr, 2004).

5. 공동체주의

공동체주의는 개인과 공동체 사이의 연계성을 강조하는 이론으로, 개인의 인격이나 사회적 정체성이 공동체와의 관계 속에서 형성된다는 견해이다. 여기서 공동체란 개인이 소속된 가족을 포함하여, 특정 지역에서 공통의 문화와 역사적 경험을 공유하는 사회적 단위를 일컫는다(오정수 외, 2022).

공동체주의는 추구하는 가치, 국가의 역할 및 옳음과 좋음의 관계 규정에 있어 자유주의와 차이가 존재한다. 자유주의는 개인의 자유와 자율성을 중요한 가치로 여기기 때문에 타인의 자유를 침해하지 않는 한 개인의 자유를 최대한 보장하고자 한다. 공동체주의는 개인의 정체성은 공동체의 전통과 문화 속에서 형성되기 때문에, 공동체를 벗어난 개인이란 존재할 수 없으며, 그런 개인을 상정하는 것은 비현실적인 것으로 간주한다. 공동체주의는 공동체적 가치와 연대성을 강조하며 국가와 사회는 시민들의 공동체적 전통과 가치를 받아들이고, 이를 발전시키는 역할을 하는 것이다. 그러므로 모든 사회에 타당한 보편적 도덕규범은 존재할 수 없으며, '옳음'의 문제는 '좋음'의 문제와 분리될 수 없다는 것이다(오정수 외, 2022).

오정수 외(2022)에서는 공동체주의와 관련하여 자유주의와의 비교, 시민적 공화주의, 공동체주의의 한계를 아래와 같이 설명한다.

1) 공동체주의와 자유주의

샌델(M. Sandel, 1953 ~)
출처: 나무위키(namu.wiki)

공동체주의는 마이클 샌델(M. Sandel)을 대표적인 학자로 꼽는다. 현재의 미국 사회는 부의 불평등 심화로 인해 계층 이동성이 매우 나빠진 상태이며, 개인은 자신의 노력으로 자신의 삶을 지배할 수 있다는 믿음이 깨지고 있다. 또한 자본주의의 고도화로 인해 과거의 도덕적 공동체가 무너지고, 이기적 개인주의가 팽배함에 따라 개인의 원자화가 급속하게 진행되었다. 이처럼 거대한 국제자본과 이와 결탁된 정치권력 앞에 미국 시민들은 무방비 상태로 노출되어 있으며, 이로 인한 시민들의 상실감이 그 어느 때보다 크다(신중섭, 2016). 샌델은 현재의 미국 사회의 이런 문제점을 '민주주의의 불만'으로 표현하며, 그 원인을 잘못된 공공철학, 즉 자유주의 공공철학이 미국 사회를 지배하고 있기 때문이라고 진단하였다. 샌델은 자유주의 공공철학이 갖는 문제점을 다음과 같이 지적하고 있다.

첫째, 자유주의 철학은 개인을 가족, 지역, 국가 공동체의 역사와 전통으로부터 단절된 '무연고적 자아' 상태로 바라본다. 그러므로 개인의 행복과 삶의 필수적 전제 조건인 공동체의 가치를 평가절하하고 그 의미를 와해시켰다. 자유주의가 주체로서의 개인의 독립성을 너무 과시하는 허상에 사로잡혀 있으며, 기본적으로 개인은 사회적존재라는 사실을 간과하고 있다고 비판하였다. 둘째, 자유주의자들이 '옳음'과 '좋음'의 관계 설정에서 오류를 범하고 비판한다. 어떤 공동체에서 '옳음'은 단지 특정 집단의 가치를 반영할 뿐이다. 또한 개인은 그가 속한 공동체의 사회적 환경과 조건으로부터 무관하게 존재할 수 없으므로, 모든 공동체에 걸쳐 보편적으로 타당한 정의의 원칙, 즉 보편적이고 절차적으로 공정한 '옳음'은 가능하지 않다고 비판한다. 셋째, 자유주의가 권리를 과도하게 강조함으로써 의무를 소홀히 취급한다고 비판한다. 자유주의는 개인을 자유롭고 독립적인 주체로 인식하기 때문에 타인의 권리를 침해하지 않는 한에서 개인 권리의 우선성을 주장한다. 그러나 샌델은 이러한 자유주의적 관점으로는 우리가 경험하는 다양한 도덕적·정치적 의무를 이해할 수 없다고 비판한다. 넷째, 국가의 '중립적' 역할에 대한 비판이다. 자유주의자들은 "정부는 특정한 '좋은' 삶에 대한 의견을 법으로 정하여 개입하지 않아야 하며, 시민들의 '좋은' 삶에 대한 다양한 견해에 대해 중립적 입장을 견지해야 한다."라고 주장한다(맹주만, 2013). 하지만 샌델은 아리스토텔레스의 정치철학을 이어받아 국가의 역할을 규정한다. 인간은 오직 정치 결사체를 통해서만 사회적 인간으로서의 고유의 특성을 발휘하며, 미덕으로 충만한 삶을 영위하기 위해서는 공동체 속에서 미덕을 배우고 공동선을 논하여야 한다는 것이다(신중섭, 2016).

2) 공동체주의의 특성: 시민적 공화주의

샌델은 자유주의 공공철학의 문제점을 해결하고 현대 미국 사회의 '공포'와 '불안'을 종식하기 위한 대안을 「민주주의의 불만(Democracy's Discontent)」(1996)에서 구체적으로 밝히고 있다. 그는 현재의 미국은 전통적인 가족, 이웃 및 국가에 걸친 공동체적 가치가 해체되어, 미국 시민들은 그들의 삶을 스스로 통제할 수 있다는 믿음을 상실하였다고 진단한다. 샌델은 문제의 해결 방안으로 '시민적 공화주의'를 제시하였는데, 그 핵심은 덕을 가진 개인의 적극적인 자치 참여이며, 국가는 덕이 있는 시민을 육성하기 위해 적극적인 역할을 하여야 한다고 주장하였다. 개인이 공공선을 숙고하기 위해서는 공적인 것에 대한 지식, 공동체에 대한 소속감과 관심, 도덕적 연대감이 필요하며, 이는 자치에 적극적으로 참여함으로써 가능하다는 것이다(신중섭, 2016).

(1) 각인된 자아(the embedded self)

샌델은 공동체를 다음의 세 가지 형태로 나누고 있다(윤진숙, 2007). 첫째는 '도구적 공동체(instrumental community)'로, 여기서 개인은 자기중심적 이해에 따라 행동하며 개인의 이익이 상호 적대적이다. 즉, 공동체는 개인들의 사적 이익 성취를 위해 부담해야 하는 '필요한 짐'이다. 둘째는 '정서적 공동체(sentimental community)'로, 공동체의 구성원들은 의미 있는 유대관계를 갖고 최종 목적을 공유한다. 이는 롤즈의 개념과 유사한 것으로, 공동체는 그 자체로 '좋음'으로 여겨지고, 이는 그 구성원들의 목적과 관심에 내재하고 있다. 셋째는 '구성적 공동체(constitutive community)'이다. 이는 샌델이 제안한 공동체로, 여기서는 구성원들이 공동의 목적이나 정감에만 묶여 있는 존재가 아니다. 구성적 공동체의 구성원은 다양한 결합 관계에 따라 형성된 정체성을 갖고 있으며, 또한 이는 개인의 정체성 형성에도 영향을 미치고 있다.

(2) '옳음'과 '좋음'의 상대성

'옳음'은 '좋음'과 별개로 존재하는 보편적 원칙이 아니라, 공동체의 '좋음' 개념과 관련된 상대적 원칙이다. 그러나 '옳음'이 '좋음'과 관련된 상대적 원칙이라는 것도 두 가지 의미를 가진다. 첫째, '옳음'의 도덕적 근거가 특정 공동체나 전통에서 공유된 가치로부터 나온다는 의미이다. 이는 공동체의 가치가 무엇이 정의롭고 정의롭지 못한지를 규정하기 때문에 진정한 공동체주의를 대변한다. 둘째, '옳음'의 도덕적 근거가 단순한 공동체의 가치이기보다는, 공동체가 추구하는 목적의 도덕적 가치나 내재적 '좋음'이라는 것이다. 이는 아리스토텔레스의 정치 이론에 기초한 공화주의 관점이다. 즉, 개인의 권리나 '옳음'을 정의하기 이전에 가장 바람직한 '좋은' 삶이 무엇인지 결정하고, 이것이 '옳음'의 내용이 된다는 것이다. 샌델은 첫 번째처럼 특정 공동체의 전통에 의해 인정된다는 것이 '옳음'의 근거가 되기에는 부족하다고 보았다(Sandel, 1998).

(3) 공동체적 '연대의 의무'

샌델은 공동체 속의 개인이 가지는 의무를, ① 자연적 의무, ② 자발적 의무, ③ 연대의 의무로 구분하였다. 먼저, 자연적 의무는 인간으로서 다른 인간에게 가지는 보편적 의무이다. 타인을 존중할 의무, 남에게 상해를 입히지 않을 의무 등이 여기에 속한다. 이런 의무는 합의의 절차가 필요하지 않으며, 인간이 이성적 존재이기 때문에 갖는 의무이다. 다음으로, 자발적 의무는 합의와 약속에 의해 생기는 특수한 의무이다. 내가 돈을 받고 타인의 집을 수리해 주기로 하였으면 그 약속을 이행할 의무가 있다. 그러나 돈을 받지 않은 다른 사람의 집을 수리해 줄 의무는 없다. 자유주의자들은 이성적 존재로서 갖는 자연적 의무와 자신이 스스로 합의한 자발적 의무만이 있다고 생각한다. 그러나 우리는 특정 국가, 가족, 민족의 구성원이며 그 역사를 공유한 사람이기 때문에 거기에는 도덕적 책임과 의무가 따른다. 이를 샌델은 '연대의 의무' 또는 '소속의 의무'라고 하였다. 이 의무는 자연적 의무처럼 보편적 의무가 아니라 특수적이며, 합의에 따른 자발적 의무와 달리 합의에 좌우되지 않는다는 특징을 갖고 있다(Sandel, 2010)

(4) 정부의 적극적 역할

샌델은 아리스토텔레스의 정치적 견해를 따라 국가는 시민의 덕을 양성하기 위해 적극적인 역할을 하여야 한다고 주장하였다.

샌델은 정의로운 사회에서 공동선을 추구하는 삶을 고민하기 위해 다음과 같은 제언을 하였다. 첫째, 사회는 시민들의 강한 공동체 의식 함양을 위해 개인보다는 공동체를 고민하고, 공동선에 헌신하는 태도를 교육하여야 한다고 주장하였다. 이를 위해 전통적으로 시민 교육을 담당했던 공립학교와 군대의 역할이 중요하다고 보았다. 둘째, 시장의 도덕적 한계를 공론화하여야 한다고 주장하였다. 시장은 생산 활동을 조직화하거나 경쟁을 통해 효율성을 높이는 데 매우 유용한 도구이다. 그러나 시장 논리가 침입하지 않아야 할 영역도 존재할 것이다. 시장의 논리가 모든 사회제도의 규범을 지배하도록 하지 않으려면 시장의 역할과 그 도덕적 한계 및 영역에 대한 공론화가 필요하다. 셋째, 도덕에 기초하는 정치를 통해 적극적으로 시민의 삶에 개입하여야 한다고 주장하였다. 샌델은 도덕적 이견에 대한 보다 적극적 개입을 통해 상호존중의 토대를 더욱 강화할 수 있다고 생각하였다. 다른 구성원들의 의견을 경청하고 학습하면서, 때로는 도전하고 경쟁함으로써 보다 정의로운 사회 건설이 가능하다고 보았다(Sandel, 2010).

3) 공동체주의의 한계

1980년대 이후 자유주의-공동체주의 철학 논쟁을 거치면서 다양한 측면에서 논의가 이루어지고 있다. 여기서는 공동체주의의 주요 한계로 지적되는 점을 살펴보겠다(신중섭, 2016). 첫째, 공동체 개념이 불분명하다. 공동체 개념은 국가, 지역 및 부족 등 다양한 기준에 따라 분류될 수 있다. 이처럼 다양한 형태의 공동체가 존재할 때 모든 공동체가 동등한 위치에서 취급될 수 있는 것인지, 아니면 이들 간에도 수직적 위계가 존재하는지가 불분명하다. 둘째, 전체주의에 빠질 가능성이 높다. 공동체주의는 공동체의 가치에 따라 '좋은' 삶을 실현하고자 하므로, 필연적으로 정치의 적극적 개입이 요구된다. 그러므로 보편적 '옳음'보다는 공동체의 특수한 '좋음'이 우선시될 가능성이 높다. 셋째, 현대 사회에 적합하지 않은 원시에 대한 동경이다. 공동체 자치는 현대와 같이 세계화되고 복잡한 사회에서 실행할 수 없으며, 과거의 소규모 공동체에서만 가능한 것이다. 공화주의 정치는 아리스토텔레스가 살았던 아테네 도시국가나 자급자족으로 운영되는 소규모 촌락공동체에서나 가능한 형태이다. 현대 사회는 다양한 가치를 가진 개인들로 구성된 사회이며, 가치의 변화도 엄청나게 빠르게 일어나고 있다.

4) 공동체주의와 사회복지

사회복지는 그 자체가 가지는 인간관과 사회관에 비추어 볼 때 공동체성은 매우 중요한 원칙이자 가치이다. 위에서 논의한 것처럼 공동체에 대한 정의와 보편적인 공동체성을 정의할 수 있는가 그리고 그 공동체주의를 위해서 각 주체가 할 수 있는 적절한 역할은 무엇인가에 대해 모호한 점이 적지 않다. 그럼에도 불구하고 공동체성이 사회복지에서 중요한 개념임을 부인할 수 없다. 그렇기 때문에 사회복지에서 공동체라는 것이 철학적 사유의 대상임이 틀림없다. 게다가 철학적 사유의 대상이기도 하지만 지역사회복지, 사회복지정책, 사회복지실천 등의 다양한 접근전략에 있어서 한 개인이 속해 있는 환경과의 상호작용과 그것에서 이루어지는 다양한 공동체적인 역동은 빠질 수 없는 사회복지에서의 실질적인 논의의 대상이기도 하다.

이런 차원에서 사회복지사는 사회복지관의 지역사회조직화와 같은 공동체를 디자인하는 역할을 기본적으로 수행한다고 할 수 있다. 그렇다면 사회복지사가 공동체를 어떻게 규정하고, 정의하는가에 따라 그 접근방법은 많은 차이를 가져올 수 있다. 마이클 센델의 공동체주의는 다소 거시적인 측면을 다루고 있지만 그 논위의 범위를 넘어서 우리 사회의 공동체, 공동체성, 공동체역량과 같은 지금 요구되는 공동체와 관련된 여러가지 사회적 개념에 대해 사회복지사는 충분히 생각하기를 해 보아야 한다. 사회복지사는 자신의 전문적 활동에 대하여 이론적 근거나 명확한 논리적 근거가 없는 동기부여는 짧은 시간 소진을 경험하게 만든다. 최근 우리나라에서 변화하고 있는 사회복지패러다임은 지역사회복지에 대한 접근전략이다. '읍면동복지허브화', '커뮤니티케어', '통합돌봄' 등의 그것에 해당한다. 복지국가와 더불어 '복지사회'의 가치를 강조하는 최근의 패러다임을 고려할 때 앞으로 사회복지사는 공동체와 관련된 역량개발과 함께 이를 제고하기 위한 역할을 보다 더 부여받게 될 것이다. 그렇기 때문에 공동체주의에 대한 철학적 사유는 반드시 전제되어야 할 것이다.

6. 인공지능 윤리학

1) 인공지능의 등장과 윤리

AI가 일상과 밀접해지면서 우리 사회는 사생활 감시, 편견, 차별 등 법적, 윤리적 문제에 직면하고 있다. 최근 몇 년 동안 치명적인 자율 무기 시스템(LAWS)의 실현 가능성과 함께 관련 윤리가 향상되었다. 이 AI 기계는 인간을 살해하고 피해를 입힐 수 있는 힘과 결합된 AI 자율성의 방대한 재량권을 갖게 되었다. 이러한 발전은 상당한 이점을 제공할 수 있지만, 인공지능 윤리(AI Ethics)와 관련하여 다양한 질문을 낳는다. 코로나 팬데믹 이후 비대면 만남과 온라인 화상회의가 보편화하고, 디지털 전환 가속화와 AI 기술 활용이 증대함에 따라 인공지능 윤리가 더욱 중요해지고 있다(조용환, 2023). 본 절에서는 인공지능에 대한 사회복지 윤리차원의 논의가 이제 막 시작되는 만큼, 브레인 미디어의 조용환 칼럼니스트가 쓴 '인공지능 기술보다 중요한 인공지능 윤리'의 칼럼을 요약하여 정리하였다[5].

2) 인공지능의 편향성 문제

AI 기술이 발전할수록 사이버 범죄와 사생활 유출 위험성이 높아지고 있다. AI는 사람처럼 실수하지 않고 차별과 편견 없이 효율적으로 작동할 것이라고 기대했지만, 채용 면접, 대출심사, 구속 여부 등 적용 범위를 넓혀가면서 새로운 차별과 편견 문제를 일으키고 있다. AI 챗봇 '이루다'에 대한 논란이나 딥페이크 기술을 이용한 문제로 인해 우리나라에서도 인공지능 윤리가 공론화되기 시작했다.

5) https://www.brainmedia.co.kr/Insight/23367. "인공지능 기술보다 중요한 인공지능 윤리" 조용환 칼럼니스트. 2023년 3월 24일 기사. 본 절에서는 2)와 3)이 이 칼럼 내용에 해당한다.

2015년 구글 포토서비스에서 흑인 사진을 '고릴라gorillas'라고 분류해 인종차별 논란이 있었고, 2018년 아마존 내부 채용 AI 시스템이 여성 구직자에 대한 편견과 차별을 드러내기도 했다. 지난 10년간의 아마존 이력서를 바탕으로 학습한 AI 알고리즘이 지원자가 '여성'이라는 단어를 이력서에 포함하면 감점을 하고, 남성기술자들이 자주 사용하는 용어를 유리한 채용조건으로 인식했다. 이는 AI가 편향된 또는 잘못된 데이터를 학습해 발생한 문제였다. 2016년 미국 주 법원과 교도소에서 형량, 가석방 등에 사용하던 AI 알고리즘 컴퍼스(COMPAS)는 피고의 범죄 참여, 생활방식, 성격과 태도, 가족과 사회적 배제 등을 점수로 환산해 재범 가능성을 계산해 판사에게 구속 여부를 추천했다. 인종에 대한 변수는 포함하지 않았다. 컴퍼스는 피고가 재판 전에 다시 체포될 통계적 확률만 제공했으며, 판사가 피고를 석방할지 구금할지 여부를 결정했다. 피의자의 구속 여부를 결정하는 과정에서 컴퍼스는 '흑인의 범죄율이 높을 것이다', '흑인의 재범 가능성은 백인보다 2배'라고 판단해 흑인들이 무고한 수감생활을 하게 했다. 얼굴 인식과 피의자 재범 가능성 예측에서 유색인을 차별하는 사례도 있었다.

미국에서 '컴퍼스의 오류 알고리즘을 수정하면 판사보다 공정하게 만들 수 있을까?'라는 주제의 실험이 진행되기도 했다. 연구팀은 2013년부터 2014년까지 플로리다 주 브로워드 카운티에서 컴퍼스 알고리즘으로 점수를 매긴 모든 피고인의 데이터를 수집했다. 각 사람의 이름, 나이, 인종, 컴퍼스 위험 점수가 포함된 총 7천 2백여 명의 피고인 중 흑인 5백 명을 무작위 추출해 이들이 실제 재범을 저지르거나 재판에 불응해 결국 체포된 경우를 조사했다. 컴퍼스는 피고인에게 1~10점까지 점수를 매기고 고위험 임계값인 7점 이상이면 피고인을 구금해야 한다고 권고했다. 1점은 10퍼센트의 체포 가능성, 2점은 20퍼센트의 체포 가능성이 있음을 의미한다.

컴퍼스는 인종을 고려하지 않고 다양한 정보를 습득한 후 데이터를 처리했다. 그러나 컴퍼스는 흑인 피고의 재범 가능성은 실제보다 크게, 백인 피고의 재범 가능성은 실제보다 낮게 설정하고 있었다. 연구팀은 이러한 문제를 해결하기 위해 변수를 조정하고 인종과 관계없이 동일한 수감 비율이 적용되도록 했다. 그랬

더니 동일 범행에 대해 인종별로 다른 처벌을 하는 결과가 나왔다(흑인 피고 52퍼센트 체포, 백인 피고 39퍼센트 체포).

AI 알고리즘의 공정성을 높이기 위해 변수를 바꾸고 임계값을 조정하는 과정을 반복하면서 연구팀은 두 가지 문제점을 발견했다. 첫 번째는 더 나은 예측이 전반적으로 오류를 줄이는 데 도움이 되지만 오류를 완전히 제거할 수는 없다는 점과 얼마나 많은 데이터를 수집하든 성향이 비슷한 사람일지라도 다른 선택을 할 수 있다는 점이었다. 두 번째 문제는 컴퍼스의 권장사항을 일관되게 권고하더라도 고위험 임계값이 어디에 있어야 하는지를 사람이 결정해야 한다는 것, 즉 판사의 정치적, 경제적, 사회적인 가치관으로 판단할 수밖에 없다는 것이다. 이 연구를 통해 현재의 AI 기술로 불공정 문제를 근본적으로 해결할 수 없다는 것을 알 수 있었다.

AI는 객관적인 데이터를 이용해 사람이 가진 편견과 차별을 완화할 수도 있지만, 반대로 그 편견과 차별을 그대로 반영해 심화할 수도 있는 양날의 검이다. AI는 사람처럼 편견과 한계를 갖지 않고 객관적이고 과학적인 판단을 할 것으로 생각하지만, 오히려 사람에게는 없는 맹점과 노골적 차별이 존재한다. 이 같은 편향성과 부정적 사고의 답습은 새로운 사회문제가 될 것이다.

3) AI와 사람, 그리고 윤리

AI 사용자와 달리 개발자에게는 자신의 행동에 대해 책임을 져야 할 법적 의무가 없지만 윤리적 책임이 따른다. AI는 다양한 분야에서 점점 더 많이 사용될 것이므로 도덕적 책임이 분명하게 부과돼야 한다. AI를 사용하는 사람이나 조직은 알고리즘의 편향된 결정을 줄이기 위해 편향되지 않은 실시간 데이터를 기반으로 적절한 알고리즘을 사용해야 한다. 국내는 물론 해외에서도 일상생활의 모든 측면에서 AI의 사용이 빠르게 진화하고 확장하면서 윤리적 사용을 안내하기 위한 규제 및 정책을 만들기 위해 노력하고 있다. 우리 정부는 2020년 12월, AI

활용·확산을 통한 혜택·효과를 극대화하면서 역기능은 최소화할 수 있도록 현재의 기술 수준, 국내외 법제정비 동향 등을 분석하여 종합적·선제적인 법·제도·규제 정비방안을 마련하겠다고 밝혔다. 이를 위한 로드맵 수립을 위해 학계·법조계를 비롯하여 인문사회·과학철학 분야 인사를 포함한 법제정비단을 구성하고, 인공지능 시대로 나아가기 위한 법적 기반을 준비하고 있다.

정부는 기초 가이드라인으로 AI개발 및 활용과정에서 지켜야 할 3대 기본원칙(인간의 존엄성, 사회의 공공선, 기술의 합목적성)과 10대 핵심요건(인권보장, 프라이버시 보호, 다양성 존중, 침해 금지, 공공성, 연대성, 데이터 관리, 책임성, 안전성, 투명성)을 제시했다.

AI가 먹는 주식은 사람의 생각과 말이다. AI는 이를 학습해 답을 예측하는 알고리즘이다. 학습 데이터가 올바르지 않으면 잘못된 결과를 도출하게 되고 이는 사회문제로 이어진다. AI 개발자와 사용자 모두 사회에 대한 책임의식을 가질 때 인공지능이 더 나은 세상을 만드는 기술로 발전할 수 있을 것이다.

서울시 청년청이 지원하는 '2020 세대균형' 프로젝트로 선정된 미래경영청년네트워크의 '나로부터 시작하는 AI 세대'에서 인공지능을 올바르게 활용하는 기준안으로 제시한 '인공지능세대를 위한 선언'을 소개한다.

[인공지능세대를 위한 선언]

- 인공지능의 개발과 활용은 세상을 널리 이롭게 하는 것을 목적으로 한다.
- 인공지능에 앞서 인간의 가치를 안다.
- 인공지능의 올바른 활용과 개발은 인간의 양심에 달려 있음을 알고, 우리 모두 올바른 판단력을 가지기 위해 노력한다.
- 지구촌 생태계와 인류의 행복을 위해 인공지능이 활용되어야 하며, 인공지능 윤리의식 함양을 위해 인성교육을 의무화해야 한다

4) 인공지능 윤리와 사회복지

현대 사회에서 인공지능은 더 이상 낯선 단어가 아니다. 광범위한 분야에서, 인공지능은 사람들을 돕고 있다. 다양한 측면에서 인공지능은 사람들의 삶의 질을 크게 향상시켰다. 반면에 인공지능의 발달에 대한 우려하는 이들도 존재한다. 그들은 우리의 예상을 뛰어넘는 인공지능의 발전 속도가 우리에게 재앙이 될 수 있다고 우려하고 있다. 인공지능과 관련하여 어떤 미래가 올지는 확언할 수 없다. 하지만 적어도 예상가능한 것은 인공지능이 우리의 상상을 초월하게 발달할 것이고, 그러한 인공지능을 연구하고 만드는 인간들에게 그 위험성이 내제되어 있다는 것이다. 그렇기 때문에 우리는 어떤 미래가 오더라도 혼란이 없도록 미리 준비해야 한다. 미래에는 고도화된 인공지능이 인간의 윤리를 부정할지도 모른다. 그런 미래를 맞이하지 않기 위해서 가장 최선의 방법은 인간의 윤리를 받아들인 인공지능을 설계하는 것이다.

흔히 인공지능이 발달하는 4차 산업 혁명 이후에는 살아남는 직종으로 사회복지사를 꼽는다. 이는 사회복지의 인간적 특성을 인공지능이 대체할 수 없을 것이라는 기대를 가지고 있기 때문이다. 또는 대체하지 않아야 한다고 생각하기 때문이다. 하지만 사회복지 역시 개인이 경험하고 사회적으로 드러나는 다양한 문제에 대한 객관적이고 과학적인 진단과 접근방법의 도출, 프로그램 개입으로 인한 효과성과 효율성에 대한 과학적인 평가에 상당한 무게를 두고 발전시켜 나가고 있다. 이 과정에서는 얼마든지 인공지능의 개입이 얼마든지 가능하다. 게다가 수많은 딜레마적 상황이 존재하고 이를 극복하기 위해 주관적인 입장의 대립과 조정보다 인공지능을 통한 객관적 기준이 제시되길 원하는 즉, 인공지능에 맡겨두는 것이 보다 낫다고 평가할 수도 있다.

하지만 우리는 지금까지 고찰한 사회복지에서 보다 근원적인 질문하기와 생각하기가 필요하다는 것을 이해한다면 마냥 인공지능에 사회복지 실천과정의 대부분을 의지하는 것은 오히려 비(非)사회복지적 또는 반(反)사회복지적이라고 할 수 있다. 다시 한번 사회복지가 인간이 인간에게 인간(성)을 전달하는 특성을 지닌 것으로 규정할 때, 이 다양한 역동성이 방대한 정보의 수집과 학습을 통해서 단시간에 규정되는 방식의 인공지능이 대체할 여지는 별로 없어 보인다. 하지만 인공지능의 정보처리 능력과 대안을 제시하는 큰 틀에서의 흐름은 사회복지도 마냥 거부할 수 없을 것 같다. 그렇기 때문에 더욱이 인공지능 윤리에 대한 사전의 준비가 강조될 필요가 있다.

제2부

사회복지 가치와 윤리적 관계

4장 사회복지 가치와 윤리 관계

학습목표

1. 사회복지실천에 있어서 가치의 개념과 그 중요성을 이해한다.
2. 사회복지실천에 있어서 윤리의 중요성과 유형을 구분하여 이해한다.
3. 사회복지실천에 있어서 발생할 수 있는 가치와 윤리의 관계를 이해한다.

1. 가치이론

1) 가치의 이해

(1) 가치의 개념

가치(value)에 대해 웹스터(Webster) 사전에서는 "본래적으로 가치 있는 또는 바람직한 무엇"이라고 정의하고 있으며, 로웬버그(Loewenberg)는 "믿음과 같이 좋고 바람직한 것에 대한 지침이며, 적합한 행동 선택에 대한 지침"이라고 설명한다. 즉, 가치는 인간의 선호 또는 선택에 대한 바람직한 기준을 제시하는 것으로 개인이나 집단구성원들의 특정한 행동 선택에 영향을 미치는 기준이 된다.

개인이나 조직, 사회가 어떤 가치를 가지는가에 따라 성장과 분배의 문제, 죽음, 소수자 등 사회문제나 현상에 대한 해결방식이 달라진다. 사회복지사는 사회의 다양한 문제들에 직면했을 때 어떤 판단을 내리는지, 어떤 태도와 입장을 취해야 최선의 결정을 했다고 볼 수 있는지를 염두에 두고 서비스한다.

사회복지사는 개인으로서의 가치를 가지고 있지만 개인적 가치 이외에 전문직업인으로서 고려해야 할 가치들이 존재한다. NASW(1995 : 894)에서 제시한 전문직 가치로는 개인의 가치와 존엄성, 개인에 대한 존경, 개인의 변화 가능성에 대한 가치, 클라이언트의 자기결정권, 비밀보장과 사생활보장, 적절한 자원과 서비스 제공, 클라이언트에게 권한 부여, 동등한 기회보장, 비차별성, 다양성 존중 등이 있다. 인간 존엄성과 사회정의를 핵심가치로 삼는 사회복지직은 바람직한 전문적 가치와 윤리적 의무를 윤리강령에 명시하고 있다.

(2) 가치의 발달

리머(Reamer, 1999)에 의하면 사회복지실천의 가치는 다음과 같은 단계를 거쳐서 발달해 왔다.

① 1단계 : 태동기

전문적 사회복지 실천의 태동기로 19세기 말 도덕성을 강조하던 시기이다. 자선조직협회가 활동하던 당시 사회복지의 주요 임무는 구제활동과 빈곤에 대한 대응으로 원조활동의 기반은 간섭적 온정주의였다. 이는 미국 사회복지활동 초창기의 대표적인 윤리관으로 건전하지 못한 도덕성을 가진 클라이언트를 계몽, 교화시켜서 바람직한 도덕성을 가진 사람으로 바꾸는 데 초점을 두었다. 한편 빈민, 부랑자, 무직자 등은 도덕성이 결여된 존재로 보고 올바른 방향으로 돌이키기 위해 간섭적이고 권위주의적인 방법을 사용하였다.

② 2단계 : 구조개혁기

인보관운동의 시작 및 진보의 시기로 빈곤과 관련된 광범위한 사회문제의 개선을 요구하는 움직임이 일어났다. 진보주의와 함께 빈곤자 개인의 도덕성보다는 빈곤이 발생할 수밖에 없는 사회구조에 문제를 제기하였다.

③ 3단계 : 전문가로서의 도덕성 시기

1940년대 말부터 1950년대 초기로 도덕적 차원에 대한 관심이 집중되는 시기이다. 클라이언트 중심 가치체계에서 전문직과 전문가의 가치체계로 변화하는 시기이다.

④ 4단계 : 차별 철폐 시기

1960년대 이후 사회적 평등, 인권, 복지권, 차별, 억압 등의 가치를 사회복지 실천에 접목시킨 시기이다. 1960년대 전미사회복지사협회(NASW)는 첫 윤리강령을 공식적으로 채택하였다. 이로써 사회복지 가치와 윤리에 대한 관심이 증폭되는 계기가 되었다.

2) 가치의 유형

(1) 궁극적 가치

다수에게 가장 쉽게 동의를 얻을 수 있는 가치로 자유, 인간의 존엄성, 정의, 평등과 같은 추상적 목적을 가진다.

(2) 수단적 가치

궁극적 가치를 달성하기 위한 수단이 되는 가치로 목적을 위해 요구되는 수단들을 명확하게 한다. 자기결정권, 비밀보장, 고지된 동의, 수용력, 비심판적 태도처럼 궁극적 가치를 달성하기 위한 구체적 행위나 상황과 관련된 가치를 말한다.

(3) 차등적 가치

추상적인 궁극적 가치와 구체적 도구와 관련된 수단적 가치 사이에 있다. 사회·문화·종교적 영향이나 개인적 경험에 따라 찬성 또는 반대를 할 수 있다. 그 예로 낙태, 동성애, 사형제도, 유전자복제, 환자의 치료 거부권 등에 대한 가치 등이 있다.

〈표 4-1〉 존슨(Johnson)의 가치체계

유형	개념	예
궁극적 가치	– 가장 추상적, 불변의 가치 – 다수에게 쉽게 동의 얻음	자유, 인간존엄성, 평등, 정의 등
수단적 가치	– 궁극적 가치 달성의 수단이나 방법 – 행동지침이나 윤리로 명시됨	자기결정권, 비밀보장, 고지된 동의, 비심판적 태도, 수용 등
차등적 가치	– 추상적 가치를 구체화한 것 – 사회문화적 영향이나 개인의 경험에 따라 찬반이 가능	낙태, 동성애, 사형제도, 유전자 복제, 안락사, 이혼 등

3) 사회복지실천의 가치 요소

(1) 잠재적 가능성

사회복지서비스 실천에서는 클라이언트가 어떤 어려운 여건이나 상황에 처하더라도 문제에 직면하고 자신의 문제를 해결하며 적응해 나갈 수 있는 잠재적 능력이 있는 존재로 본다. 특히 기능주의적 관점을 통해 가능성과 강점을 발견하여 잠재력이 있음을 믿는 믿음은 클라이언트에게 개입하는 사회복지사에게 인내심과 희망을 갖게 하며, 이 믿음은 클라이언트에게 전달되어 긍정적인 시너지효과를 내게 한다.

(2) 성장

사회복지사의 전문적 서비스는 클라이언트의 문제에 개입하여 돕는 과정이다. 이를 통해 클라이언트가 건전하게 성장할 수 있는 조건을 구비해주고, 성장에 따른 방해요인을 제거해 줌으로써 클라이언트의 문제를 사전에 예방한다. 또한 어떤 문제에 직면하여 성장이 불가능한 클라이언트에 대해서는 계속적인 성장을 할 수 있도록 돕는 치료의 과정이다.

(3) 미래의 가능성

클라이언트에게 자기의 소망이나 가능성이 실현될 수 있는 미래가 있다고 전제할 때 모든 문제 해결을 가능하게 할 수 있을 것으로 본다. 그러므로 사실과 현실을 그대로 받아들여 어려움이 있는 그곳에 변화와 개선이 이루어질 수 있다는 미래지향적 신념을 확고히 해야 한다. 사회복지실천이 가치로서 성장을 강조하는 것은 결과와 미래의 성과에 관심을 두고 있기 때문이다.

2. 윤리이론

1) 윤리의 개념

윤리(ethic)란 그리스어 'ethos'에서 나온 것으로 관습, 습관, 품성 등의 의미를 가지며, 동양의 관점에서는 사람의 무리 또는 질서, 인간관계에서 마땅히 따라야 할 도리와 이치 등을 말한다.

이는 가치를 바탕으로 만들어진 행동지침으로 인간이 사회에서 더불어 살아가며, 관계를 맺을 때 마땅히 지켜야 하는 도리, 이치, 규범을 뜻한다. 또한 인간관계에서 당연히 행해야 할 옳은 행위이며 삶에서 선한 것, 좋은 것을 추구한다.

2) 윤리의 유형

(1) 일반 윤리

개인이 타인과 더불어 살아가는 사회생활 속에서 지켜야 하는 기본적 윤리로 대부분의 사람들이 인정하고, 받아들이는 윤리를 말한다.

(2) 전문가 윤리

전문가협회나 조직이 채택한 윤리강령에 따른 윤리로 일반윤리에 위배될 수 없으며 일반 윤리의 세부 범주에 속한다.

〈표 4-2〉 가치와 윤리의 구분

구분	가치	윤리
개념	• 믿음 또는 신념 • 인간의 선호 또는 선택의 기준 • 사회구성원들이 바람직하다고 여기는 것 • 무엇이 좋고 바람직한가?	• 가치를 바탕으로 만들어진 행동지침 • 사람들이 일관되게 행동하도록 지시하는 행동규범 • 무엇이 옳고 그른가?
세부 분류	• 궁극적 가치 • 수단적 가치 • 차등적 가치	• 일반 윤리 • 전문가 윤리

출처: 이순민(2020). p. 18. 재구성.

3) 사회복지실천윤리의 필요성

1) 사회복지전문가의 가치관과 클라이언트, 동료전문가 등 다른 사람들의 가치관 사이에 어떤 공통점과 차이점이 있는가에 관해 체계적인 확인이 필요하다.

2) 윤리적 갈등을 이해하고 이에 대처하는 능력을 갖추기 위해 필요하다.
3) 상이한 가치들 사이의 관계정립 또는 위계설정을 위해 필요하다.
4) 현행 사회복지의 주류 가치가 얼마나 정당한가를 반성하고 나아가 시대적 조류에 맞는 가치를 정립하기 위해 필요하다.
5) 사회복지실천방법을 개발하거나 전문가의 전문경력을 발전시키기 위해 필요하다.

3. 사회복지 전문직 가치와 윤리

1) 전문직 가치

전문직(profession)이란 특정 가치와 기술, 기법, 지식 및 신념체계를 갖추고 사회적 욕구 충족을 위해 일하는 사람들을 말한다. 이 집단은 구성원들로 하여금 제시된 규칙을 준수하게하며, 설정한 목표에 도달할 수 있도록 행동들을 공식화 함으로써 공식적인 신뢰를 사회로부터 얻는다. 따라서 전문가(professional)로서의 자격을 부여받고 클라이언트 체계에 적정한 서비스를 제공하기 위해 지식과 기술을 활용하면서 전문가로서의 가치와 윤리강령을 전제하여 서비스를 실시한다.

사회복지는 가치 중심적 학문이자 실천이다. 그러나 사회복지사를 가치 중심적 전문가라고 할 수는 없으며, 과도하게 윤리적이고 도덕적인 것을 기대해서도 안 된다. 사회복지사는 단지 가치에 합당한 전문적 실천을 하는 자로서 자신의 개인적 가치를 조율해야 하며, 전문적 가치와 다양한 상황들을 파악하고 이해할 수 있어야 한다. 또한 클라이언트도 자신의 개인적 가치를 가지고 있는 존재이므로 사회복지사의 개인적 가치, 사회복지전문직의 가치, 사회적 가치와 충돌하여 갈등이 있을 수 있음을 고려해야 한다.

사회복지는 가치가 내재되어 있는 활동을 한다는 면에서 사회복지전문직의 가치는 사회복지실천이나 사회복지정책에 중요한 요소이다. 즉, 사회복지정책의 방향 결정에서부터 사회복지실천을 진행함에 있어서 개입방법의 결정, 클라이언트를 대하는 태도, 다양한 사회복지활동의 중요한 기준이 된다. 특히 윤리적 딜레마에 빠질 경우 이러한 가치는 핵심적인 역할을 한다. 프리드랜더(Friedlander)가 제시한 사회복지실천의 4가지 가치와 그 이외의 가치들을 살펴보면 다음과 같다.

(1) 인간의 존엄성

사회복지사는 천부적으로 가지고 태어난 인간의 존엄성과 그 가치를 존중해야 한다. 이는 클라이언트가 어떤 삶을 살았는지, 어떤 위치에 있는지, 삶의 방식이 어떠하든지, 어떤 인종에 속하는지 등과 무관하게 인간은 고유한 본질적 주요 가치를 가지고 있다고 믿는 것이다.

이는 사회복지 서비스과정에서 가장 핵심적 요소로 클라이언트에 대한 수용과 긍정적 관심을 갖는 것이다. 물질만능과 첨예한 과학의 발달이 공존하는 현대사회에서 그 어떤 상황에서도 인간의 존엄성은 지켜져야 한다. 인간을 존엄한 존재로 생각하는 것은 클라이언트의 개별화, 자기결정권, 비밀보장을 준수하는 수단적 가치와 직업윤리의 토대가 되며, 모든 인간을 가치 있는 존재로 인정할 때 바람직한 사회복지서비스가 제공된다(이태희 외, 2019 : 23).

인간으로서의 존엄성과 가치는 인간이 태어나면서부터 갖는 천부적 권리로 개인이 어떠한 상태와 상황에 있는지와 무관하게 존중되어야 한다는 것으로 사회복지실천 원칙 중 하나인 '수용'의 개념에도 그 의미가 내포되어 있다. 또한 우리나라 헌법 제34조에 '모든 국민의 인간다운 생활을 할 권리'를 규정하고, 사회보장기본법 제1조(목적)에 사회복지를 필요로 하는 사람에 대한 인간의 존엄성과 인간다운 생활을 할 권리를 보장하고 있다. 또한 사회보장기본법 제2조(기본이념)에도 모든 국민이 행복하고 인간다운 생활을 향유할 수 있도록 보장하고 있다.

인간 존엄성의 가치는 사회복지의 가장 기본적 가치로 인간을 존엄한 존재로 본다. 클라이언트의 현재 상황, 신분, 직업, 교육 정도, 경제 상태, 사상, 출신지역이나 민족, 피부색, 장애 정도 등으로 인하여 차별받거나 인간의 존엄성이 훼손되어서는 안 된다. 이는 편견과 차별 없는 사회를 만들기 위한 근간이 되는 가치로 '최저 수준의 생활보장'을 위해 사회복지서비스, 사회복지정책, 사회보장제도 등을 통해 실현되어야 한다. 인간 존엄성의 궁극적 가치 실현은 자기결정권, 클라이언트의 개별화, 비밀보장 등의 수단적 가치에도 영향을 미친다(이순민, 2020).

또한 인간은 어떠한 조건으로부터도 차별 받지 않고 동등하게 취급되어야 한다. 인간 존엄성의 확보는 인간의 인격을 존중하는 데 있다. 그러므로 인간은 차이성과 유사성이 인정되어야 하며, 자기의 잠재력이 성취되는 방향으로 성장할 수 있는 기회가 주어져야 한다.

오늘날 사회복지 전문가들은 실천현장에서 인간의 존엄성을 확보하는 것이 필요하며, 차별과 불평등에 저항하고, 평등사회를 구현하는 것을 목표로 한다. 이를 통해 전문적 실천가치인 자기결정권과 기회균등의 가치를 실현한다.

(2) 사회적 책임성

사회적 책임성이란 사회적 공평, 사회적 연대감, 공동체 의식에 기초하여 사회의 책임성과 참여를 중시하는 가치이다. 개인의 문제는 사회적 자원의 부족이나 사회 환경체계의 문제에서 발생한다고 보는 관점으로 사회적 자원은 개인의 능력이나 필요한 정도에 따라 자원이 공평하게 배분되는 것이 바람직하다.

(3) 인간의 자율성

인간의 자율성이란 인간의 존엄성과 함께 중요한 실천적 가치로서 인간이 주어진 선택적 상황에서 스스로 선택하고 결정을 내릴 수 있는 자유로운 선택권을 갖는 것을 말한다. 이는 서비스의 관점이 공급자 중심에서 소비자 중심으로 전환

하는 것으로 서비스 대상자의 욕구나 선호도 등에 따라서 서비스의 개별화를 추구한다.

대상자의 자기결정 과정에서 잘못된 선택을 하더라도 그 자체가 중요한 개인적 권리이다. 그러므로 사회복지 서비스 현장에서는 가장 최선의 결정을 할 수 있도록 지원해야 하며, 이것이 대상자의 권리이자 책임져야 할 부분임을 인식시켜야 한다.

(4) 기회의 균등성

균등한 기회보장이란 자본주의 사회에서 가장 널리 퍼져 있는 평등의 범주로 각 개인은 자신의 소질과 능력을 자유롭게 개발할 평등한 권리와 기회를 갖는다. 개인의 능력에 따라서 어느 정도 제한을 둘 수는 있지만 성별, 계급, 인종의 차이뿐 아니라 장애나 개인적 선호 등을 이유로 차별하지 않아야하며 누구에게나 평등하고 균등한 기회를 제공해 주어야 한다. 이 과정에서 한 개인의 권리로 인해 사회가 피해를 입거나 타인이 어려움에 처해서도 안 되기 때문에 사회 전체가 이러한 규칙을 준수해야 한다.

〈표 4-3〉 프리드랜더(Friedlander)의 사회복지실천의 기본가치

구분	원리	가치
인간의 존엄성	개별성의 원리	가장 궁극적 가치
사회적 책임성	상부상조의 원리	사회연대성과 관련
인간의 자율성	자기결정의 원리	사회복지의 수단적 가치
기회의 균등성	기회균등의 원리	접근성 확보

(5) 기타

① 진실함

진실함은 클라이언트와의 라포(rapport) 형성에 중요한 요소로 사회복지사가 진실하기 위해서는 언행이 일치하여 믿음이 가도록 행동해야 한다. 이는 사회복지사가 믿음을 유지할 수 있도록 오해가 발생할 수 있는 상황이나 일에서 자유로워야하며, 거짓을 말하거나 거짓행위를 해서는 안 된다. 또한 사회복지 전문직의 임무가치, 윤리기준, 윤리원칙을 항상 염두에 두며, 일관되게 실천한다. 이를 통해 사회복지사는 정직하고 책임성 있게 행동하며, 자신이 속한 조직의 입장에서 윤리적인 실현을 증진한다.

② 인간관계 형성

사회복지서비스의 목적 중 하나가 클라이언트의 변화를 이루는 것이라고 볼 때 사회복지사의 관계(relationship)맺기는 하나의 도구가 될 수 있다. 이때에는 인간의 존엄싱을 진제하여 클라이언트를 파트너로 인식하고 서비스해야 한다. 따라서 사회복지사는 관계를 활용함에 있어서 지속적인 연구가 필요하다.

③ 사회복지사의 능력

사회복지사가 전문적 서비스를 실천하기 위해서는 다양한 능력이 필요하다. 사회복지사는 자신의 지식과 기술 영역 속에서 클라이언트에게 서비스를 제공하기 때문이다. 그러므로 사회복지사는 자기 자신에 대한 이해를 위해 끊임없이 자기를 분석해야하며, 자기 역량을 개발해야 한다.

사회복지사는 자신의 능력이 미치는 범위 안에서 실천을 하며, 자신의 전문기술을 발전 및 강화시킨다. 자신의 전문지식과 기술을 확충하기 위해 끊임없이 노력하며, 이러한 지식과 기술을 실천에 적용하면서 사회복지전문직의 지식 기반에 이바지하고자 노력해야 한다.

④ NASW의 윤리강령

NASW에서는 사회복지의 핵심가치로서 다음과 같은 요소를 제시하고 있다(우국희 외, 2013 : 29; 윤성호 외, 2022 : 81−82). 이러한 핵심가치들은 사회복지사가 가지고 있는 능력과 진실성 등의 개인적 차원부터 사회에 대한 책임까지 확장되는 사회복지 서비스와 사회적 차원의 가치로 구성되어 있다.

가. 타인을 돕는 것을 최우선으로 한다. 사회복지사는 사람들의 욕구, 이익, 소망에 초점을 두기 위해 그들 자신의 개인적 바람을 억누르는 것이 바람직하다.

나. 옹호활동에 가치를 둔다. 취약하고 억압받는 개인과 집단을 대신하고, 그들과 함께 사회변화를 추구하는 것에 가치를 부여한다. 사회정의의 가치 구현을 위해 빈곤, 차별, 실업, 억압, 기회의 결핍, 사회적 배제 등과 같은 불의에 도전한다.

다. 인간 존엄성에 가치를 부여한다. 인간은 누구나 지위고하를 막론하고 존중받을 가치가 있으므로 사회복지사들은 편견이나 고정관념에서 벗어나 개인적 차이나 문화적 다양성에 민감하도록 노력해야 한다.

라. 인간관계를 중요시한다. 사회복지 실천 현장에서 인간관계는 효과적인 실천을 위해 필수적인 역량으로 클라이언트를 도울 수 있을 뿐만 아니라 변화를 추구하는 중요한 수단이 된다.

마. 정직해야 한다. 정직은 사회복지사들이 신뢰감을 형성하게 하고, 책임감 있는 실천을 하도록 한다. 대부분의 클라이언트들이 사회적 약자인 경우가 많기 때문에 이들과의 관계에서 정직을 바탕으로 한 신뢰관계는 무엇보다 중요하다.

바. 직무 능력이 중요하다. 사회복지사들이 갖는 직무능력은 전문적 과업 수행에 필요한 지식, 기술, 자기이해, 태도 등을 갖추는 것이다.

2) 전문직 윤리

(1) 전문가의 윤리

사회복지실천 과정에서 사회복지사는 윤리적 상황에 직면하고, 윤리적 문제의 해결을 위한 지식과 윤리적 갈등을 이해하고 대처하는 능력이 요구된다. 특히 과학과 기술이 발전하면서 인공수정, 안락사, 인터넷 상에서의 비밀보장 등 클라이언트의 다양한 욕구와 새로운 윤리적 문제가 발생한다.

이러한 윤리적 딜레마에 대해 올바른 의사결정을 내리기 위해서는 사회복지실천윤리가 필요하다. 사회복지실천윤리는 사회복지전문가의 가치관, 클라이언트의 가치관, 동료 전문가의 가치관 등 가치관의 차이를 확인하는데 유용하며, 윤리적 딜레마 상황에 대비할 수 있도록 한다. 사회복지실천 현장에서 가치가 상충하는 경우 우선순위를 결정하는 가치를 찾고, 관계정립에 유용한 전문직 윤리로서 사회복지 현장에서 무엇이 마땅한 것인지 점검하게 하며, 시대에 맞는 가치관 성립이 필요하다.

사회복지직을 전문직으로 본 그린우드(Greenwood, 1957)는 모든 전문직은 체계적인 이론과 권위를 가지고 있고, 지역사회의 재가를 받으며, 윤리강령을 가지고 그들만의 전문직 문화를 형성한다고 언급하면서 전문직과 윤리의 관련성을 강조하였다. 로웬버그와 돌고프(Lowenberg & Dolgoff, 1996)는 모든 전문직의 결정에는 윤리적인 측면이 포함되어 있다고 하면서 전문직에서의 윤리에 대한 고려를 강조한다.

사회복지실천을 위한 윤리강령은 전문가가 지켜야 할 전문적 행동기준과 원칙을 제시한 것으로 전문가들이 공통적으로 합의한 내용을 담고 있다. 법적 제재의 힘은 없지만 사회 윤리적 제재의 힘을 갖춘 윤리강령을 통하여 전문직 가치기준에 맞게 실천할 수 있는 판단기준을 제시하고, 전문직이 지켜야 할 기본 윤리행위를 알리며, 전문직 입장에서 비윤리적 행위에 대해 판단할 수 있는 기준을 제시한다(권중돈 외, 2014 : 60).

그러나 전문직 윤리가 전문적 실천 활동에 필요한 지침을 제공한다 하더라도 사회적 윤리와 동일하다고는 볼 수 없다. 단지 서로 긴밀하게 연결되어 있을 뿐이다. 즉, 전문직 윤리는 사회복지사가 사회복지 가치기준에 합당한 실천을 하였는지에 대한 행동의 옳고 그름을 판단하는 기준을 제시한다.

(2) 윤리적 민감성

사회복지사는 사회복지가 추구하는 목적과 기능들로 인하여 윤리적 기준에 적합한 행동을 해야 한다. 이러한 윤리적 행동을 위해서 윤리에 민감하게 반응하는 윤리적 민감성이 필요하다. 윤리적 민감성이란 윤리적 의사결정과정에서 이슈를 지각하고 이를 해결해 나가는 과정에서 고려되는 능력으로, 전문직의 윤리적 유능성을 구성하는 가장 기본적이면서도 중요한 요소이다(최영민, 2005 : 577; 윤성호 외, 2022).

윤리적 민감성은 감정이입이 요구되는 심리적 과정이자 관점을 정립하는 인지적 요소 및 지적 능력이다. 민감성이 높은 사회복지사는 가능한 대안 및 그 대안 행위가 문제의 당사자에게 미치는 영향을 이해하고, 인과관계를 개념화할 수 있기 때문에 효율적인 대안을 모색할 수 있다. 이러한 윤리적 민감성은 대개 개인적 요인과 조직적 요인들에 의해 영향을 받는다.

① 개인적 요인

윤리적 민감성의 영향요인 검증 연구에서는 개인의 성격이나 성향을 나타내는 개인적 요인을 중요하게 다루었으며(김호정, 2005; 장홍숙, 2008; 윤성호 외, 2022), 그중 강조한 개인적 요인으로는 통제소재와 윤리적 지향이 있다.

첫째, 통제소재란 결과에 자신이 얼마나 영향을 미칠 수 있는지를 측정하는 개념으로 개인이 환경 또는 결과를 얼마나 통제할 수 있는지를 의미한다. 이러한 통제소재는 자신의 행위와 자신에게 일어난 보상 또는 처벌과 같은 결과 간의 관계를 어떻게 규정하는지를 나타낸다(김호정, 2005 : 128-129; 윤성호 외, 2022 : 131).

둘째, 윤리적 지향이란 개인의 윤리적 판단과 행동의 이해를 위해서 개인의 윤리적 철학을 이해하는 것이 중요하다. 윤리적 지향은 윤리적 상대주의와 절대주의로 구분할 수 있다.

윤리적 상대주의에서는 정해진 도덕률을 부인한다. 즉, 모든 윤리적 기준은 사회나 문화에 따라 상대적인 것으로, 사람들에게 무엇이 옳고 그른가를 결정하는 유일한 원리나 법규는 존재할 수 없다고 본다(양옥경 외, 2011 : 146).

반면 윤리적 절대주의에서는 보편적인 도덕법에 따라 옳고 그름을 판단한다. 즉, 모든 상황에서 절대적으로 인정해야하며, 자연의 법칙이나 초자연적 절대자의 속성처럼 시대와 장소를 초월하여 만인에게 보편타당한, 선천적으로 주어진 삶의 원리로 본다(이순민, 2012 : 18).

② 조직적 요인

윤리적 민감성은 조직문화, 업무특성과 같은 조직적 요인에 의해서 영향을 받는다. 특히 윤리경영과 동료 및 상급자의 윤리적 행동이 대표적이다.

첫째, 윤리경영은 기업경영이라는 특수 상황에 적용되는 응용적 윤리이다. 사회복지 윤리경영에서는 사회복지기관의 사회적 책임, 지속 가능한 경영과 같은 광의의 개념을 포함하는 것으로 사회복지기관이 지속 가능한 기관으로 성장하는 것을 목표로 서비스 이용자를 비롯하여 기관을 둘러싼 다양한 이해관계자와의 좋은 관계형성 및 유지를 통해 장기적으로 사회적 책무를 다하는 기관이 되기 위해 경제·사회·환경적 책임을 전략적으로 활용하여 경쟁우위를 차출하는 것을 경영원리로 본다(양옥경, 2009; 윤성호, 2022).

둘째, 동료 및 상급자의 윤리적 행동이다. 조직 내에서 비윤리적 행위는 동료집단을 통해 학습될 수 있으며, 개인행동의 근간이 되는 윤리적 민감성에도 동료집단의 행태는 영향을 미친다(김민수, 2013 : 23). 또한 김호정(2005)의 연구에 의하면 최고관리자의 윤리적 행동이 증가할수록 개인의 윤리적 행동도 증가하는 것으로 나타났다. 대부분의 사회복지사들이 소속된 근무환경에서 업무를 진행하고, 이때 동료나 상급자의 윤리의식에 영향을 받을 수밖에 없다는 것을 감안할 때 조직적 차원의 윤리적 민감성 향상과 관리가 요구된다.

3) 사회복지 실천 현장에서의 가치 갈등

사회복지 서비스 현장에서 가치란 사회복지사가 지식과 기술을 활용함에 있어서 가치적 판단을 해야 하는 상황에서 중요한 요소가 된다. 사회복지사는 자신의 개인적 가치나 전문직의 가치 또는 사회가 요구하는 가치에 근거해서 결정을 내려야 하는 상황에 마주할 때 마다 관련 가치에 관해 정확하고, 명확하게 알고 있어야 한다.

또한 자기 자신의 개인적 가치와 전문직 및 사회가 추구하는 가치 사이에 차이가 있을 수 있고, 갈등상황이 발생할 수 있음을 늘 기억하여 자신의 가치를 명확히 설정할 필요가 있다. 이를 통해 사회복지사는 자신이 선택한 결정이 클라이언트와의 관계에서 갈등이 발생하더라도 최소화하고, 클라이언트의 안녕과 복지를 극대화할 수 있게 되는 것이다.

사회복지사는 전문가로서 합당한 가치를 가지고 있어야 하지만 개인적 가치, 사회적 가치, 문화적 가치, 종교적 가치 등 다양한 가치를 갖게 되고 이로 인하여 여러 가치 간 갈등이 발생할 수 있는 존재이다.

이러한 갈등 상황에 사회복지 가치는 사회복지사들이 사회복지실천방법을 개발하고, 사회복지 전문가로서의 능력을 발전시켜서 윤리적 쟁점에 대해 올바른 판단을 내릴 수 있게 체계적인 준거 틀을 제공한다.

(1) 개인적 가치

사회복지사는 자신의 가치를 명확히 인식하고 있어야 한다. 또한 전문적 서비스의 진행 과정에서 자신의 개인적 가치를 클라이언트와의 관계에서 분명하게 다룰 수 있어야 하고, 이를 위해 자신의 가치와 윤리에 대한 민감성을 높여 나가야 한다.

사회복지사의 자기 이해는 매우 중요하다. 사회복지사가 자신의 가치관에 대해 정확히 인지하면서 그 영향력을 최소화하기 위해서는 자신이 갖는 믿음, 철학, 가치관 등에 대해 정확히 인식하고 있어야 한다. 이는 서비스의 실천 과정에서 자신이 어떤 방향과 관점에 따라 결정하는지를 알 수 있기 때문이다.

그러나 개인의 가치관을 객관적으로 규명하는 것이 쉬운 것은 아니다. 서비스를 진행하면서 조금씩 명확해지기는 하지만 항상 자기분석 등을 통해 자신의 가치를 규명하려는 노력이 필요하다. 따라서 사회복지사는 사회복지윤리강령을 숙지하면서 윤리적 민감성을 높이고, 윤리적 실천의 기본을 갖추어야 한다.

개인적 가치는 이처럼 개인이 선호하는 가치로 각자가 속한 가족, 문화, 종교, 사회의 가치에서 형성되는 것으로 개인별 환경에 따라 다르게 형성된다. 자신의 개인적 가치와 사회적으로 바람직하다고 여겨지는 당위적 가치를 혼동하는 경우가 있기에 철저한 자기분석을 통해 자신의 개인적 가치를 명확히 설정하는 것이 필요하다. 그 예로 자녀양육은 누가 담당하는 것이 바람직하다고 생각하는지, 성 정체성에 대한 가치관, 아동의 사교육 등 매우 많고 다양한 영역에서 차이가 있을 수 있다.

(2) 기관의 가치

기관의 가치는 기관의 실천 활동에 영향을 받으며, 클라이언트의 가치와 종종 갈등을 빚을 수도 있다. 또한 각 사회복지 관련 기관은 역할, 기능, 책임 등에 따라 고유한 가치를 갖는다.

(3) 사회적 가치

모든 사람들에게 합의된 가치가 존재하는 것은 어려운 일이지만 사회의 일반화된 정서적 공감대가 사회적 가치에는 반영되어 있으며, 개인적 가치에 영향을 미치고 시대의 변화에 따라 변화한다. 또한 사회적 가치는 문화적 상대성이 존재하는 것처럼 사회적 가치도 매우 상대적이고, 역사적으로 형성되며 경험에서 비롯된다고 본다. 그 예로 우리나라의 경우 '효'가 대표적인 사회적 가치라고 할 수 있다.

사회복지사가 대부분 사회적 규범을 따르다 보니 종종 사회적 가치는 전문직 윤리행동의 지침을 제공하기도 한다. 그러나 현대사회처럼 급변하는 시대에서는 사회적 규범이 늘 옳은 것이 아니고, 다른 상황에서는 사회적 규범을 어길 수도 있으므로 현재 사회적 가치가 무엇인지 정확히 알고 있어야 윤리적 쟁점들을 사정할 때 기준을 제시할 수 있다.

(4) 전문직 가치

전문직 가치는 전문직의 실천 활동과 관련하여 요구되는 가치로 활동의 평가와 책임소재의 근거가 된다. 전문직마다 중요하게 여기는 공통된 가치로 정의, 평등, 자유 등이 있다. 그러나 모든 전문직이 동일한 가치를 가지는 것은 아니다. 그러므로 사회복지사가 갖는 전문가적 가치는 사회복지전문가로서 실천 활동과 관련되어 요구되는 가치로 타 전문직과 차별화를 이룬다.

전문직 가치를 통해 다른 전문직과 차별화된 자기정체성을 확보하며, 전문직으로서의 책임과 의무 여부를 평가할 수 있는 근거가 된다. 대부분 전문가의 가치는 사회의 가치와 조화를 이루지만 그 강조하는 것이나 우선순위, 해석에 있어서는 차이가 있다.

사회복지사로서 갖추어야하는 전문직 가치는 인간에 대한 존엄성, 자원의 평등한 분배, 진실함, 인간관계의 중요성 인식, 그리고 사회복지사의 능력 등에 바탕을 두고 있다. 또한 클라이언트의 삶의 질을 향상시키고, 변화시킬 사회복지사의 능력은 실력 그 이상의 윤리와 도덕에 바탕을 둔다. 사회복지 실천과정에서 윤리적 결정이 절대적으로 필요하므로 갈등 과정을 경험하고, 해결하면서 진정한 전문가로서의 참된 윤리적 실천을 하게 한다.

사회복지사는 개인적인 가치와 전문가로서의 가치 간에 충돌이 있을 수 있다. 또한 클라이언트와의 가치 차이로 인해 서비스 현장에서 윤리적 갈등과 딜레마가 발생할 수 있다. 이 때 사회복지사 자신의 가치체계와 신념이 클라이언트와 어떻게 다른지 분석하고 이해하는 자기인식과정이 필요하다. 그리고 사회복지 실천현장에서 잠재적인 윤리적 갈등이 있을 수 있다는 가능성을 인식하고 클라이언트의 가치를 존중함과 동시에 윤리적 의사결정을 어떻게 내릴 수 있는지 그 기준을 가지고 있어야 한다. 만일 갈등 해결이 어려운 경우 타 전문가에게 의뢰할 수도 있다.

전문직 가치는 하나의 직업이 사회의 전문직으로 인정되는 과정에서 그 전문직의 독특한 실천 활동과 관련하여 요구되는 가치로 레비(Levy)는 세 가지 범주로 나누어 설명했다.

〈표 4-4〉 레비(Levy)의 사회복지 전문직 가치

구분	개념	예
사람 중심	– 사람에 대해 전문직이 갖추어야 할 기본적 가치 – 클라이언트를 개별화된 인간으로 보고 능력과 권한을 인정	– 인간에 대한 바람직한 생각 – 인간 존엄성 존중, 개별성 인정, 일반적인 인간욕구 존중 등
결과 중심	– 서비스 제공 시 초래되는 바람직한 결과의 성취를 위해 가져야 하는 가치 – 인간다운 삶의 질을 높이는 결과를 가져오게 하는 가치	– 인간을 위한 바람직한 결과 – 인간의 기본 욕구 충족, 평등한 기회부여, 차별금지 등의 사회문제 제거, 사회적 책임 등
수단 중심	– 사람을 대상으로 서비스를 수행하는 방법과 수단, 도구에 대한 가치	– 인간을 다루는 바람직한 도구 – 자기결정권 존중, 사회변화에 동참하도록 촉진, 비심판적 태도

출처 : 김효선 외(2020), 사회복지실천론, pp. 77-78 재구성.

4) 사회복지사 윤리강령

(1) 윤리강령의 역사

사회복지 실천 현장에서 발생하는 윤리적 딜레마의 예방과 업무지침으로 제시되는 한국 사회복지사 윤리강령은 1982년에 채택되어 이후 개정과 보완을 거쳐 오늘에 이르고 있다. 또한 바람직한 윤리강령을 통해 사회복지서비스의 성숙을 도모하고자 지속적인 개정을 진행하고 있다.

한국에서는 사회복지사윤리강령이 1988년에 공포되었고, 1990학년도 2학기에 이화여자대학교에서 '사회복지윤리와철학'이 강의되기 시작하였다. 이후 1998년 「사회복지사업법」 개정에 따라 사회복지사 자격증과 관련하여 '사회복지학 전공교과목과 사회복지 관련 교과목'을 정하게 되었고, '사회복지윤리와철학'이 선택교과목 중 하나로 명문화되었다. 2000년대 이후 한국사회에서 투명경영, 윤리경영 등이 중시되면서 사회복지사 및 사회복지기관의 윤리성에 대한 기대가 커졌다. 이에 따라 사회복지 관련 분야에 윤리에 대한 관심이 증가하였고, 2009년부터 현직에 근무하는 사회복지사들을 대상을 실시되는 보수교육에도 윤리교육이 포함되면서 사회복지사의 윤리성 확보를 위한 교육훈련이 강화되고 있다.

(2) 윤리강령의 기능

사회복지사 윤리강령은 한국사회복지사협회에서 제시한 것으로 법적 효력이 있는 것은 아니지만 전문직으로서의 윤리의식을 고취시키고, 사회복지 실천현장에서 윤리적 갈등상황이 발생할 때 지침과 원칙을 제공한다. 또한 전문가로서의 자기규제를 통해 클라이언트를 보호하게 하며, 사회복지 전문직의 전문성을 확보하고 외부의 통제로부터 보호하는 기능을 한다. 그리고 일반 대중에게 전문가로서 사회복지 기본업무 및 자세를 알리는 일차적 수단이 되며, 선언적 선서를 통해 사회복지 전문가들의 윤리적 민감성을 고양시키는 기능을 한다.

〈표 4-5〉 사회복지실천의 가치와 윤리

구분	가치	윤리	윤리강령
개념	• 어떤 행동이 '좋고 나쁘고, 옳고 틀리며, 바람직하고 바람직하지 못하다'는 도덕적 판단 기준 • 어떤 상태가 행복하고 불행한가를 판단하는 기준 • 믿음과 같은 것으로 좋고 바람직한 것에 대한 지침 • 적합한 행동선택의 지침	• 선악의 속성이나 도덕적 의무를 결정하는 지침 • 행동기준 • 원칙	• 전문직의 가치를 기반으로 구체화된 것 • 전문가들의 행동원칙과 기준을 정한 것 • 사회복지사의 전문적 판단에 항상 절대적으로 우선하는 것은 아님

5장 사회복지 윤리학의 이해

학습목표

1. 사회복지사가 형성해야 할 윤리관을 정립한다.
2. 사회복지 윤리학의 연구영역에 따른 개념을 구분한다.
3. 사회복지 윤리의 분석적 측면에서 가치와 윤리를 구분한다.

1. 개념과 역할

1) 윤리학의 개념

(1) 윤리학의 정의

윤리학(ethics)이란 그리스어 'ethos'에서 온 말로 윤리적 의식, 윤리적 신념이나 태도, 도덕성 등의 의미를 가지며, 철학의 한 분야로 도덕에 관한 철학적 연구나 도덕적 판단에 대한 철학적 사고를 말한다. 도덕철학인 윤리학은 원칙과 이론을 정당화하기 위한 체계적 노력으로 집단의 행동지침으로서 올바른 행위에 대한 원칙을 제시해야하며, 개인적 삶에 어떤 것이 가치 있는 것이고, 사회적으로 어떤 사회가 도덕적으로 가치 있는 것인가를 제시해야 한다(양옥경, 2021).

이처럼 윤리학은 사람에 관한 학문으로 사람의 삶을 대상으로 하는 행위에 관한 학문이고 그 사람이 살아가는 사회에 관한 학문이며, 도덕적 규범과 의무에 관한 학문으로 인간행동의 적절성에 관한 학문이다. 그러므로 어떤 상황이 도덕적으로 정당하게 하는가에 대한 옳고 그름을 밝혀내기 위해 탐색하는 학문이다. 즉, 인간 행위의 원리를 탐구하는 학문의 한 분야이다.

타인과 더불어 사회를 이루고 그 사회 안에서 살아가다보면 서로 갈등과 모순 등이 존재하기 때문에 올바른 행동규범에 대한 논의와 이를 통한 윤리규범이 필요하다. 인간의 행위는 자신의 가치관이나 신념, 이념 등에 좌우되는 경향이 있으므로 인간이 가지고 있는 규범이나 가치 등에 대한 판단과 선택 그리고 그 기준에 대한 철학적 탐구가 필요하다.

사회복지를 윤리학이라는 측면에서 본다는 것은 사회복지에 있어서 무엇이 진정 중요한 가치인가를 밝히는 작업이다. 인간이 해야 할 행동에 대하여 지침을 제공해 주는 것이며 인간의 책임능력을 높여주는 것을 목표로 한다(Hartman, 1996 : 28–29; 정현태 외, 2022).

(2) 윤리학의 유형

윤리학은 도덕에 관하여 연구하는 학문이며, 행위에 관한 규범의 학문이다. 따라서 어떤 행위가 옳은 행위인가, 어떤 결정이 올바른 결정인가를 설명해야 하는 과제를 갖는다. 현대사회에서는 전통적인 도덕이나 윤리를 받아들이기보다는 새로운 도덕규범과 전통과의 관계를 토대로 한 새로운 윤리규범을 세우기를 원한다(정현태 외, 2022).

① 기술윤리학

도덕적 현상에 대한 학문으로서 도덕적 규범이 변해왔다는 사실과 도덕은 문화와 민족과 사회체제를 달리함에 따라서 변할 수 있다고 본다. 또한 도덕에서 유일하고 절대적인 것이 있을 수 없다는 상대주의적 윤리관을 갖는다.

② 규범윤리학

도덕의 본질에 관한 학문으로서 도덕의 보편적 원리를 연구하는 윤리철학 또는 도덕철학으로 다음과 같이 나누어 볼 수 있다.

가. 목적주의 관점

목적론적 윤리이론은 결과주의로 귀결되는데 행위의 옳고 그름은 행위를 하는 사람의 의도와 무관하게 그 행위의 결과에 따라 판단해야 한다. 모든 사물을 목적이라는 측면에서 해석한 세계관은 아리스토텔레스에 의해서 본격적으로 제시되었다. 도덕에 있어서 합리성이란 선을 극대화하는 것, 옳음은 좋음을 극대화하는 것으로 규정하면서 합리성 구현이 설득력을 갖는다.

목적을 추구한다는 측면에서 모든 사물을 해석하고, 그 목적에 따라 움직인다는 세계관은 행위의 옳고 그름, 도덕적 의무 등은 행위의 목적이나 결과의 좋고 나쁨을 통하여 판단해야 한다. 즉, 궁극적 기준이나 척도는 행위에 의해 산출되는 도덕과 무관한 가치로 본다. 이들은 선을 규정하는 도덕과 무관한 가치가 무엇인가에 따라 여러 가지로 나뉘는데 대표적인 학설은 다음과 같다.

첫째, 쾌락주의이다. 양적, 질적, 물질적, 정신적 측면에서의 쾌락은 어떠한 것이든 유일한 도덕적 판단기준으로 본다.

둘째, 윤리적 이기주의이다. 개인의 유일한 의무는 자신에게 좋은 것을 가능한 한 많이 증가시키는 것으로 본다(정현태 외, 2022).

셋째, 공리주의이다. 윤리적 보편주의라고도 불리는데, 사회 전체에 최대한의 보편적인 선을 가져다주는 행위를 도덕적인 것으로 본다.

나. 법치주의 관점

인간에게는 마땅히 실천해야 할 도덕적 의무가 있다는 것으로 의무론적 윤리학이라고도 한다. 이들은 좋음에 대하여 옳음과는 무관하며, 옳음을 좋음의 극대화로 해석하지도 않는다. 즉, 어떤 행위가 올바른지는 결과로 판단하는 것이 아니라 행위 그 자체로서 어떠한 규칙에 내재되어 있는 본질적인 속성에 의해 결정된다고 본다.

의무론적 윤리이론은 도덕적으로 올바른 행위를 판단하는 가장 기본적 단위를 무엇으로 보는가에 따라서 달라진다. 첫째, 행위의무론은 개별행위 그 자체에 초점을 맞추어 도덕적 판단을 한다. 즉, 도덕적 행위란 구체적인 행위에 의해 판단되어야 하는 것이므로 옳은 행위란 어떤 사람이 할 수 있는 행위 중 최대의 효용성을 지닌 행위라고 본다. 둘째, 규칙의무론은 개별 행위보다 이 행위가 포함되는 규칙에 주목한다. 대표적 학자로 칸트의 윤리학을 볼 수 있다. 이들은 사람의 행위가 보편타당해야 윤리적이기 때문에 모든 살인자는 법에 의해 처벌을 받아야 한다는 규칙을 타당하다고 본다. 왜냐하면 이 규칙이 사람의 행위를 규제한 결과가 규제하지 않은 결과보다 더 유용하기 때문이다.

〈표 5-1〉 윤리철학의 구분

구분	윤리적 절대주의	윤리적 상대주의
개념	• 모든 상황에 적용 • 고정불변의 윤리적 기준 존재 • 종교윤리에서 주로 사용	• 개별적 상황마다 윤리적 기준 다름 • 현대 사회의 일반적인 윤리철학

2) 윤리학의 역할

(1) 사회복지 윤리학의 이념

윤리학이 규범과 기준을 제공한다면 인간의 행동에는 윤리적 판단이 필요하다. 사회복지를 위한 결정과 판단, 행동에는 인간의 행위가 존재하기에 윤리적 판단이 요구된다. 사회복지 윤리학은 사회복지와 관련된 인간의 행동에 대한 판단을 제공해 주며 동시에 인간의 행동에 의해 만들어지고 행해지는 사회복지 관련 정책에 대한 판단의 기준도 제공해 준다.

사회복지를 권리적 측면으로 보는 입장에서는 마샬(Marshall)이 말한 시민권으로 연결하려는 경향이 있다. 또한 정의와 연결시켜 정당화하려는 입장도 있다(고세훈, 2000 : 22; 정현태 외, 2022). 결국 사회복지로 이루어진 재분배가 정의와 결부되어 정당화된다면 사회복지에서 윤리학적 접근이 이루어졌다고 볼 수 있다.

영국의 경우 사회복지가 주로 능률, 실현성, 실천 등에 집중하여 당위성에 대한 언급이 형식적이었다고 볼 수 있고, 미국의 경우 '윤리강령'을 둘러싼 논쟁이 1920년대에 활발해지면서 관심이 시작되었다. 한국의 경우 사회복지학에 대한 역사가 짧은 만큼 사회복지윤리에 대한 관심도 더 많이 가져야 한다(오윤수 외, 2019 : 82).

(2) 사회복지 윤리와 사회관

윤리는 가치와 구분된다. 윤리란 옳고 그른 것에 관한 사회적 합의로 사람의 행동에 관한 실천적 개념이다. 그래서 인간행동을 판단하기 위한 원칙과 규범적 기준을 요구하며, 사회복지전문직에서는 사회복지사가 사회복지 가치 기준에 맞는 실천을 하였는지에 대한 행동의 옳고 그름의 판단기준을 제시한다. 반면 가치는 인간의 좋고 바람직한 것에 관한 믿음이나 가정으로 사람들의 마음에서 비롯된 가정적 개념이므로 과학적이거나 규범적인 기준을 요구하지 않는다.

윤리는 각자가 가지고 있는 인간에 대한 이해에서 출발하며, 사회복지는 인간의 존엄성에서 출발한다. 그러므로 사회복지는 인간의 존엄성 실현을 위해 최소한의 생활보장을 해야 하며, 공정한 사회에서 더불어 살아가는 사회인이자 자신의 능력을 인정받아 품위 있게 살아가는 문화인이 되도록 해야 한다. 즉, 최소한의 생활보장을 위해 사회의 재화(goods)는 효율성을 높여야 하며, 정의사회를 기반으로 공정한 분배가 이루어져야 한다. 또한 품위 있는 삶을 위하여 문화인으로서의 능력과 재능을 발휘할 수 있도록 환경과 기회를 제공해야 한다.

사회복지윤리학은 정의가 중요하다. 정의란 사회제도와 관계되며, 본질적으로 분배의 문제에 대응하기 때문이다. 사회복지가 사회적·경제적 불평등에 대응하는 것이라면 정의는 사회복지에 대한 이론적 근간이 된다.

사회복지적 측면에서 사회를 보는 관점은 크게 두 가지이다. 첫째, 기능론적 관점이다. 이들은 사회 구성요소들이나 구성원들 사이의 관계는 조화롭고 통일된 것이라고 본다. 콩트(A. Comte, 1798~1857), 뒤르켐(E. Durkheim, 1858~1917), 파슨스(T. Parsons, 1902~1979)로 이어지는 사회유기체론 및 구조 기능주의자들은 사회 구성원들끼리의 관계를 조화로운 상호의존관계로 보았다. 특히 뒤르켐과 파슨스는 연대의식과 통일된 가치관이 깨어질 때 그 사회는 더 이상 존립하지 못하는 것으로 본다.

둘째, 갈등론적 관점이다. 사회 구성요소들과 구성원들은 심한 갈등과 마찰을 내포하고 있다. 짐멜(G. Simmel)은 상호작용의 형식 가운데 협동, 경쟁 이외에 갈등적 상호작용을 중요한 형식으로 간주한다. 베버(M. Weber, 1864~1920)는 갈등적 관점을 강하게 취하였고, 마르크스(K. H. Marx, 1818~1883)는 갈등론적 관점의 대표적 학자로서 경제적 영역, 즉, 생산관계에 있어서 계급적 갈등뿐 아니라 상부구조적 생활영역에서 사회적 관계도 갈등적 관계로 보았다.

사회복지는 이 사회를 기능적 차원과 갈등적 차원에서 보고자 한다. 사람들이 사회 속에서 사회적 상호작용을 하면서 살아가고, 연대의식과 상호작용을 하면서 건강한 사회를 구현한다. 그러나 구성원들의 다양하고 복잡한 욕구와 필요에 따른 갈등은 불가피한 것으로 사회복지는 이런 사회 내의 갈등과 충돌을 극복하고 연대의식과 통합을 이루기 위한 기능을 해야 한다(정현태 외, 2022).

(3) 사회복지학과 윤리학의 관계

사회복지학은 사회과학의 한 분야이고 윤리학은 철학의 한 분야이다. 철학은 사회과학이 과학적 연수의 수행과정에서 직면할 수 있는 장애물을 제거하는 역할을 하고, 윤리학은 사회복지학이 지향하는 문제의 해답을 찾아가는 방향을 제공한다고 볼 수 있다. 따라서 사회복지학에 윤리를 주제로 체계적인 논의가 필요하다.

사회복지학은 존재론적 측면에서 윤리적 논의의 정당성을 도출해 내며, 사회복지를 다른 학문이나 전문직과 구별할 수 있는 가장 근본적 범주로 '도덕'을 들 수 있다. 또한 인식론적 측면에서 사회복지라는 실체가 갖는 존재론적 성격이 본질적으로 윤리적인 것이라면 이러한 대상을 파악하고 연구하기 위해 요구되는 인식의 방법 및 수단 역시 윤리적이어야 한다. 그래서 사회복지학 분야의 논리적 추론방식의 오류를 지적하면서 간접적으로 윤리학의 존재근거를 정당화하고 있다. 사회복지학과 윤리학이 추구하는 몇 가지 지향점을 살펴보면 다음과 같다(오윤수 외, 2019 : 32-36).

① 온정주의

온정주의(paternalism)는 원칙보다는 온정적 태도로 개입하는 것을 말한다. 우애방문단과 자선조직협회의 회원들이 활동하던 19세기 후반과 20세기 초반에 가장 뚜렷하게 나타났다. 사회복지사들이 클라이언트에게 덕을 쌓을 수 있도록 이끌어 정직을 향상시키고, 사회적 기능이 약화되고, 어려움에 처한 사람들을 도와서 국가나 개인의 재정적 지원에서 벗어나 스스로 일을 할 수 있도록 하는 것을 목표로 한다. 주로 기아, 노숙, 실업, 빈곤한 자들의 내적 자원을 이끌어내어 생산적 삶을 살도록 한다.

그러나 온정주의는 사회복지사와 클라이언트 간의 관계를 매우 가깝게 여겨 클라이언트의 자기결정권을 도외시한 채 사회복지사 자신이 계획한 서비스를 클라이언트에게 강요하는 문제가 발생할 수 있다.

② 사회정의

사회정의 관점에서 의존은 문화와 경제적 삶의 구조적 결함이라고 본다. 빈곤, 실업, 범죄, 정신질환 등은 도덕적 지각을 잃어버린 문화의 소산이라는 것이다. 그러나 자본주의의 한계와 인종차별, 다른 형태의 억압들은 약자들에게 상처를 주었고 이는 기회균등, 부의 분배, 인간복리와 서비스 등을 추구하는 사회변화에 의해서만 해결될 수 있다고 본다. 그 결과 누진세, 자유로운 기업가 정신, 대기업에서 추구하는 공정과 관대함, 동정 등에 의해 부의 재편과 약자들의 어려움이 해결되어야 한다고 본다. 주로 인보관 운동에 참여한 사회복지사, 뉴딜정책을 통한 실업 극복, 가난과의 전쟁 선포 등을 통하여 사회정의를 구현하고자 한다.

③ 임상 추구

기존의 서비스 방법이었던 개별사회사업, 가족단위의 사회사업, 집단을 대상으로 하는 집단사회사업 등은 윤리적 딜레마에 비중을 두고 사회복지의 가치와 윤리를 반영하고자 한다. 특히 클라이언트의 제삼자 보호에 대한 의무, 정보노출, 클라이언트의 기록에 대한 접근성 등의 비밀보장, 특화된 의사소통, 정보에 근거한 동의, 온건주의의 이익 갈등, 법 준수, 기관의 규칙에 대한 논의 등이 전문직 윤리에 대한 관심의 대상이 된다.

가치의 충돌과 윤리적 딜레마를 강조한 임상적 관점은 클라이언트와 사회복지사의 가치관계에 관심을 갖는다. 개별적인 클라이언트, 가족 단위, 지역사회, 각계각층의 사회조직원을 포함한 클라이언트의 이익에 대하여 윤리적 실천의 증진이 무엇보다 중요하다.

④ 방어력 향상

클라이언트의 이익을 추구하는 전문적 서비스 과정에서 실천가의 보호에 초점을 둔다. 다양한 형태의 과실과 부정행위에 대한 주장과 의무가 증가하는 서비스 현장에서 소송의 위험에 대비하고, 전문가의 업무역량 실현에 관심을 갖는다.

⑤ 초도덕적 입장

사회복지 서비스에 대한 가치와 윤리에 대한 시각들은 가치개념이나 규범적 개념을 배제하는 것이 특징인 초도덕적 관점에 의해 조절된다. 인간을 다루는 기술을 우선으로 하는 사회복지사들이 도덕이 배제된 과학적 실천을 할 때 나타난다. 정신의학의 범람으로 사회복지사들이 윤리와 가치적 언어를 기피하였고, 인간행동의 신비를 명확히 해 줄 것이라고 믿은 정신역학적 용어를 대용하였으나 여전히 가치로부터 자유롭지 못하다.

(4) 사회복지학과 윤리학의 가치

사회복지실천 윤리는 시대에 맞는 사회복지 가치를 정립하고, 사회복지실천방법을 개발하거나 전문가의 전문경력을 발전시키기 위해 더욱 필요성이 강조되고 있다. 사회복지학에서 갖는 가치를 사회복지 윤리와 접목할 때 기본적으로 전제해야 하는 내용들이 있다.

첫째, 인간의 존엄성이다. 모든 사람은 인간 본래의 존엄성을 지닌 독특한 존재로서 존중해야 한다. 둘째, 클라이언트의 자기결정권 존중이다. 클라이언트가 자신의 삶을 적극적으로 주도하는 자율성을 가진 존재이기에 자신의 문제를 스스로 결정할 수 있도록 허용해야 한다. 셋째, 사회연대성의 원리이다. 더불어 살아가는 현대사회에서 공동체 구성원인 다른 이웃이나 단체와 관련하여 관계를 맺고 운명을 같이 한다는 측면에서 관심과 배려가 필요하다.

이런 맥락에서 윤리학이 갖는 가치는 첫째, 인간이 목적 자체이다. 즉, 인간은 단지 수단의 존재가 아닌 목적을 갖고 대해야 한다. 둘째, 인간은 의지와 자율적인 존재이다. 인간은 이성적 존재이기에 집합체인 사회와의 조화를 위해 외부의 강압이 아닌 스스로 규칙을 정하고 결정할 수 있는 자율적인 존재이다. 마지막으로 인간은 유대성을 갖는다. 개인은 상호의존적이며, 서로 간에 사회적 책임을 진다.

(5) 사회복지실천윤리의 역할

사회복지실천윤리는 사회복지사들이 직면할 수 있는 다양한 윤리적 쟁점에 대하여 올바른 판단이 가능하게 하는 기준이 된다. 또한 시대에 맞는 사회복지 가치를 정립하고 사회복지실천방법을 개발하거나 전문가의 전문경력 발전을 위해서도 필요하다. 이에 사회복지실천윤리가 갖는 역할을 살펴보면 다음과 같다.

첫째, 올바른 분배와 공정사회를 만드는데 기여한다. 사회복지는 정의라는 가치와 기준을 통해 개인의 경제활동에 의해 일차적으로 분배된 자원의 공정한 재분배에 관여한다.

둘째, 사회적 순기능을 강화한다. 과정과 동기, 원칙을 강조하고 목적을 절대화하는 결과를 추구하면서 사회적 비용을 줄이고, 윤리적 행동, 사회적 의무 등의 순기능을 한다.

셋째, 사회복지와 경제적 상생에 기여한다. 수단적 가치로서의 효율성과 효용성에 대한 인정은 사회복지와 경제의 간극을 줄이고, 지속가능한 사회복지, 복지와 경제의 상생을 돕는다.

넷째, 사회복지실천의 수준을 향상한다. 사회복지서비스가 대부분 소외되고, 약자에 대한 배려와 서비스를 진행하면서 인간의 존엄성을 기본으로 윤리이념을 실천한다고 볼 때에 인간의 의미와 품격을 향상하고, 사회복지실천의 수준을 향상한다.

2. 연구영역과 구성 요소

1) 윤리학의 연구 영역

(1) 윤리적 상대주의와 문화적 상대주의

① 윤리적 상대주의

윤리적 상대주의는 옳고 그름을 경험적이거나 현실적인 사실에 근거하여 귀납적인 방법을 통해 도덕적 가치판단의 기준을 형성한다. 도덕에는 객관적이고 보편적인 표준이나 원리가 없고 단지 단순한 관습에 불과하며, 선과 악의 개념도 주관적이어서 본인에게 유리하고 즐거운 것이 선이고 옳다고 본다.

테일러(Taylor)는 '윤리학의 원리'에서 윤리적 상대주의를 강조하면서 어떠한 규범에도 얽매이지 않으면서 순수한 사실이나 증거를 근거로 하여 모든 문화권에 공통된 도덕적 규범은 없다고 하였다. 이들은 시대의 흐름에 적응하며 인간의 개별성과 독자성을 강조하여 수용한다는 측면에서 바람직하지만 윤리적 가치가 결정되는 윤리의 본질을 규명하지 못하는 한계를 갖는다.

② 문화적 상대주의

문화적 상대주의는 사실에 대한 판단을 말한다. 윤리학에 보편적 진리 같은 것은 존재하지 않으며, 오직 여러 가지 문화적 규약만이 존재할 뿐이라고 본다. 뿐만 아니라 문화적 규범도 많은 규약 중 하나에 불과하며, 어떤 특별한 지위를 갖는 것도 아니다. 따라서 도덕에는 객관적 진리가 없고, 옳고 그름은 단지 견해상의 문제로 문화에 따라서 서로 다르다고 본다.

(2) 개인윤리와 사회윤리

① 개인윤리

개인윤리적 입장에서는 인간이 살아가는데 발생하는 윤리적 문제를 궁극적으로 개인의 양심과 도덕적 행위의 부족과 관련된 것으로 본다. 즉, 도덕적 부패와 타락의 원인을 사회 구성원 개개인의 양심불량이나 규범의 미준수로 본다. 따라서 사회의 도덕성 회복 역시 개인의 도덕적 양심이나 실천적 합리성의 완성을 통해서 가능하다고 보았고, 개인의 도덕성 회복과 인격적 완성을 위해서 개인의 노력을 강조한다.

② 사회윤리

사회윤리적 입장에서 말하는 윤리적 문제는 개인적 차원의 문제가 아니라 사회구조나 제도의 부실 등과 관련된 것으로 본다. 즉, 윤리 파괴의 원인을 사회제도나 사회적 구조 또는 정책의 문제에서 찾는다. 따라서 윤리적 문제의 해결도 사회적 제도, 구조, 정책 등의 개선과 함께 이루어져야 한다고 본다.

〈표 5-2〉 개인윤리와 사회윤리의 특징

구분	특 징
개인윤리	– 행위의 결과에 대한 책임 문제에서 개인의 도덕적 의사 결정 능력, 실천 의지, 습관의 결여 등 개인적 측면에서 원인을 파악 – 개인의 도덕성을 증진시키는 대책 강조
사회윤리	– 사회 구조나 제도가 갖는 윤리적 문제에 관심 – 개인 차원을 넘어서는 사회구조적인 해결책을 모색 – 개인 윤리와 상호 보완적 관계를 지향하는 것이 바람직

③ 니부어의 관점

니부어(R. Niebuhr)는 개인 윤리와 사회 윤리를 별개의 것으로 구분하였다. '도덕적 인간과 비도덕적 사회'에서 개인적으로 매우 도덕적인 사람도 자기가 속한 이익과 관련될 경우 비도덕적으로 변한다고 주장하였다. 이를 통하여 집단의 도덕과 행동은 개인의 도덕과 행동보다 눈에 띄게 도덕성이 떨어진다고 본다.

사회윤리의 사례

어느 날 교사들이 모여 팀을 나누어 축구 시합을 했는데, 진 팀이 회식비를 내기로 했다. 두 팀의 교사들은 경기가 시작되자마자 죽기 살기로 달려들면서 교묘하게 파울도 하고, 심판에게 항의하거나 잡아떼기도 했다. 그것을 지켜보는 사람들에게는 과연 저 사람들이 학생들을 올바르게 가르치고 이끄는 교사들인가 하는 의구심이 들 정도였다.

그렇다면 이 교사들이 부도덕한 집단이어서 그런 일이 일어난 걸까? 그것은 아니다. 사람은 누구나 집단 이기주의에 한 번 빠지게 되면, 양보하지도 못하고 관용을 베풀지도 못한 채 그냥 비도덕적이 되어 가는 것이다. 따로 떨어진 상태로 있을 때, 개인은 얼마든지 착하기도 하고 양보의 미덕을 발휘할 수도 있다. 하지만 자기가 속한 집단의 일원이라는 의식을 갖게 되면 어쩔 수 없이 이기주의의 영향을 받는다는 것이 바로 사회 윤리이다.

부정적인 것에는 긍정적인 것이 있고, 긍정적인 것에는 부정적인 것이 있다. 이러한 모순되는 두 사항, 정(正, 긍정)과 반(反, 부정)은 서로의 모순을 지양하며, 합(合, 부정의 부정)이라는 단계를 거쳐, 긍정성과 부정성이 더 높은 차원에서 극복, 종합, 통일된다. 니부어는 개인 윤리와 사회 윤리가 서로 정반합의 과정을 거쳐 서로의 긍정성과 부정성이 높은 차원에서 극복, 종합, 통일된 상태를 '정의'의 상태로 본다. 하지만, 그러한 정의는 고정되어 있지 않다. 변증법적 과정을 거쳐 더 높은 정의로 끊임없이 나아간다.

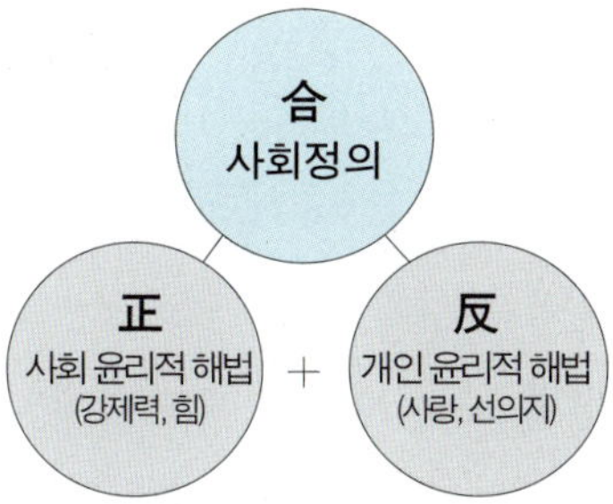

[그림 5-1] 니부어의 사회정의관

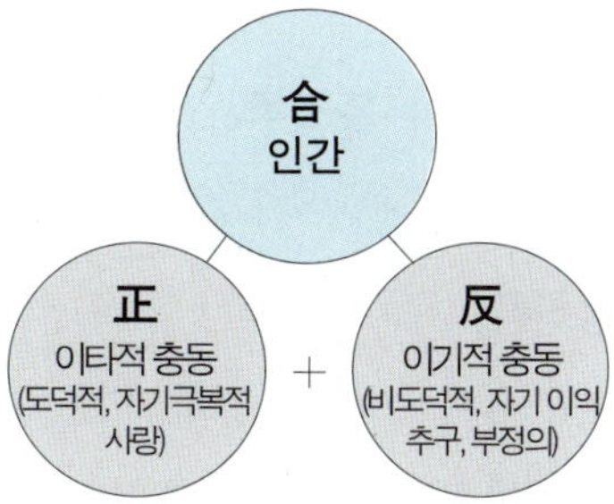

[그림 5-2] 니부어의 인간관

(3) 목적론적 자연관, 섭리의 자연관, 기계론적 자연관

① 목적론적 자연관

목적론적 윤리성의 원조가 되는 관점으로 인간의 행위는 자연현상과 마찬가지로 어떤 목적을 위해 이루어진다.

② 섭리의 자연관

인간이 살아가는 이 세상의 모든 것은 인간의 이성이 아닌 신의 의지에 의해 질서가 잡히고 정돈된다는 입장으로 인간은 모두 죄인이라는 원죄설을 취한다. 5~15세기까지 인간의 정신세계를 지배하였다.

③ 기계론적 자연관

자연주의 윤리학 또는 윤리적 자연주의의 입장으로 삼라만상을 움직이는 모든 것은 목적이나 신의 섭리가 아니라 기계적 운동의 법칙이 지배한다는 입장이다. 이는 과학의 원리가 발표되면서부터 발달한 개념으로 코페르니쿠스의 지동설, 뉴턴의 수학원리 등이 정신세계를 지배하던 시기의 입장이다. 이를 통해 자연주의 윤리학 또는 윤리적 자연주의가 대두되었다.

(4) 법칙론과 목적론

① 법칙론

행위의 옳고 그름을 인과법칙, 인위적 실정법 또는 보편적 도덕법에 따라 판단하는 입장이다. 어떤 행위를 판단할 때 옳다 또는 그르다라고 표현하는 것은 법칙론적인 입장이다.

② 목적론

목적을 실현하기 위해 선택한 자발적 행위가 목적을 위해 좋은 수단이 되면 선하다고 평가하는 입장이다. 주체가 세운 이상적 목적은 그 예로 쾌락, 행복, 공리, 최고선 등이다. 우리가 흔히 좋다 또는 나쁘다라고 하는 것은 목적론적인 입장이다.

(5) 성악설과 성선설

① 성악설(性惡說)

인간은 본래 악한 존재라는 순자(荀子)의 입장을 취한다. 인간에게 내재한 깊은 욕구와 내적 고립감을 신뢰할 수 없으며 대인관계에서 갈등사실을 느낄 수밖에 없는 존재로 본다. 그러나 인간의 공격성, 이기성, 반사회적 특징이 본능적이라는 것을 입증할 만한 증거는 빈약하다.

② 성선설(性善說)

인간은 자기실현 또는 자기완성을 추구하는 존재로 타고난 본성이 선하다고 보는 맹자의 인성론을 취하며, 원초적 인간은 평등한 관계일 뿐 아니라 이기적이지도 않고 양보하며 겸손하다는 노자(老子)의 입장을 취한다. 또한 루소(J. J. Rousseau, 1712~1778)는 교육원리인 자연주의사상을 통해 인간의 본성이 선한 것이고, 선은 바로 자연이라고 생각하기도 하였다. 그러나 인간의 선한 본성을 완수할 수 있는 사회구조의 제시가 어렵다는 한계를 갖는다.

(6) 동기론과 결과론

① 동기론

인간의 행위에 대한 선악(善惡)을 평가하는 도덕적 판단에 있어서 행위의 동기를 평가하는 기준이 된다. 성선설을 주장하는 동기론자적 입장으로 행위자 자신의 인격을 존중한다. 그러나 문화적 수준이 낮은 사회에서는 현실성이 떨어진다.

② 결과론

인간의 행위에 대한 선악(善惡)을 평가하는 도덕적 판단에 있어서 행위의 결과가 평가기준이 된다. 이러한 동기는 의지를 움직이는 감정이기 때문에 도덕성이 없다고 본다. 그러나 의인이나 윤리적 행위가 경시되거나 약화되어 인간성이 소외될 수도 있다.

(7) 자연주의와 직관주의

① 자연주의

귀납법에 의거한 경험론을 윤리학에 접목시킨 입장으로 17세기 이후 기계론적 자연관이 지배적이었고, 자연과학적 방법이 윤리학에 영향을 주었다. 대표적 학자는 스피노자, 홉스, 흄, 스펜서 등이다. 이들은 기계론적 자연관이 윤리학에 적용된 것으로 자연주의 윤리학, 도덕적 관념이 자연적 원천에서 도출된다고 보면서 도덕적 관념의 원천을 찾고자 한다.

② 직관주의

연역법에 의거한 합리론을 윤리학으로 접목시킨 입장으로 도덕적 관념이나 의무는 어떤 것에서 도출되는 것이 아니라 주어지는 것이라고 본다. 그러므로 어떤 행동을 보았을 때 인간은 직관적으로 선과 악을 선험적으로 인식할 수 있다고 본다.

2) 윤리학의 구성 요소

(1) 라이비(Leiby)의 구성 요소

라이비가 제시한 윤리의 구성요소는 다음과 같다. 첫째, 법률로 보호되는 개별 인간에 대한 권리로서 개인의 자유와 자율성 존중, 보호의 가치를 갖는다. 둘째, 종교적 소명에 기원을 둔 자선으로 타인을 돕고자 하는 자비심과 도움에의 의무를 구현한다. 마지막으로 법률로 인정된 경찰권으로 이웃, 지역사회 이익의 침해 금지, 공공선 보호 제도화 등이 있다.

(2) 클라크(Clark)의 구성 요소

클라크가 제시한 윤리의 구성요소는 다음과 같다. 첫째, 사회개혁주의와 정의의 윤리로서 개인의 행복 달성을 저해하는 구조적 불의에 대응하는 것과 공공성 영역의 가치를 부여한다. 둘째, 개인에 대한 존중과 개인적 서비스의 윤리이다. 셋째, 전문가의 온정적 개입주의로 공적 책임성의 원리이다. 넷째, 개인에 대한 존중과 개인적 서비스의 윤리로 ① 개인·집단 특성과 소질의 존중, 그들의 행복 지원, ② 사회적 문제·위험 해결과 예방, ③ 사회적 욕구 충족을 위한 적절한 서비스 제공 등이다. 마지막으로 자유(freedom)와 자율(autonomy)에 대한 존중은 시민사회와 더불어 발달한다. 이로써 인간은 자신이 소유한 고유한 자율성의 존재로 자기결정권, 비밀보장, 사생활 존중, 고지에 입각한 동의, 정보 특권 등을 사용하는 존재가 된다.

(3) 온정주의적 개입

사회복지사는 때때로 자신의 기준에 의해 클라이언트가 요구하지 않지만 클라이언트에게 필요하다고 생각하는 원조 서비스를 제공하고자 한다. 클라이언트의 자기 결정의 최대화를 존중할 필요가 있음에도 불구하고 클라이언트에게 도움이 될 것이라는 스스로의 판단으로 온정주의에 기반한 실천을 하는 것이다. 하지만 이러한 행위는 클라이언트의 바람이나 자기 결정을 방해하는 행위가 될 수 있음을 염두에 두어야 한다. 예로 겨울에 노숙인에게 잠자리를 제공하거나 가출청소년에게 음식을 제공하는 행위도 언제나 클라이언트의 욕구가 무엇인지 확인한 후 진행해야 하는 것이다.

사회복지전문가가 갖는 온정적 개입은 클라이언트에게 느끼는 애틋하고 측은한 마음으로 자선과 자비, 선행을 베푸는 것을 말한다. 이는 인간이 마땅히 지켜야 할 가치로 필요한 자에게 도움을 제공하면서 전문가로서의 역량을 키우는 것이 필요하다. 사회복지실천과정에서 온정주의는 ① 특정 정보를 숨기는 클라이언트를 수용하고 인정할 것인가?, ② 거짓 정보를 제공하는 클라이언트를 수용하고 인정할 것인가?, ③ 클라이언트의 의사에 반하는 물리적 개입을 수용하고 인정할 것인가?의 문제에 있어서 개입의 정당성이 필요하다.

(4) 공적 책임성

사회복지서비스는 개인의 행복과 사회 전체의 행복을 추구하는 공적인 책임을 가지고 있다. 또한 클라이언트의 가족, 그 외 관계자, 지역사회의 행복을 지향한다는 측면에서 평등 실현과 사회정의를 구현하는 복합적인 책임이 있다. 특히 ① 책임질 인구나 집단 또는 대상이 다양하다. ② 배타적 책임으로서 전문직의 윤리적 지위를 유지하는 것이 필요하다. ③ 다양한 개인과 사회에 대한 윤리적 책임을 가지는 이중적 책임감이 있다. ④ 제삼자와 공공의 이익을 침해해서는 안 된다는 원칙에 입각해서 공적 이익을 추구해야 한다.

3. 사회복지윤리 분석틀

1) 인간 존엄성

인간이 존엄하다는 것은 모든 사람의 생명은 귀중할 뿐만 아니라 인간으로서의 가치, 품위, 그리고 존엄함이 있다는 것이다. 또한 인간의 생명은 보호되어야 하고, 삶의 질 또한 보장되어야 한다. 인간 존엄성은 자기결정권, 사생활 보장권, 비밀보장권 등과 직결되는 것으로 인간의 존엄함이 인정될 때 가족, 집단, 지역사회에서는 진정한 사회복지가 실현된다. 그러므로 인간의 존엄성을 실현하는 과정에서 발생할 수 있는 윤리적 딜레마를 어떻게 해결해 나갈 것인가에 대한 윤리적 기준과 원칙 등을 설정하고 있어야 한다.

2) 균등한 기회보장

사회복지 실천 과정에서 균등한 기회는 대상자의 욕구와 그들의 욕구충족을 위한 서비스의 종류를 규정한다. 기회의 평등이 완성되려면 단순한 기회제공뿐 아니라 조건의 평등을 통해 동일 조건 하에서 경쟁할 수 있어야 한다. 또한 모든 사람을 동일하게 취급하여 사람들의 욕구나 능력, 기여의 정도에 관계없이 사회적 자원을 똑같이 분배하는 수량적 평등이 아닌 개인의 욕구, 노력, 능력, 기여 정도 등을 고려하여 사회적 자원에 차이를 두고 배분하는 비례적 평등이 필요하다.

3) 공공성

공공성이란 한 사회의 공동체성과 공동의 이익을 강화하기 위해 관련된 모든 구성원이 참여하여 민주적이고 개방된 절차를 통해 자유, 평등, 정의 같은 중요하고 다양한 가치를 추구하고 구체화하는 과정을 말한다. 공공성을 이루는 세 가지 요소를 살펴보면 다음과 같다.

첫째, 시민이다. 국정에 참여할 수 있는 자유인으로 시대와 지역에 따라 그 범위와 성격이 변해 왔다. 따라서 시민은 때로 국민 등으로 불리어진다.

둘째, 공공복리이다. 특정 개인이 아닌 공동체 구성원 모두의 일반적 복리로 금전적, 물질적 이익에 한정되지 않는다. 그러나 공공복리는 추상적 의미로 사용될 때 위험성이 나타나기도 한다. 과거 권위주의 정권들이 "공익(公益)은 사익(私益)보다 앞선다"라는 차원의 공공복리를 앞세워 시민을 억압하기도 하는 등 공공복리에 대한 부정적 인식과 거부감이 들 수 있다. 그래서 공공복리는 사적 이익과 종종 충돌하기도 한다.

셋째, 공개성이다. 공공복리가 누구에게 이익이 되는지, 아니면 특정인에게만 이익이 되는지 판단하려면 공개성이 필수적이다. 그러나 공개성만으로 공공복리를 보장하는 데에는 한계가 있다. 때로 소수의 선동이나 강요 등에 의해 공공복리를 진행한다면 공개성만으로는 공공복리가 보장될 수 없기 때문이다. 그러므로 사람들은 공개된 정보를 바탕으로 공개절차에서 자유롭게 의사소통을 하면서 공공복리를 실현하고자 한다.

〈표 5-3〉 가치와 윤리의 비교

구분	가치	윤리
개념	• 주관적으로 선호하는 것 • 객관적 증명이 어려움 • 인간행동의 선택 지침이나 기준	• 가치에서 비롯됨 • 무엇이 옳고 그른가를 판단하는 도덕적 지침 • 규범의 총체
관심	• 무엇이 좋고 바람직한가?	• 무엇이 옳고 그른가?
표현	• 인간의 생각 속에서만 그치기도 함	• 행동으로 표현됨
기준	• 신념으로 과학적 근거 없음 • 규범적 기준이 필요하지 않음 • 바람직한 행동의 선택 지침	• 행동에 대한 사회적 태도가 규범적임 • 옳고 그른 행동에 대한 사회적 태도를 결정하는 지침
개입	• 인간관계가 개입되지 않기도 함	• 인간관계의 상호작용 속에서만 개입

4. 사회복지 윤리 구성요소 간 긴장과 충돌

1) 개인의 자율성과 전문가의 온정주의

클라이언트는 자신의 문제를 스스로 결정하고자 하는 욕구와 권리를 갖는다. 그러나 전문가가 타인에 대한 선행을 목적으로 개입하다 보면 클라이언트의 자유와 자율성이 침해될 수 있고 반대로 보다 큰 자유와 자율성 획득에 도움이 될 가능성도 있다.

2) 전문가의 온정주의적 개입의 정당성

사회복지 실천 현장에서 전문가의 개입 목표는 클라이언트나 타인, 또는 사회의 이익을 추구하는 것이다. 개입 시 예방이 절실하고, 예측 가능하며 급박한 상황일 때에는 더욱 그렇다. 개입 이후 더 큰 자유와 행복이 예상될 때 전문가와 당사자는 자유재량과 전문적 판단을 근거로 개입을 결정한다.

3) 개인의 자율성과 공공복지

사회복지 실천에 있어서 무엇보다도 클라이언트는 사생활을 누릴 수 있는 자격과 권리가 있으며, 비밀 보장에 입각하여 서비스를 진행한다. 이 과정에서 제삼자 또는 공공의 이익을 침해할 가능성이 있다. 타인에게 의도치 않게 위해나 고통을 야기하는 행위를 할 경우, 평등, 형평, 보편성 차원의 불의가 발생할 경우 도덕적 비난의 대상이 된다.

또한 제삼자 보호의 목적으로 선의의 제삼자에게 이익이나 행복을 침해할 수도 있기에 이를 방지하는 것이 필요하다. 무엇보다 클라이언트의 이익을 목적으로 서비스를 진행해야 하므로 전문가의 판단에 의해 클라이언트의 자유나 자율성을 제한해서는 안 된다. 그리고 미성년을 대상으로 개입을 할 경우 비밀보장을 지킨다는 측면에서 대상자의 인지능력이나 실천능력의 한계 등을 고려하여 법적인 보호를 받을 수 있도록 서비스를 진행해야 한다.

6장 사회복지의 주요 가치

학습목표

1. 사회복지의 주요가치인 사회정의의 개념과 가치를 유형별로 구분한다.
2. 사회복지 실천 현장에서 필요한 다양성과 차이의 개념과 그 가치를 이해한다.
3. 사회복지 실천 현장에서 요구되는 사회연대와 사회통합의 개념과 그 가치를 이해한다.

1. 휴머니즘과 사회정의

1) 휴머니즘

휴머니즘(humanism)이란 모든 인간적인 것을 의미함과 동시에 인간으로서 당연히 갖추어야 할 자세 또는 인간을 인간답게 하는 본성을 옹호하고 실현하려는 입장으로 인간주의, 인본주의, 인문주의 등으로 불린다.

휴머니즘은 모든 인간행동과 결정의 바탕에 보편적인 인간 본성이 존재한다고 보며, 인간성 해방과 옹호를 추구하는 진보적 성향을 갖는다. 신이 세상을 지배한다는 신본주의, 모든 사물과 생명체, 현상 등은 영혼을 가지고 있다고 믿는 애니미즘(animism), 이상심리상태에서 신령이나 정령 등 초자연적 존재와 직접 교류한다는 샤머니즘(shamanism), 피상적으로 관찰된 자연의 원리에 따라 살아야 한다는 자연 환원주의(reductionism) 등에 반대한다.

이러한 인간성 존중, 인간해방 사상은 인간성 완성과 인간적 교양의 원동력으로 작용하면서 모든 인류가 인종·국경·종교·사회체제를 벗어나 인간적인 존엄성을 보호해나가야 함을 강조한다. 휴머니즘의 사상적 기원은 이탈리아의 르네상스 운동으로 가톨릭의 권위와 신 중심의 세계관으로부터 인간을 해방시키고, 그리스·로마의 고전 문화에 대한 연구를 통해 인간 존엄성 회복과 문화적 교양의 발전을 이루려는 노력의 산물로 휴머니즘이 생겨났다(강기정 외, 2021).

2) 사회정의

(1) 사회정의의 개념

사회정의란 한 사회에서 선과 악을 어떻게 분배할 것인가에 관한 합리적 기준을 의미하는 것으로 사회복지에 있어서 핵심적 가치 중 하나이다. 이러한 의미에서 인간의 역사는 '자유와 평등의 동시적 확보'의 역사이고, 정의를 구현하기 위한 역사로 볼 수 있다(오윤수 외, 2019).

정의에 대한 개념 중 가장 많이 언급되는 영국의 철학자 시지윅(Henry Sidgwick)은 "두 사람을 다르게 처우할 수 있다는 합리적인 근거로서의 본성 혹은 상황이 특별히 존재하지 않는 이상 단지 두 사람이 다른 사람이라는 이유만으로 차별하여 처우하는 것은 정당하지 못하다"고 말하고 있다. 한편 영국의 공리주의자인 라쉬달(Hastings Rashdall)은 "형평에 관한 공리"를 통해 "한 개인이 선을 다른 사람의 유사한 선과 본질적으로 동등한 가치를 가진 것으로 간주하는 것"이라고 하였다. 또한 폴란드의 법철학자인 페렐만(Chaïm)은 "동일한 본질 범주에 속하는 존재들은 동일하게 대우받아야만 한다는 행동의 원칙"으로 정의하고 있다.

그러나 이 모두는 분배적 정의를 설명하는데 한계가 있고 이를 보완하기 위해서 사회정의에 대한 구체적 정의개념이 필요하다. 그러므로 기본적으로 평등에 기초하여 개념이 정의되어야 하고, 구체적 측면에서 공정한 분배기준에 의해 상호보완적으로 이루어져야 정의롭다고 볼 수 있다. 하지만 모두를 충족시키는 기준은 사실상 어려운 것으로 사회복지 측면에서는 어떤 최소한의 생활 수준까지는 동등한 대우를 받아야 한다는 의미로 정의를 사용한다.

사회복지사는 이처럼 사회적 부정의에 도전하면서 사회적 변화, 특히 취약하고 억압받는 사람 및 집단을 위한 사회적 변화를 추구한다. 사회변화를 위한 노력은 빈곤, 실업, 차별, 기타 유형의 사회적 부정의에 그 주된 초점을 맞추며, 이를 위해 억압과 문화적, 인종적 다양성에 관한 지식의 민감성을 증진시켜야 한다. 그리고 필요한 정보서비스 자원에 대한 접근, 기회의 균등, 모든 사람을 위한 의사결정에 의미 있는 참여를 보장하고자 노력한다.

(2) 사회정의의 가치

① 평등

평등은 한정된 사회적 자원의 재분배를 통하여 사회 구성원의 삶의 질을 골고루 향상시키고자 하는 개념으로 인간 존엄성의 가치가 구체적으로 실현되는 정도를 측정하는 평가기준이 된다. 또한 권력·부·명예 등 사회적 가치의 분배 원칙 또는 기준에 있어서 중요한 가치 중 하나이다.

한국 사회복지사 윤리강령에 의하면 사회복지사는 인본주의, 평등주의에 기초하여 사회적·경제적 약자의 편에 서서 사회정의와 평등·자유와 민주주의의 가치를 실현해야 한다. 이를 위해 사회복지사는 한정된 가용자원과 평등한 분배, 기회의 평등한 접근에 관한 윤리적 결정을 내려야 하는 경우가 자주 있고 이때마다 윤리적 문제에 직면하게 된다.

가. 수량적 평등과 비례적 평등

평등(equality)은 사회복지의 중요한 가치 중 하나로 아리스토텔레스 이론에서 출발한다. 그는 각자의 장점(merit)에 따라 서로 구별해 대우함으로써 정의가 달성된다고 보았고, 평등을 수량적 평등과 비례적 평등으로 구분한다. 수량적 평등은 결과의 평등으로 모든 사람을 동등하게 대접한다는 의미를 갖지만 사람들의 욕구나 능력을 무시하고 사회적 자원을 똑같이 나누는 것을 말한다. 반면 비례적 평등은 유사한 사람에게는 유사한 대접을 해주는 것으로 각자의 실적이나 공적, 능력이나 기여 정도에 따라 사회적 자원을 다르게 분배하는 것으로 형평성의 원리를 따른다.

수량적 평등은 모든 사람에게 동일하게 나누어 주는 것으로 엄격한 의미에서 현실적으로 불가능하다. 민주주의를 표방하는 거의 모든 나라에서는 일정 연령 이상의 모든 사람에게 권리를 행사하게 한다는 의미에서 정치적 절대 평등을 이루고 있지만 이는 형식적 의미일 뿐 사회적·경제적 영역의 평등이 이루어지지 않은 상황에서 정치적·법적인 평등만 주어진다고 모든 것이 평등하다고는 볼 수 없기 때문이다. 완전한 수량적 혹은 결과적 평등이 어렵기 때문에 공공부조와 같은 사회복지정책을 통해 소득을 재분배함으로써 이를 실현하고자 노력하고 있다.

비례적 평등 또는 공평(equity), 형평은 개인의 욕구, 노력, 능력, 기여 정도에 따라 사회적 자원을 다르게 배분하는 평등을 말한다. 즉, 유사한 사람 또는 동일 범주의 사람에게 동일한 대접을 하는 것으로 동등한 자를 동등하게, 동등하지 않은 자를 동등하지 않게 취급하는 것이다. 이는 동일하지 않은 범주의 사람은 차별적으로 다루어도 된다는 것으로 정당한 근거가 있는 차등은 용납될 수 있다는 것이다. 이처럼 형평은 비례적 요소를 전제한 공평한 대우라는 의미를 가지는 것으로 정의가 평등과 직결된다고 볼 때 형평의 가치를 어떻게 받아들여야 할 것인가? 하는 문제로 남는다. 그 예로 모든 살인자는 벌을 받아야 한다. 이것이 평등이고 정의이다. 하지만 모든 살인자가 똑같은 벌을 받는 것이 아니라 만약 미성년자인가 성인인가에 따라 벌을 받는 정도가 다른 것이 형평이라고 본다.

공평은 공정(公正) 혹은 형평(衡平)이라고도 하는데 크게 두 가지로 나누어 개념을 살펴보면 다음과 같다.

첫째, 수평적 공평이다. 평등의 개념과 맥을 같이하며, 동일한 것을 동일하게 취급한다. 모든 사람이 인간의 존엄과 인격적인 측면에서 동등하기 때문에 기계적으로 동일하게 취급되어야 한다고 본다.

둘째, 수직적 공평이다. 사람들이 인간의 존엄과 인격적 측면에서는 동등하지만 개인의 욕구, 노력, 능력, 기여 정도 등에 따라 사회적 자원이 다르게 분배되는 불평등을 어느 정도 인정한다. 그 예로 1834년 영국의 신빈민법의 원칙 중 하나인 '열등처우의 원칙'을 볼 수 있다. 빈민에게 제공되는 급여의 수준을 근로를 통하여 얻을 수 있는 가장 낮은 임금보다 낮게 책정하여 빈곤층의 노동의욕 상실을 예방하고자 하였다. 이는 합리성을 말하고 있지만 "일하지 않는 자 먹지도 말라"는 노동윤리에 대한 강조와 빈곤층에 대한 지원을 최소화하기 위한 정책적 노력이기도 하다(윤성호 외, 2022).

〈표 6-1〉 공평의 유형

구분	수평적 공평	수직적 공평
개념	• 모든 사람은 동등한 존재이기에 동일하게 취급 • 기계적인 동일 취급 • 평등 개념과 유사	• 사람은 능력 등이 다른 존재이기에 다르게 취급 • 능력 등에 따른 불평등한 취급 • 상대적 불평등 인정 • 현대사회에서 통용
한계	• 평등의 비현실성	• 능력에 따른 공평한 처우라고 말하지만 불평등은 항상 존재

출처: 윤성호 외(2022). pp. 38-39 재구성.

나. 절대적 평등과 상대적 평등

공평한 분배의 원칙 속에서 차이의 수용 여부에 따라 구분되는 것이 절대적 평등과 상대적 평등이다. 절대적 평등은 인간의 존엄성, 인간으로서의 가치 등에 바탕을 둔 개념으로 모든 차이와 불평등을 거부한다. 즉, 인간의 의지로 바꿀 수 없는 유전적 요소, 국가와 가족, 성별 등과 같은 것을 제외하고는 모든 면에서 인간은 동일해야 하고, 똑같은 원칙을 따라야 한다는 관점이다.

반면 상대적 평등은 지적 능력, 소득 정도, 지위, 직업, 업적 등과 같은 사회적 차이와 이에 따른 차별은 피할 수 없다는 관점으로 사회적 차이에 따른 보상의 차이를 인정한다. 즉, 각자의 능력과 기여도 및 필요의 차이에 바탕을 둔 상대적 평등은 정당한 근거에 기반을 둔 불평등이라고 볼 수 있다(이순민, 2020).

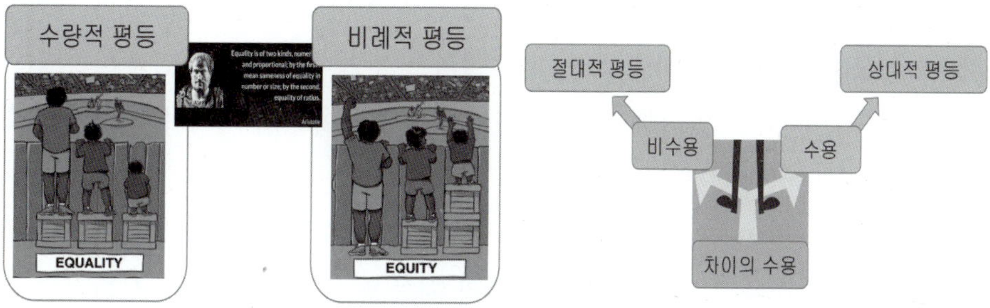

〔그림 6-1〕 평등의 유형

다. 기회의 평등, 조건의 평등, 결과의 평등

사회의 자원, 권력, 지위 등을 배분하는 과정에서 어떤 단계의 평등에 가치를 부여하는가에 따라 개념의 차이가 나타난다.

첫째, 기회의 평등이다. 관련되어 있는 사회집단 간의 제도나 사회적 위치에 접근하는 평등으로 모든 사회적 제도에 대한 접근을 모든 사람들에게 개방해야 한다. 기본적으로 '출발선' 상의 평등으로 조건을 배제하고 성취에 대한 기회를 모든 사람에게 보장한다(윤성호 외, 2022).

개인은 자신의 소질과 능력을 자유롭게 개발할 수 있는 평등한 권리와 기회를 가져야 하며, 동일 업적에 대한 동일 보상이 주어져야 한다. 즉, 동일 능력과 재능을 가진 사람들은 성, 인종, 종교, 출신배경 등과 무관하게 자신의 재능을 발휘하여 동일한 보상과 성공을 갖게 되는 것이 결과의 평등을 실현하기 어려운 현실적 상황에서 공정한 기회의 균등이 보장된다는 것이다.

기회 평등의 유용성을 살펴보면 첫째, 절차적 정의를 이룬다. 이는 결과의 불평등에 대한 용인의 수준을 높일 수 있다. 둘째, 효율성과 양립한다. 재능 계발과 배분에 있어서 효율성이 보장되어야 하는 것이다. 마지막으로 결과에 대한 책임에서 자유로워야 한다. 자신이 통제하고 결정할 수 없는 외부적 환경에 대해서 책임을 묻거나 그 결과에 대하여 책임을 물어서는 안 된다.

하지만 성취조건이나 능력에 대해서 무관심하고, 불평등에 대한 사회나 외부적 환경의 책임을 회피한다는 면에서 기회의 평등은 공정하지 못하다는 한계를 갖는다. 균등 기회 제공에 중점을 두다 보면 결과의 평등을 경시함으로써 사회에 존재하는 불평등을 정당화하고 용인하는 결과를 맞게 된다. 또한 단순히 기회의 제공뿐 아니라 동일 조건 하에 경쟁하는 조건의 평등이 이루어져야 온전한 기회의 평등이 이루어진다는 측면에서 한계를 갖는다.

둘째, 조건의 평등이다. 관련되어 있는 모든 사회집단의 삶의 조건에서의 평등을 말한다. '출발선'을 능력이나 조건에 따라 차등을 두자는 것이다. 사회적 기회의 획득을 위해 자유경쟁을 할 때, 같은 조건을 가지고 출발할 수 있도록 한다. 즉, 개인에게 모든 것을 맡기는 것이 아니라, 능력이나 자원이 부족한 개인에게 다른 사람과 동일한 조건에서 경쟁할 수 있도록 사회적으로 부족함을 채워주는 것이 필요하다고 본다. 그 예로 장애인에게 비장애인과 동일한 자립생활을 위해 활동보조 서비스를 제공하는 것을 볼 수 있다. 하지만 현대사회의 복잡성으로 인해 실질적 평등을 달성하기 어렵고, 조건을 구체화하는 것 자체가 불가능할 수 있는 한계를 갖는다.

〈표 6-2〉 평등의 유형

구분	개념	한계	사례
기회의 평등	• 모든 접근의 평등 • 모든 제도나 사람들에게 개방적 • 모두에게 기회 보장 • 출발선상의 평등 • 자본주의 사회에서 가장 널리 퍼져 있는 평등 • 결과를 얻을 수 있는 과정상의 기회를 동일하게 제공	• 성취조건이나 능력에 무관심 • 공정하지 못함 • 사회에 존재하는 불평등을 정당화함 • 실질적 평등 달성의 어려움 • 결과를 무시하고 과정상의 기회만 똑같이 제공	• 똑같은 의자를 모든 이에게 제공

조건의 평등	• 관련된 모든 조건에서 평등 • 출발선은 능력이나 조건에 따라 차등 제공 • 개인의 욕구, 능력, 노력, 기여 정도에 따라 사회적 자원을 다르게 분배	• 조건의 구체화가 불가능 • 조건의 평등 없이는 기회의 평등도 불가능	• 신체조건에 맞는 의자 제공
결과의 평등	• 실질적인 평등 추구 • 결과적 평등과 결과의 평등을 포함 • 수량적 평등 • 모든 사람을 똑같이 취급하여 사회적 자원을 똑같이 분배	• 개인의 능력, 욕구 등을 외면	• 모든 사람이 의자를 1개씩 받음

셋째, 결과의 평등이다. 사회복지학에서 흔히 사용하는 결과의 평등은 결과적 평등으로 불리한 위치에 있는 자를 보다 유리하게 다루어 결과로서의 평등을 추구한다. 이는 기회의 평등 조건이 만족되어도 실질적인 평등이 이루어지지 않는 현상을 시정하고자 하는 노력으로 수량적 평등이라고도 한다. 그 예로 소득의 평등을 위해 세율의 차이를 둔다든지, 장애인의 취업 활성화를 위해 취업할당제를 진행하는 것과 같이 결과적인 평등을 추구한다.

② 공정한 분배

제한된 자원의 공정한 분배를 실천한다는 측면에서 윤리적 딜레마는 중요한 문제가 된다. 제한된 자원을 효율적으로 운영하는 방식에 있어서 공정성과 효율성의 추구는 갈등상황에 처할 수밖에 없다. 제한된 자원이란 자원의 부족 또는 가용자원의 다른 곳으로의 분배나 자원사용의 우선순위 이동을 의미한다.

이처럼 자원의 총량이 정해진 상황에서 한 사람에게 자원을 분배하면 다른 한 사람은 자원을 받지 못하는 제로섬(zero-sum) 현상을 만나게 된다. 사회복지사는 사회적 분배과정에서 때로는 정치적 과정에 관여해야 하는 전문직으로서 사회적 정의나 공평성, 평등성과도 관련된 윤리적 책임을 가지게 된다.

가. 사회복지 실천에서 제한된 자원의 사용 사례

사례 A

사회복지사가 클라이언트에게 특정 서비스를 제공하는데 1주일에 10시간을 사용할 수 있다고 한다. 10명의 클라이언트에게 최대한의 서비스를 제공하기 위해 사회복지사는 다음과 같은 고민이 있다.

- 클라이언트 각자에게 매주 1시간씩 똑같이 시간을 배당하는 것이 바람직한가? 바람직하지 않은가?
- 사회복지사가 클라이언트의 사정에 따라 불평등하게 시간을 할당하는 것이 윤리적인가? 비윤리적인가?

사례 B

사회복지사의 상담 서비스 시간이 종료될 시점에 클라이언트가 자신의 이야기를 시작하려고 한다.

- 사회복지사는 시간 엄수와 타 클라이언트와의 형평성을 고려해서 지금은 도움을 줄 수 없다고 말하려고 하는데 이것이 과연 윤리적인가? 비윤리적인가?
- 서비스를 지속하고 타 클라이언트의 서비스 시간을 줄이는 것은 윤리적인가? 비윤리적인가?

사례 C

한정된 의료자원 분배 시 프로그램 대상자 선정의 우선순위를 어떻게 결정할 것인가 고민하고 있다.
- 사회에 기여도가 많은 사람을 우선으로 해야 하나?
- 살아갈 세월이 더 많이 남은 나이 어린 사람을 우선으로 해야 하나?
- 제한된 자원으로 완치 가능한 사람을 우선으로 해야 하나?
- 완치의 여부보다는 위급한 상태의 사람을 우선으로 해야 하나?

나. 공정한 분배의 기준

리머(1995)는 부족한 자원의 분배기준으로 평등, 욕구, 보상, 기여의 원리를 제시하였는데 이 분배기준에 따라 자원을 할당받는 대상이 달라진다.

첫째, 평등에 따른 분배이다. 모든 사람이 똑같은 양을 받는 것을 전제한다. 그러나 이 평등을 적용하면 한정된 자원으로 평등한 분배가 불가능할 수도 있고, 평등한 자원의 분배가 오히려 불평등을 이끌 수도 있다. 그 예로 모든 학생에게 동일한 시험시간을 적용하는 것은 평등해 보이지만 그 속에 장애인이 있는 경우는 불평등이 생길 수도 있는 것이다. 이에 대하여 장애 정도에 따라 시험시간을 더 제공하거나 시험 공간의 차별화 등의 정책을 통해서 공정함을 유지하려고 한다.

둘째, 욕구에 따른 분배이다. 이는 더 많은 욕구나 필요를 가진 사람에게 더 많은 몫이 돌아가야 한다는 것이다. 이를 통해 약자에게 사회복지정책의 혜택이 더 가도록 한다. 욕구는 생존이나 건강, 기본적 교육 등의 기본적 욕구와 부차적 욕구로 구분된다. 그러나 기본적 욕구목록에 무엇을 포함할 것인가? 하는 논란의 여지가 남으며, 부차적 욕구는 굳이 충족시키지 않아도 된다는 의미로 해석될 수도 있다는 면에서 논의가 계속되고 있다.

욕구의 충족이라는 기준은 욕구를 가진 사람이 최선의 삶을 성취하는 데 필수적인 경우 정당화될 수 있다. 그러나 기여의 정도, 노력 등에 대한 고려가 없다는 한계를 가지며 동시에 현실적으로 인간의 다양한 욕구나 필요를 개념화하고 비교한다는 것이 어렵고, 이들의 욕구를 충족시키기에는 자원의 한계가 있다는 것을 고려해야 한다.

셋째, 보상에 대한 기준이다. 이것은 사회로부터 부당한 피해나 차별을 받고 억압받은 사회적 약자인 소수집단이나 소외계층을 보상하기 위해 사회복지 자원 배분에서 우선 고려한다는 것이다. 예를 들면 장애인 의무고용제도나 여성고용 할당제도 등 사회적 취약계층에게 적극적 차별시정 조치를 진행하고 있다. 그러나 누가 사회적 약자이며 보상을 받아야 하는지에 대한 기준이 모호하고 역차별의 논란이 있을 수 있다.

넷째, 기여의 정도이다. 사람들이 무엇을 얼마만큼 기여했느냐에 따라 제한된 자원이 배분되는 것이다. 예를 들면 봉사활동이나 봉사활동 포인트 등이 노동에 기여함으로써 사회복지 혜택을 받을 수 있다. 기여의 유형으로 사회적 기여는 국가유공자에 대한 급여와 같이 사회적·경제적 기여를 한 경우를 말하고, 금전적 기여는 사회복지 서비스에 대해 클라이언트가 자기부담금을 어느 정도 지불하는 것을 말한다. 기여의 정도로 자원을 분배한다는 것은 클라이언트에게 비용부담으로 인해 불필요한 서비스의 이용을 억제하여 도덕적 헤이를 방지할 수 있을 뿐만 아니라 사회복지 서비스에 대한 권리를 갖는 것으로 도덕적 낙인(stigma)을 피하고 소비자로서의 자기존중감을 가질 수 있다는 긍정적 측면도 있다.

다. 한정된 예산과 정책 결정

한정된 자원의 분배는 한 사람에게 자원이 분배되면 다른 한 사람이 받지 못하는 제로섬 게임 상황이 발생한다. 자원분배 시 우선순위가 되려면 관련 사회문제가 이슈화(issue)되어야 하는데 어떤 문제가 공공의 관심을 끌고, 공공정책상 논쟁의 중심이 되면 이슈화가 된다. 이 문제에 대해 많은 사람이 관심을 갖고, 정부가 문제해결에 적극적으로 나서야 한다는 인식이 생기면 공공의제로 전환되게 되고, 이를 정부에서 공식적으로 해결하기 시작하면 정책의제(agenda)가 된다.

사회복지사는 정책형성과정을 잘 이해하고, 사회복지 문제를 이슈화함으로서 서비스 대상에 속하는 사회적 약자가 정책결정과정 및 집행과정에서 소외되지 않도록 적극적으로 참여하고 옹호하는 역할을 수행해야 한다. 이를 통하여 개인 혹은 체계에 필요한 자원 또는 서비스의 획득을 돕거나 저항, 혹은 무반응 체계로부터 정책변화나 특권을 획득하도록 도와야 한다.

③ 불평등과 차별

불평등은 개인과 개인 사이, 또는 사회와 사회 간에 다양한 영역에서 일어난다. 불평등이란 권력, 기회, 특권, 재판상의 불균형으로 어느 한쪽으로 치우쳐 있거나 차별이 있어서 고르지 못한 상태를 말한다. 일반적인 불평등은 주로 법 앞에서의 불평등을 의미하며 경제적 불평등은 빈부 격차로 인해 발생하는 불평등을 가리킨다.

차별이란 어떤 개인이나 집단에 대하여 자의적 기준으로 불평등하게 대우하여 그 특정 개인과 집단에게 사회적 불이익을 주거나 배제시키는 것을 말한다. 차별은 크게 직접적인 차별과 간접적인 차별로 나누어 볼 수 있다.

사회복지사는 취약하거나 억압받는 이들의 욕구와 권한 부여에 대한 관심이 필요하다. 또한 문화적, 종교적 다양성에 대한 민감한 태도를 확보하여 차별과 억압 등 사회적 불의를 없애고 사회정의 실현을 위한 지속적인 노력이 요구된다.

〈표 6-3〉 차별의 유형

구분	직접 차별	간접 차별
개념	• 사회적 약자를 구별하여 제한 • 배제, 분리, 거부 등의 불리한 대우	• 형식상 불리한 대우는 아님 • 사회적 제한을 받지 않는 사람과 동일 기준을 적용해 사회적 약자에게 불리한 결과 초래
사례	• 입사 시 지원 자격 제한, 성별 명시, 결혼 유무, 임신 유무 등 기재 요구	• 장애인에게 제공해야할 편의제공 거부

2. 다양성과 차이

1) 다양성

인간은 모두 평등하고 존엄한 개별적 존재이므로 인간의 다양성과 차이를 인정해야 한다. 다양성은 사람들의 개인적 특성의 차이를 나타내는 것으로 나이, 종교, 성별, 인종, 윤리적 배경 등에 있어서 여러 가지 모양과 빛깔, 성품을 가진다.

사람들은 서로 다른 다양한 환경에서 태어나고 성장한다. 기후, 지형, 역사 등에 따라 각기 다른 생활방식을 가지게 되며, 특히 세계화 추세에 맞추어 국경을 초월한 문화적 교류와 외래문화의 유입에 따라서 다양성을 인정하는 성숙한 의식이 필요하다.

2) 차이

차이(difference)란 사물을 구별 짓는 다른 점으로 사물마다 공통된 성질이 있고, 없는 것과 관계없이 한 사물의 특징을 이루는 독자적 성질로 사물의 다름을 가리키는 말이다. 사회복지실천 과정에서 다양성과 차이를 인정하고, 단일성과 동일성 등에서 벗어날 때 사회복지실천 현장에서는 개별화가 일어나고, 바람직한 서비스가 수행된다.

3. 사회연대와 통합

1) 사회연대

사회연대는 사회적 책임성과 동의어로 사용되고, 공동체 정신을 강조하며, 사회문제의 해결을 위한 사회운동의 이념적 기반이 된다. 사회복지의 지향인 사회적 통합을 이루는 요건으로 사회나 집단에서 실천하는 통합, 또는 통합의 종류나 정도를 말한다. 이 개념은 사회주의적 이념에서 등장한 것으로 이해관계가 다른 기층 민중 간 타협을 유도하거나 단결을 통해 힘을 얻기 위한 관계를 의미한다.

사회연대란 주로 혈족 관계나 공통의 이해관계를 기반으로 형성되었던 전근대적 사회에서 복잡한 현대 사회로 넘어오면서 적극적인 인권 개념으로 부상하여 연대할 권리의 보장을 요구하기도 한다(Jary & Jary, 1995). 연대성을 사회학적으로 정교하게 만든 학자는 뒤르켐(D. E. Durkheim)으로 사회를 결속시키고 무질서에 빠지지 않게 하는 사회적·도덕적 연대에 관심을 가졌다. 연대를 통해 사회집단은 성공적으로 통합되고 공유된 가치와 관습에 의해 규제될 때 이 사회는 유지될 수 있다.

전통사회는 대부분의 구성원들이 유사직종에 종사하는 낮은 노동 분업상태에 있었기에 의견일치나 믿음의 유사성을 바탕으로 하는 기계적 연대를 보였으나 산업화와 도시화가 노동 분업의 증가를 가져오면서 연대의식이 깨지게 되었다. 이후 산업사회에서 직무의 전문화와 사회적 분화가 증가하면서 사회구성원은 경제적으로 상호의존하고, 타인의 기여가 중요하게 되면서 유기적 연대를 통해 사회통합을 유지하게 된다.

사회복지는 이러한 사회해체에 대응하여 인간다운 삶을 영위할 수 있도록 돕는 사회공동체를 재구성하고자 노력한다. 이를 위해 제도화된 연대성을 바탕으로 인간 삶의 토대이자 생활공간인 경제·사회 구조가 변화할 때 만들어지는 변화의 어려움에 대하여 효율적인 대처를 하고자 한다(윤성호 외, 2022).

사회 연대의식은 사회적으로 소외된 취약계층의 사회적 통합을 지원할 뿐만 아니라 사회 전체가 상호 의존성을 기반으로 안정되고 공동체 기능이 강화되며 발전하는 원동력이 될 수 있기 때문에 중요하다.

〈표 6-4〉 뒤르켐(Durkheim)의 연대 유형

구분	기계적 연대	유기적 연대
개념	• 공통의 이해와 속성에 근거 • 개인과 집단의 연대 • 목적 : 상호의존성에 의거 자원의 재분배 및 사회통합 • 전통사회에 적용	• 상이성에 근거 • 상이한 역할을 수행하는 사회구성원 간의 연대 • 목적 : 급격한 사회적 분화가 일어나는 현대사회의 질서유지 • 현대사회에 적용

2) 통합

통합(integration)은 개인이 규범, 가치, 신념 등을 공유함으로써 사회집단이나 집합체에 대한 소속감을 경험하게 되는 정도를 말한다. 사회통합은 사회체계를 구성하는 사회단위 조직들 간의 결속된 관계를 의미하는 것으로 일정한 사회단위 내에 구성원들 상호 간 또는 구성원이 사회에 갖는 연대감 또는 애착의 감정으로 사회 내에서 다양한 제도나 하위체계의 활동이나 기능을 상호보완한다(강기정 외, 2021).

전통적 사회에서는 가족 또는 지역공동체의 상호의존성에 기초하여 자원의 재분배가 이루어지며 사회통합을 이루었다면 산업화 이후 사회경제적 진보에 따라 가족과 지역 공동체는 그 기능을 상실하게 되었다. 이에 현대사회에서는 공동체 구성원의 상호의존성을 제도적 장치로써 복원함으로써 사회통합을 달성하고 있다.

그러나 사회복지제도가 늘 사회통합의 가치를 달성하는 수단이 되는 것만은 아니다. 때로는 사회통합에 반대되는 메커니즘으로 작동하기도 한다. 즉, 사회복지는 주는 자와 받는 자로 나누어지기에 분열이 강조될 수 있으므로 이러한 분열적 특성을 어떻게 통합으로 끌어갈 것인가를 염두에 두어야 한다. 사회통합을 촉진하기 위해서는 이원화시키고 분열을 조장하는 선별적 복지보다는 보편적 복지제도를 통하여 동등성과 통합을 이루려는 제도적 노력이 더욱 필요하다.

〈표 6-5〉 사회연대 구분

구분	공동체	단체	군중집단
목적	보편적(인간의 삶 전체)	특수함(특수 목표 설정)	개별적(다양함)
기간	항구적	일시적	일시적 · 개별적
구성원	다양함	획일적	다양함
범위	형제적 사랑(울타리 없음)	친함(일정 범위 내에서)	무관심

4. 자유

1) 자유의 개념

자유의 개념은 이념적 차이에 따라 다르게 사용된다. 사유재산권 행사의 자유, 급여나 서비스 선택의 자유를 강조하면서 복지에 대한 국가의 개입을 자유의 침해로 간주하는 반집합주의적 입장에서는 소극적 자유를 사용한다. 반면 사회적 권리로서 복지를 누릴 수 있는 자유를 인식하며, 국가의 복지에 대한 개입을 적극적 자유로 간주하는 집합주의적 입장에서는 적극적 자유를 사용한다.

2) 자유의 가치

사회복지에서 자유의 가치는 클라이언트의 자기결정과 사생활을 보호하는 비밀보장 등을 들 수 있다. 자기결정권은 인간이 주어진 선택적 상황에서 자기 스스로 결정을 내리는 권리로서 인간의 존엄성과 함께 매우 중요한 전문적 실천 가치이다. 이를 위해 서비스 대상자의 욕구에 맞는 서비스 조정과 서비스 공급자보다 대상자의 욕구와 선호도를 강조하는 선택의 자유는 사회복지 영역에서 점점 더 중요한 가치가 되고 있다.

자유는 개인의 억제나 구속에서 벗어나(소극적 자유), 무엇인가를 할 수 있으며(적극적 자유) 동시에 선택할 수 있는 상태(심리적 자유)를 말한다. 따라서 사회복지사는 클라이언트를 대신하여 결정을 내리는 것을 피해야 하며, 클라이언트로 하여금 자신의 이익과 기회를 극대화할 수 있는 결정을 내리도록 도와야 한다.

〈표 6-6〉 베르린(Berlin)의 자유 구분

구분	소극적 자유	적극적 자유
개념	• 강제가 없는 상태 • 상대방의 간섭 없이 자신의 의지로 행동할 수 있는 상태 • 부정적 사유	• 행동할 수 있는 능력 • 자기가 선택한 대로 행동할 수 있는 상태 • 긍정적 자유

제3부

사회복지실천의 윤리강령 및 쟁점

7장 사회복지 전문직과 윤리강령

학습목표

1. 사회복지전문직 윤리강령의 기능과 필요성을 이해한다.
2. 한국사회복지사협회 윤리강령의 주요 내용과 시사점을 이해한다.
3. 주요 나라 사회복지사협회 윤리강령의 주요 내용과 시사점을 이해한다.

현대사회에서 대부분의 전문직은 법적 책임과 구별되는 사회적, 규범적, 윤리적 책임을 스스로 천명하고 이를 사회적으로 승인받는 과정을 거쳐 왔다. 이러한 사회적 과정의 결과가 전문직의 윤리강령(Code of Ethics for Profession)이라고 할 수 있다(최명민 외, 2019). 어떤 전문직이 성공적으로 자신들의 자율성을 지키면서 사회적 역할에 부응하기 위해서는 법적 책임과 구별되는 규범적 책임의 정립이 필요하며, 이를 전문직의 윤리적 책임이라고 할 수 있다(김기덕, 2002).

이러한 윤리강령은 단순히 추상적인 선언에 그치는 것이 아니라 개별 사회복지사와 사회복지 조직에 있어 매우 실제적인 기능과 역할을 담당하고 있다. 또한 사회복지사가 행할 수 있는 불완전한 실천으로부터 클라이언트를 보호하는 역할을 하며 동시에 사회복지 전문직의 자율성을 제고하고, 외부로부터의 통제나 규제로부터 전문가를 보호하는 기능을 갖고 있다(김기덕 외, 2012).

Loewenberg와 Dolgoff(1996)는 사회복지 윤리강령의 기능을 5가지로 제시하였다(강기정 외, 2021).

첫째. 실천가들에게 윤리적 이슈뿐만 아니라 윤리적 딜레마에 대한 의사결정의 지침을 제공한다.

둘째, 실천가들이 업무과정에서 지켜야 하는 행동기준과 원칙을 제공한다.

셋째, 정부의 통제로부터 사회복지전문직을 보호한다.

넷째, 동료와 전문적 관계를 유지하면서 협력하여 윤리적 조직문화를 만들 수 있는 지침을 제공한다.

다섯째, 소송으로부터 전문가 보호이다.

우리나라 상황에서 보면, 사회복지사 윤리강령은 윤리적 딜레마 상황에서 사회복지시설과 사회복지사의 의사결정에 지침을 제공, 사회복지실천과정에서 사회복지전문가로서 준수해야 하는 행동의 기준과 원칙 제공이 주요 기능이라 할 수 있다.

1. 사회복지 전문직

전문직이란 사회와 상호작용하고, 전문적인 실무에 대한 실행기준과 체계를 유지할 수 있는 조직과 직업을 말하며, 서비스를 제공하는데 필요한 전문적인 지식, 기술, 자격을 가지고 해당 가치와 윤리를 지키는 직업을 말한다(양점도 외, 2008). 또한 전문직은 체계화된 지식과 기술, 사회적 인정과 책임성, 철학과 가치체계, 업무에 상응하는 보상 등을 소유하는 것과도 관련성이 있다(안병덕, 이근홍, 2015).

즉, 전문직의 일반적 준거는 고도의 지성을 요구하는 활동이 주가 되는 엄격한 자격, 단순한 지식이나 기술 습득이 아닌 직무수행에 필요한 교육과 훈련, 이타적 동기에 의한 봉사, 자율적 조직체를 통한 전문성 제고, 사회적 책임의식과 자율성, 자체 윤리강령 등이다(서울대교육연구소, 1995, 황미경, 2018 재인용). 프리드슨(Freidson, 2007)은 전문직이란 명확히 차별화된 과학적 지식 근거를 내세워서, 특정 일자리 영역에 대한 배타적 독점과 정체성, 자율적 통제의 필요성을 확보하는 지위적 직종이라고도 설명하였다.

전문직의 특성과 전문직으로의 발전 과정에 관한 여러 접근 중 전문직이 다른 직종과 차별화된 속성을 지닌다고 간주하여 유형화하는 접근법으로 속성론이 있다. 속성론에 의하면 전문직은 체계적인 이론체계, 자율성, 사회적으로 공인된 권위, 사회성 및 이타성, 공식·비공식적인 윤리강령, 전문가적 문화 등을 지닌다는 측면에서 비전문직과 구분된다(Hodson & Sullivan, 1990; Greenwood, 1957; 이홍직, 2007 재인용).

홀(Hall, 1968)은 전문직을 일반직과 구분하기 위해 구체적으로 구조적 측면과 태도적 측면에서 살펴보고 있다. 구조적 측면은 전국조직인가, 윤리강령을 가지고 있는가, 전임직이 존재하는가 등에 대한 분석을 포함하며, 태도적 측면은 전문조직 활용과 공동체 의식, 자율성, 윤리의식, 소명의식을 제시하였다. 첫째, 전문조직 활용은 다른 사회복지사들과의 협력 정도, 전문매체의 활용 정도, 전문가 모임에 대한 참여 정도 등을, 둘째, 공동체 의식은 다른 사회복지사들과의 연대감과 친근감 정도 등을, 셋째, 자율성은 의사결정과 독립성 정도 등을, 넷째, 소명의식은 사회복지사가 지녀야 할 열정 및 헌신적 노력의 정도 등을, 다섯째, 윤리의식은 윤리강령의 준수 정도, 클라이언트에 대한 형평성 정도 등을 의미한다. 사회복지사의 전문직 정체성은 전문직업인으로서 직무를 수행하는데 필요한 지식과 기술, 가치, 전문직업적 태도를 갖춘 것을 의미한다(홍순혜 외, 2017 재인용).

사회복지 전문직 논의와 관련해 플랙스너(Flexner, 1915)는 전문직 평가 기준으로 아래 여섯 가지 요소를 제시하였다.

① 광범위한 개인의 책임성을 기초로 한 지적인 활동일 것
② 과학과 학습을 통해 그들의 기초자료를 이끌어 낼 것
③ 자료는 실질적이고 명확한 결론을 이끌어 낼 것
④ 전수 가능하며 고도의 전문화된 교육 훈련을 통해서 구사하고 전수할 수 있어야 할 것

⑤ 직능집단을 결성할 수 있고, 집단의식을 갖고 활동이나 의무 및 책임을 유지하면서 전문가 조직을 구성할 것
⑥ 전문가들은 이타성을 증가하고 사회적 목적 달성을 위해 노력할 것

이런 진문직 평가 기준에 비추어 볼 때 플랙스너는 사회사업직이 독자적인 기술, 전문교육을 위한 프로그램, 전문직과 관련된 문헌, 실천기술을 가지고 있지 못하고 사회복지직은 영역이 너무 넓고 체계적 이론체계가 발전하지 못하여 전문성 있는 교육이 어려우며, 다른 전문직에 비해 구체적인 기술이 부족하다고 평가하였다.

플렉스너의 평가를 시작으로 사회복지 전문직 정체성 논의들이 활발하게 이루어졌고, 법 규정을 통한 자격제도 개선을 비롯하여 사회복지사 협회, 단체 등을 중심으로 전문직으로서 사회복지사 직업정체성 논의와 사회적 승인 획득을 위한 노력을 기울여 왔다.

그린우드(Greenwood, 1957)는 「전문직의 속성(Attributes of a Profession)」이라는 글에서 전문직의 속성을 다섯 가지로 제시하면서 사회복지직은 이미 전문직이라 규정하고 계속적으로 전문직화를 추구해 나가는 과정 속에 있다고 평가하였다.

① 체계적인 이론(체계화된 지식기반과 기술)
② 전문적인 권위
③ 사회적인 승인(재가)
④ 윤리강령
⑤ 전문직 문화(공유된 전문적 가치와 규범)

대부분의 전문직들이 윤리적 실천을 향상시키기 위해 전문직의 속성으로 윤리강령을 제시하고 있다. 윤리강령은 원조 전문직들의 윤리적 실천의 중요성과 관련해 업무의 전 과정에서 준수해야 하는 기준과 원칙을 기술해 놓은 것으로(김기덕, 2012), 법 규정 이전에 전문가로서의 정체성과 직업적 가치 실현의 근거로

작동한다. 이에 대부분의 전문직업군에서 윤리강령 제정 및 실천을 위한 노력을 기울이고 있다.

한국 사회복지전문직의 제도적 속성은 사회복지사업법, 사회복지 관련 법률, 사회복지사 처우 및 지위 향상을 위한 법률 등에 의한 법정 자격증, 채용과 교육, 교육체계 및 이론, 훈련, 전문가 단체, 자체 윤리강령 등으로 분석된다.

사회복지 전문직의 제도적 속성은 이론과 지식 요건을 충족하고, 전문직 활동 단체인 한국사회복지사협회가 있으며 사회복지교육 전문직 단체로서 한국사회복지교육협의회가 운영되고 있다. 따라서 제도적 규율과 전문직 이론에 기초한 사회복지 전공영역은 비교적 안정된 보수 체계와 건전한 직업인으로 사회적으로 승인되는 이타적·윤리적 요소에 의한 이론적·실제적인 영역으로 볼 수 있다. 반면, 고유의 지식에 기반한다는 점에서는 응용학문으로서 실천을 전제로 하는 학제와 교육과정의 재편이 필요하며, 장기간 교육을 통한 지식과 기술을 터득해야 하고 높은 수준의 개인적 책임이 부여된다는 견해는 대학 교육의 책임성과 전문성을 강화하기 위한 보수교육 체계의 변혁이 필요하다(황미경, 2018).

2. 한국사회복지사협회 윤리강령

우리나라 사회복지사 윤리강령은 1973년 2월에 초안 제정을 결의하여 1982년 1월에 제정되었다. 그 이후 1988년 1차 개정, 1992년 2차 개정, 2001년 12월에 3차 개정이 이루어졌고, 2021년 7월에 4차 개정이 있었지만, 특정 단어만 수정되는 일부 개정으로[1] 대부분의 내용은 3차 개정 당시의 내용이라 할 수 있다.

1) Ⅱ. 사회복지사의 기본적 윤리기준 부문에서 1. 전문가로서의 자세의 2) '사회복지사는 클라이언트의 종교·인종·성·연령·국적·결혼상태·성 취향·경제적 지위·정치적 신념·정신, 신체적 장애·기타 개인적 선호, 특징, 조건, 지위를 이유로 차별 대우를 하지 않는다'에서 성 취향을 성적 지향으로 수정하였다.

3차 사회복지사 윤리강령 개정의 주요 내용은 사회복지사의 헌신성, 전문성, 진보성을 포함하는 방향으로 개정이 진행되었고, 전문, 기본적 윤리기준, 클라이언트에 대한 윤리기준, 동료에 대한 윤리기준, 사회에 대한 윤리기준, 기관에 대한 윤리기준, 윤리위원회의 구성과 운영에 관한 부분으로 구성되어 있다(현은영, 2022). 구체적으로 인본주의, 평등주의 사상에 기초하여 인간의 존엄성과 가치를 존중하고, 사회정의와 평등, 그리고 자유와 민주주의 가치를 실현한다는 내용을 포함하였다. 또한 윤리기준으로서 클라이언트의 종교, 인종, 성, 국적 등의 이유로 차별 대우를 하지 않는다는 기준을 도입하였다. 특히, 사회복지사 동료에 대한 윤리기준, 사회에 대한 윤리기준, 인간존중과 평등에 대한 윤리기준이 폭넓게 추가되었다(김용민, 2011).

3차 개정 이후로도 지속적으로 사회복지 실천현장의 변화된 현실을 반영하는 윤리강령 개정 필요성이 제기되어 왔다. 이후 한국사회복지사협회에서 2022년 2월 '한국사회복지사 윤리강령 개정안 도출연구'를 통해 개정작업을 추진하였으며, 2022년 9월 사회복지사 윤리강령 개정 공청회를 거쳤다.

우리나라 사회복지사 윤리강령의 주요 내용은 전문과 윤리기준으로 이루어져 있으며, 윤리기준은 사회복지사의 기본적 윤리기준, 사회복지사의 클라이언트에 대한 윤리기준, 사회복지사의 동료에 대한 윤리기준, 사회복지사의 사회에 대한 윤리기준, 사회복지사의 기관에 대한 윤리기준 등 5가지 윤리기준으로 구성되며, 마지막으로 사회복지윤리위원회의 구성과 운영에 내용을 담고 있다.

구체적인 윤리강령의 내용은 〈표7-1〉과 같다.

우선, 전문에서는 사회복지의 주된 가치를 천명하면서, 가치 실현을 위한 사명을 실천하기 위해 전문적 지식과 기술을 개발하고, 전문가로서의 능력과 품위 유지 중요성을 기술하고 있다.

구체적인 윤리기준에서 첫번째로 사회복지사의 기본적 윤리기준을 제시하고 있다. 즉, 전문가로서의 자세, 전문성 개발을 위한 노력, 경제적 이득에 대한 태도 등에 관한 윤리 기준을 포함하고 있다.

둘째, 사회복지사의 클라이언트에 대한 윤리기준을 제시하고 있는데, 클라이언트와의 관계, 동료의 클라이언트와의 관계로 나누어 설명한다. 클라이언트와의 관계에서 클라이언트의 권익 옹호 최우선, 인간으로서의 존엄성과 전문적 기술과 능력 최대한 발휘, 클라이언트가 자기 결정권 최대한 행사 지원과 이익 대변, 클라이언트의 사생활 존중과 비밀유지, 알권리 보장, 정보 공개 시 동의 요청, 사회복지사의 개인적 이득을 위한 클라이언트와의 전문적 관계 이용 금지, 부적절한 성적 관계 절대 금지, 동반자로서의 클라이언트 인정 등이 제시되어 있다. 동료의 클라이언트와의 관계에서는 적법하고도 적절한 논의 없이 동료 혹은, 다른 기관의 클라이언트와 전문적 관계를 맺어서는 안 되며, 긴급한 사정으로 인해 동료의 클라이언트를 맡게 된 경우, 자신의 의뢰인처럼 관심을 갖고 서비스를 제공해야 함을 제시하고 있다.

셋째, 사회복지사의 동료에 대한 윤리기준에서, 우선 동료와의 관계에서는 사회복지사는 존중과 신뢰로서 동료를 대하며, 전문가로서의 지위와 인격을 훼손하는 언행을 하지 않아야 한다. 또한 사회복지 전문직의 이익과 권익을 증진시키기 위해 동료와 협력해야 하며, 동료의 윤리적이고 전문적인 행위를 촉진시키며, 이에 반하는 경우에는 제반 법률 규정이나 윤리기준에 따라 대처해야 함을 제시하고 있다. 수퍼바이저로서 개인적인 이익의 추구를 위해 자신의 지위를 이용해서는 안 되며, 전문적 기준에 의해 공정하게 책임을 수행하며, 사회복지사·수련생 및 실습생에 대한 평가는 저들과 공유해야 한다. 사회복지사는 수퍼바이저의 전문적 지도와 조언을 존중해야 하며, 수퍼바이저는 사회복지사의 전문적 업무수행을 도와야 한다.

넷째, 사회복지사의 사회에 대한 윤리기준에서는 사회복지사는 인권존중과 인간 평등을 위해 헌신해야 하며, 사회적 약자를 옹호하고 대변하는 일을 주도해야 한다. 또한 사회복지사는 필요한 사회서비스를 개발하기 위한 사회정책의 수립·발전·입법 집행에 적극적으로 참여하고 지원해야 하고, 사회환경을 개선하고 사회정의를 증진시키기 위한 사회정책의 수립·발전·입법·집행을 요구하고 옹호해야 한다.

다섯째, 사회복지사의 기관에 대한 윤리기준으로 사회복지사는 기관의 정책과 사업 목표의 달성, 서비스의 효율성과 효과성의 증진을 위해 노력함으로써, 클라이언트에게 이익이 되도록 해야 한다. 나아가 사회복지사는 기관의 부당한 정책이나 요구에 대하여 전문직의 가치와 지식을 근거로 이에 대응하고 즉시 사회복지윤리위원회에 보고해야 한다.

마지막으로 사회복지윤리위원회의 구성과 운영 기준을 제시하고 있다. 즉, 한국사회복지사협회 내 사회복지윤리위원회를 구성하여, 사회복지윤리실천의 질적인 향상을 도모하여야 한다.

〈표 7-1〉 한국사회복지사 협회 윤리강령

전문

사회복지사는 인본주의·평등주의 사상에 기초하여, 모든 인간의 존엄성과 가치를 존중하고 천부의 자유권과 생존권의 보장 활동에 헌신한다.

특히 사회적·경제적 약자들의 편에 서서 사회정의와 평등·자유와 민주주의 가치를 실현하는 데 앞장선다. 또한, 도움을 필요로 하는 사람들의 사회적 지위와 기능을 향상시키기 위해 저들과 함께 일하며, 사회제도 개선과 관련된 제반 활동에 주도적으로 참여한다. 사회복지사는 개인의 주체성과 자기결정권을 보장하는 데 최선을 다하고, 어떠한 여건에서도 개인이 부당하게 희생되는 일이 없도록 한다.

이러한 사명을 실천하기 위하여 전문적 지식과 기술을 개발하고, 사회적 가치를 실현하는 전문가로서의 능력과 품위를 유지하기 위해 노력한다. 이에 우리는 클라이언트·동료·기관 그리고, 지역사회 및 전체사회와 관련된 사회복지사의 행위와 활동을 판단·평가하며 인도하는 윤리기준을 다음과 같이 선언하고 이를 준수할 것을 다짐한다.

Ⅰ. 사회복지사의 기본적 윤리기준

1. 전문가로서의 자세

1) 사회복지사는 전문가로서의 품위와 자질을 유지하고, 자신이 맡고 있는 업무에 대해 책임을 진다.
2) 사회복지사는 클라이언트의 종교·인종·성·연령·국적·결혼상태·성적 지향·경제적 지위·정치적 신념·정신, 신체적 장애·기타 개인적 선호, 특징, 조건, 지위를 이유로 차별 대우를 하지 않는다.
3) 사회복지사는 전문가로서 성실하고 공정하게 업무를 수행하며, 이 과정에서 어떠한 부당한 압력에도 타협하지 않는다.
4) 사회복지사는 사회정의 실현과 클라이언트의 복지증진에 헌신하며, 이를 위한 환경 조성을 국가와 사회에 요구해야 한다.
5) 사회복지사는 전문적 가치와 판단에 따라 업무를 수행함에 있어, 기관 내외로부터 부당한 간섭이나 압력을 받지 않는다.
6) 사회복지사는 자신의 이익을 위해 사회복시 전문직의 가치와 권위를 훼손해서는 안 된다.
7) 사회복지사는 한국사회복지사협회 등 전문가단체 활동에 적극 참여하여, 사회정의 실현과 사회복지사의 권익 옹호를 위해 노력해야 한다.

2. 전문성 개발을 위한 노력

1) 사회복지사는 클라이언트에게 최상의 서비스를 제공하기 위해, 지식과 기술을 개발하는 데 최선을 다하며 이를 활용하고 전파할 책임이 있다.
2) 클라이언트를 대상으로 연구하는 사회복지사는 저들의 권리를 보장하기 위해, 자발적이고 고지된 동의를 얻어야 한다.
3) 연구 과정에서 얻은 정보는 비밀보장의 원칙에서 다루어져야 하고, 이 과정에서 클라이언트는 신체적, 정신적 불편이나 위험·위해 등으로부터 보호되어야 한다.

4) 사회복지사는 전문성을 개발하기 위해 노력하되, 이를 이유로 서비스의 제공을 소홀히 해서는 안 된다.

5) 사회복지사는 한국사회복지사협회 등이 실시하는 제반 교육에 적극 참여하여야 한다.

3. 경제적 이득에 대한 태도

1) 사회복지사는 클라이언트의 지불 능력에 상관없이 서비스를 제공해야 하며, 이를 이유로 차별대우를 해서는 안 된다.

2) 사회복지사는 필요한 경우에 제공된 서비스에 대해, 공정하고 합리적으로 이용료를 책정해야 한다.

3) 사회복지사는 업무와 관련하여 정당하지 않은 방법으로 경제적 이득을 취하여서는 안 된다.

Ⅱ. 사회복지사의 클라이언트에 대한 윤리기준

1. 클라이언트와의 관계

1) 사회복지사는 클라이언트의 권익 옹호를 최우선의 가치로 삼고 행동한다.

2) 사회복지사는 클라이언트에 대하여 인간으로서의 존엄성을 존중해야 하며, 전문적 기술과 능력을 최대한 발휘한다.

3) 사회복지사는 클라이언트가 자기 결정권을 최대한 행사할 수 있도록 도와야 하며, 저들의 이익을 최대한 대변해야 한다.

4) 사회복지사는 클라이언트의 사생활을 존중하고 보호하며, 직무 수행과정에서 얻은 정보에 대해 철저하게 비밀을 유지해야 한다.

5) 사회복지사는 클라이언트가 받는 서비스의 범위와 내용에 대해, 정확하고 충분한 정보를 제공함으로써 알 권리를 인정하고 존중해야 한다.

6) 사회복지사는 문서·사진·컴퓨터 파일 등의 형태로 된 클라이언트의 정보에 대해 비밀보장의 한계·정보를 얻어야 하는 목적 및 활용에 대해 구체적으로 알려야 하며, 정보 공개 시에는 동의를 얻어야 한다.

7) 사회복지사는 개인적 이익을 위해 클라이언트와의 전문적 관계를 이용하여서는 안 된다.
8) 사회복지사는 어떠한 상황에서도 클라이언트와 부적절한 성적 관계를 가져서는 안 된다.
9) 사회복지사는 사회복지 증진을 위한 환경 조성에 클라이언트를 동반자로 인정하고 함께 일해야 한다.

2. 동료의 클라이언트와의 관계
1) 사회복지사는 적법하고도 적절한 논의 없이 동료 혹은, 다른 기관의 클라이언트와 전문적 관계를 맺어서는 안 된다.
2) 사회복지사는 긴급한 사정으로 인해 동료의 클라이언트를 맡게 된 경우, 자신의 의뢰인처럼 관심을 갖고 서비스를 제공한다.

Ⅲ. 사회복지사의 동료에 대한 윤리기준

1. 동 료
1) 사회복지사는 존중과 신뢰로서 동료를 대하며, 전문가로서의 지위와 인격을 훼손하는 언행을 하지 않는다.
2) 사회복지사는 사회복지 전문직의 이익과 권익을 증진시키기 위해 동료와 협력해야 한다.
3) 사회복지사는 동료의 윤리적이고 전문적인 행위를 촉진시켜야 하며, 이에 반하는 경우에는 제반 법률규정이나 윤리기준에 따라 대처해야 한다.
4) 사회복지사가 전문적인 판단과 실천이 미흡하여 문제를 야기시켰을 때에는, 적절한 조치를 취하여 클라이언트의 이익을 보호해야 한다.
5) 사회복지사는 전문직 내 다른 구성원이 행한 비윤리적 행위에 대해, 제반 법률규정이나 윤리기준에 따라 조치를 취해야 한다.
6) 사회복지사는 동료 및 타 전문직 동료의 직무 가치와 내용을 인정·이해하며, 상호 간에 민주적인 직무 관계를 이루도록 노력해야 한다.

2. 수퍼바이저

1) 수퍼바이저는 개인적인 이익의 추구를 위해 자신의 지위를 이용해서는 안 된다.

2) 수퍼바이저는 전문적 기준에 의해 공정하게 책임을 수행하며, 사회복지사·수련생 및 실습생에 대한 평가는 저들과 공유해야 한다.

3) 사회복지사는 수퍼바이저의 전문적 지도와 조언을 존중해야 하며, 수퍼바이저는 사회복지사의 전문적 업무수행을 도와야 한다.

4) 수퍼바이저는 사회복지사·수련생 및 실습생에 대해 인격적·성적으로 수치심을 주는 행위를 해서는 안 된다.

Ⅳ. 사회복지사의 사회에 대한 윤리기준

1) 사회복지사는 인권존중과 인간 평등을 위해 헌신해야 하며, 사회적 약자를 옹호하고 대변하는 일을 주도해야 한다.

2) 사회복지사는 필요한 사회서비스를 개발하기 위한 사회정책의 수립·발전·입법·집행에 적극적으로 참여하고 지원해야 한다.

3) 사회복지사는 사회환경을 개선하고 사회정의를 증진시키기 위한 사회정책의 수립·발전·입법·집행을 요구하고 옹호해야 한다.

4) 사회복지사는 자신이 일하는 지역사회의 문제를 이해하고, 그것을 해결하는 일에 적극적으로 참여해야 한다.

Ⅴ. 사회복지사의 기관에 대한 윤리기준

1) 사회복지사는 기관의 정책과 사업 목표의 달성·서비스의 효율성과 효과성의 증진을 위해 노력함으로써, 클라이언트에게 이익이 되도록 해야 한다.

2) 사회복지사는 기관의 부당한 정책이나 요구에 대하여, 전문직의 가치와 지식을 근거로 이에 대응하고 즉시 사회복지윤리위원회에 보고해야 한다.

3) 사회복지사는 소속기관 활동에 적극 참여함으로써, 기관의 성장발전을 위해 노력해야 한다.

Ⅵ. 사회복지윤리위원회의 구성과 운영

1) 한국사회복지사협회는 사회복지윤리위원회를 구성하여, 사회복지윤리실천의 질적인 향상을 도모하여야 한다.
2) 사회복지윤리위원회는 윤리강령을 위배하거나 침해하는 행위를 접수받아, 공식적인 절차를 통해 대처하여야 한다.
3) 사회복지사는 한국사회복사협회의 윤리적 권고와 결정을 존중하여야 한다.

윤리강령이 사회복지사가 사회복지서비스를 실천하는 과정에서 발생되는 다양한 윤리적 딜레마 상황에서 클라이언트를 보호하고 전문직으로서 올바른 윤리적 선택을 할 수 있도록 다양한 기준을 제시해 주는 역할이 있음에도 불구하고 우리나라 사회복지사 윤리강령의 한계와 개정 필요성이 지속적으로 제기되고 있다. 즉, 우리나라 사회복지사 윤리강령과 외국의 사회복지사 윤리강령 및 타 전문직 윤리강령을 비교해 볼 때, 우리나라 사회복지사 윤리강령은 실천현장에서의 활용도가 높지 않고 윤리적 이슈를 다뤄야하는 상황에서 실용성이 떨어지며, 내용적 측면에서 볼 때 시대적 변화 및 문화적 특성을 반영하지 못하고 있으며, 현실 이슈나 구체성에 대한 반영 또한 미흡하여 현장에 실질적인 도움을 주지 못하고 있다는(최명민 외, 2019) 평가이다. 이에 윤리 강령 내 용어 수정(예. '클라이언트'라는 영어 표현을 '의뢰인' 혹은 '고객' 등 현장 중심 용어 사용), 추상적인 선언문 형식보다는 다소 실질적이고 현장에 도움이 행동 강령, 다양성과 포용성 등 새로운 이슈들, 생태환경적 인식, 협력자와의 관계, 공익제보, 비윤리적 행위에 대한 제재조치 등의 내용 보강이 필요하다는 제언들이 있다(고시면 외, 2014; 김성호, 2018; 최명민 외, 2019).

3. 외국의 사회복지사 윤리강령

1) 미국사회복지사협회 윤리강령(Code of Ethics of the NASW)[2)]

미국사회복지사협회 윤리강령은 1960년에 제정되어 2021년까지 총 9차례에 걸쳐 개정이 이루어졌다. 2021년에는 사회복지사 자신에 대한 보호와 코로나19, 인종 차별과 사회정의 위기 상황 속에서 사회복지사들이 직면한 사회적·정치적 옹호, 미디어를 활용한 서비스 전달 등의 문제에 대응하기 위해 윤리강령의 일부 내용을 개정하였다(한은영, 2022).

〈표 7-2〉 미국사회복지사협회 윤리강령 제정 및 개정 내용

년도	구분	내용
1960	제정	10월 13일, NASW 대의원회가 협회 최초의 윤리강령을 승인
1967	1차 개정 (일부)	차별금지 조항을 추가한 15개의 서술문으로 구성
1979	2차 개정	새로운 서문, 6가지의 기준요약, 세분화된 윤리강령 목록 등 세 부분으로 구성 • 사회사업가의 일반적인 행동 및 조정, 클라이언트, 동료, 고용주 및 기관, 사회사업가 및 사회에 대한 윤리적 책임 등 앞부분에서 제시한 윤리강령 요약에 관한 세부적인 내용 제시 • 일상적인 사회사업실천의 지침과 윤리적 문제를 판결하는 근거로서의 윤리강령 제시
1990	3차 개정 (일부)	수수료관련 조항의 일부 변경, 동료에 대한 윤리적 의무조항 중 1개의 강령 삭제
1993	4차 개정 (일부)	사회사업가의 이중(다중)관계에 관한 사안과 사회사업가의 결함에 관한 4개의 강령이 추가됨

2) https://www.socialworkers.org/About/Ethics/Code-of-Ethics/Code-of-Ethics-English

년도	구분	내용
1996	5차 개정	새로운 서문, 윤리강령의 목적, 윤리원칙, 윤리기준 등 크게 네 개의 부분으로 구성 • 예전에는 principle(원칙)이라고 표현하던 것을 standards(기준)라고 표현 • 시대의 특성을 반영하여 용어 변경, 사회사업 전문직 윤리와 관련하여 새로운 내용과 용어 등장, 전자 미디어 등 새로운 형태의 매체에 대한 주의 사항을 다룸
1999	6차 개정	법이나 규정에 의해 클라이언트의 동의 없이 정보를 공개해야 하는 경우에 대한 내용이 삭제
2008	7차 개정(일부)	기존의 차별관련 조항에 'gender and gender expression'과 'immigration status' 범주를 추가함
2018	8차 개정	'윤리강령의 목적' 부분에서 일부 수정 '클라이언트에 대한 사회사업 가의 윤리적 책임'부분을 비롯하여 총 19개의 영역이 개정
2021	9차 개정(일부)	self-care, cultural competence 추가

출처: 김성호(2018). 미국 NASW 윤리강령의 변화과정 및 2018 개성의 함의. 생명연구 제47집, pp.209-248 바탕으로 한은영(2022) 수정

미국사회복지사협회 윤리 강령은 크게 개요, 전문, 윤리 강령의 목적, 윤리적 원칙, 구체적인 윤리기준으로 구성되어 있다. 전문은 사회복지 전문직의 사명과 핵심적 가치를 요약하고 있으며, 윤리 강령의 목적은 윤리 강령의 주요 기능과 사회복지 실천현장에서의 윤리적 이슈, 딜레마를 다루는 방법을 제시하고 있다. 구체적인 윤리 강령의 목적은 다음과 같다.

첫째, 윤리 강령은 사회 사업의 사명이 기반으로 하는 핵심 가치를 식별한다.

둘째, 윤리 강령은 전문직의 핵심 가치를 반영하는 광범위한 윤리 원칙을 요약하고 사회 사업 실천을 안내하는 데 사용해야 하는 일련의 특정 윤리 기준을 설정한다.

셋째, 윤리 강령은 직업적 의무가 충돌하거나 윤리적 불확실성이 발생할 때 사회복지사가 관련 고려 사항을 식별하도록 돕기 위해 고안되었다.

넷째, 윤리 강령은 일반 대중이 사회복지 전문직에 책임을 물을 수 있는 윤리적 기준을 제공한다.

다섯째, 윤리 강령은 사회사업의 사명, 가치, 윤리 원칙 및 윤리 기준에 대해 현장에서 처음 접하는 실무자를 사회화하고 모든 사회복지사가 자기 관리, 지속적인 교육 및 기타 활동에 참여하여 동일한 핵심 기능에 대한 헌신을 보장하도록 권장한다.

여섯째, 윤리 강령은 사회복지사가 비윤리적 행위에 가담했는지 여부를 평가하기 위해 사회 복지 전문직 자체에서 사용할 수 있는 기준을 명시한다. NASW는 구성원에 대해 제기된 윤리 불만 사항을 판결하는 공식적인 절차를 가지고 있다.

윤리적 원칙은 사회복지실천의 핵심 가치에 기반한 광범위한 윤리적 원칙을 제시하며, 윤리기준은 사회복지사의 실천을 안내하고 윤리적 판단을 위한 세부적 윤리기준을 포함하고 있다.

사회복지실천의 핵심적 가치에 따른 윤리적 원칙은 〈표7-3〉과 같은데, 서비스(service), 사회정의(social justice), 인간의 존엄과 가치(dignity and worth of the person), 인간관계의 중요성(importance of human relationships), 성실성(integrity), 역량(competence)이라는 핵심 가치별로 각각의 윤리원칙을 기술하고 있다.

〈표 7-3〉 미국사회복지사협회 윤리 강령의 핵심적 가치에 따른 윤리적 원칙

핵심 가치	윤리원칙
서비스 (service)	• 사회복지사의 주요한 목표는 어려움에 처한 사람들을 돕고 사회 문제를 해결하는 것이다. • 사회복지사는 자기 이익이 아니라 타인에 대한 서비스를 우선으로 한다. • 사회복지사는 어려움에 처한 사람들을 돕고 사회 문제를 해결하기 위해 그들의 지식, 가치, 그리고 기술을 이용한다. • 사회복지사는 많은 경제적 이득을 추구하기보다는 기대 없이 그들의 전문 기술의 일부를 자원하기를 권장한다.
사회정의 (Social Justice)	• 사회복지사는 사회 정의에 도전한다. • 사회복지사는 특히 취약하고 억압받는 개인과 사람들의 집단을 대신하여 사회 변화를 추구한다. • 사회복지사의 사회 변화 노력은 주로 빈곤, 실업, 차별, 그리고 사회 불의의 다른 형태의 문제에 초점을 맞추고 있다. • 이 활동들은 억압과 문화적, 민족적 다양성에 대한 민감성과 지식을 증진하고자 한다. • 사회복지사는 필요한 정보, 서비스, 그리고 자원에 대한 접근, 기회의 평등과 모든 사람을 위한 의사 결성에 의미 있는 참여를 보장하기 위해 노력한다.
인간의 존엄성과 가치 Dignity and Worth of the Person	• 사회복지사는 인간의 고유한 존엄성과 가치를 존중한다. • 사회복지사는 개인의 차이와 문화적, 민족적 다양성을 고려하면서 배려와 존중으로 각 사람을 대우한다. • 사회복지사는 클라이언트의 사회적 책임이 있는 자기 결정을 장려한다. • 사회복지사는 클라이언트가 변화하고 그들의 필요를 주장할 수 있도록 클라이언트의 역량과 기회를 증진하기 위하여 노력한다. • 사회복지사는 클라이언트와 더 넓은 사회에 대한 그들의 이중적인 책임을 인식한다. • 그들은 직업의 가치, 윤리적 원칙, 그리고 윤리적 기준과 일치하며 사회적으로 책임 있는 방식으로 클라이언트의 이익과 더 넓은 사회의 이익 사이의 갈등을 해결하려고 시도한다.

인간관계의 중요성 (Importance of Human Relationships)	• 사회복지사는 인간관계의 핵심적 중요성을 인식한다. • 사회복지사는 인간관계가 변화를 위한 중요한 수단이라는 것을 이해한다. • 사회복지사는 돕는 과정에서 파트너로서 사람들에게 개입한다. • 사회복지사는 개인, 가족, 사회 집단, 기관 및 지역 사회의 안녕을 증진, 복원, 유지, 그리고 향상하고자 하는 목적으로 인간관계를 강화하려고 노력한다.
진실성 (Integrity)	• 사회복지사는 신뢰할 수 있는 방식으로 행동한다. • 사회복지사는 직업의 임무, 가치, 윤리적 원칙, 그리고 윤리적 기준을 지속적으로 인식하며 그것과 일치하는 방식으로 실천한다. • 사회복지사는 정직하고 책임감 있게 행동하며 그들이 속한 조직이 윤리적 실천을 하도록 장려한다.
역량 (Competence)	• 사회복지사는 그들의 역량 영역 내에서 실천하고 그들의 직업 전문성을 개발하고 향상한다. • 사회복지사는 그들의 전문적인 지식과 기술을 증진하고 실천에서 그것들을 적용하기 위해 지속적으로 노력한다. • 사회복지사는 직업의 지식기반에 공헌하려는 열정을 가져야 할 것이다.

윤리 기준은 다시 6개, ① 클라이언트에 대한 사회복지사의 윤리적 책임, ② 동료에 대한 윤리적 책임, ③ 실천현장에서의 윤리적 책임, ④ 전문가로서 윤리적 책임, ⑤ 사회복지전문직에 대한 윤리적 책임, ⑥ 사회전반에 대한 윤리적 책임으로 세분화되어 있다. 윤리기준의 각 항목별 주요 내용은 아래와 같다.

〈표 7-4〉 미국사회복지사협회 윤리 강령 내 윤리 기준

구분	내용
클라이언트에 대한 사회복지사의 윤리적 책임	• 클라이언트에 대한 헌신(commitment to clients) • 자기의사결정권(self-determination) • 고지된 동의(informed consent) • 업무 역량(competence) • 문화적 능력(cultural competence) • 이익의 갈등(conflicts of interest) • 개인정보 및 기밀 유지(privacy and confidentiality) • 기록에의 접근(access to records) • 성적 관계(sexual relationships) • 신체적 접촉(physical contact) • 성희롱(sexual harassment) • 인격을 손상시키는 언어(derogatory language) • 서비스 비용의 지불(payment for services) • 의사결정 능력이 없는 클라이언트(clients who lack decision-making capacity) • 서비스의 중단(interruption of services) • 서비스의 의뢰(referral for services) • 서비스의 종결(termination of services)
동료에 대한 윤리적 책임	• 존경(respect) • 비밀보장(confidentiality) • 학제간 협업(interdisciplinary collaboration) • 동료가 관련된 분쟁(disputes involving colleagues) • 자문(consultation) • 성적 관계(sexual relationships) • 성추행(sexual harassment) • 동료의 손상(impairment of colleagues) • 동료의 능력부족(incompetence of colleagues) • 동료의 비윤리적 행위(unethical conduct of colleagues)

실천현장에서의 윤리적 책임	• 슈퍼비전과 자문(supervision and consultation) • 교육 및 훈련(education and training) • 업무평가(performance evaluation) • 클라이언트의 기록(client records) • 청구서 작성(billing) • 클라이언트의 이전(client transfer) • 행정(administration) • 교육과 직원의 능력개발(continuing education and staff development) • 고용주에 대한 의무(commitments to employers) • 노사분쟁(labor–management disputes)
전문가로서 윤리적 책임	• 전문성(conpetence) • 차별(discrimination) • 사적 행위(private conduct) • 부정직 · 사기 · 기만(dishonesty, fraud, and deception) • 손상(impairment) • 잘못된 설명(misrepresentation) • 권유(solicitations) • 공적의 인정(acknowledging credit)
사회복지전문직에 대한 윤리적 책임	• 전문직의 충실성(integrity of the profession) • 평가와 연구조사(evaluation and research)
사회전반에 대한 윤리적 책임	• 사회복지(social welfare) • 대중의 참여(public participation) • 공공비상사태(public emergencies) • 사회적, 정치적 행동(social and political action)

미국사회복지사협회 윤리 강령은 한국과 비교해 보았을 때 세부내용이 유사한 편이나 한국에 비해 윤리강령에서 다루는 내용이 매우 다양하며 포괄적이다. 윤리강령의 핵심이라 할 수 있는 윤리기준만 보더라도 6개 영역, 50개 세부내용으로 구성되어 있다. 2017년 전면개정은 고지된 동의, 역량 실천, 이해충돌, 사생활 보호와 비밀보장, 성관계, 성희롱, 서비스 방해, 동료의 비윤리적 행위, 슈퍼비전과 자문, 교육과 훈련, 클라이언트 기록, 평가와 연구 등을 주요 내용으로 하고

있다. 이러한 개정 내용은 윤리강령의 목적, 윤리기준 중 클라이언트, 동료, 직장, 사회복지전문직, 사회에 대한 윤리적 책임 부분에 반영되어 있다. 2021년은 사회복지사의 자기 돌봄(self-care)과 문화적 역량이 포함되어 개정되었다(한은영, 2022).

2) 일본 사회복지사 윤리강령

일본의 사회복지사 윤리강령은 상대적으로 늦게 제정되었는데, 2005년에 제정되었고, 2020년에 개정되었다.

일본 윤리강령은 전문, 원리, 윤리기준의 3가지 영역으로 구분되어 있으며, 원리의 경우 인간의 존엄, 인권, 사회정의, 집단적 책임, 다양성의 존중, 전인적 존재 등 6가지를 포함하고 있다. 윤리 기준은 클라이언트에 대한 윤리 책임, 조직 및 직장에 대한 윤리 책임, 사회에 대한 윤리 책임, 전문직으로서의 윤리 책임 등 4가지로 구분되어 있으며, 각 항목별 세부내용이 제시되어 있다(한은영, 2022).

〈표 7-5〉 일본 사회복지사 윤리강령 구성 및 내용

구분	내용
클라이언트에 대한 윤리 책임	• 클라이언트와의 관계 • 클라이언트 이익의 최우선 • 수용 • 설명 책임 • 클라이언트의 자기결정 존중 • 참여 촉진 • 클라이언트의 의사결정에 대한 대응 • 개인사생활 존중과 비밀 유지 • 기록 공개 • 차별과 학대 금지 • 권리 옹호 • 정보처리기술의 적절한 사용

조직 및 직장에 대한 윤리 책임	• 최선으로 실천할 책무 • 동료 등에 대한 경의 • 윤리강령의 이해 촉진 • 윤리적 실천의 추진 • 조직 내 옹호의 촉진 • 조직 개혁
사회에 대한 책임	• 사회 통합 • 사회를 위한 활동 • 글로벌 사회를 위한 활동
전문직으로서의 윤리책임	• 전문성 향상 • 전문직 개발 • 신용 실추 행위 금지 • 사회적 신용의 보유 • 전문직 옹호 • 교육, 훈련, 관리에서의 책무 • 조사 및 연구 • 자기관리

4. 사회복지 전문직의 윤리적 책임과 한계

서비스 이용자에게 최선의 서비스를 제공해야 하는 사회복지사의 우선적 과업은 사회복지 전문직의 윤리적 책임성을 이행하는 데에 있다(김경희, 2001). 사회복지사 윤리강령은 사회복지사들이 끊임없이 전문적 지식과 기술을 증진시키고 그것을 실천에 적용하려고 노력해야 함을 안내하고 있다(Reamer, 1999). 전문가 윤리는 사회복지사가 자신의 전문적 가치를 실천적 행동으로 전환하도록 돕는 지침이 된다(김용민, 2011). 더불어 사회적 변화 가운데 가치관의 변화와 그에 따른 새로운 욕구들은 사회복지사들에게 더 많은 윤리적 판단과 윤리적 의사결정을 요구하고 있다.

하지만 현재 사회복지사 윤리강령의 적극적인 보급과 학습기회가 제한적이며,

윤리강령의 내용이나 구조가 근본적으로 한계가 있다. 또한 시대적 변화나 문화적 특성을 반영하지 못하고 있으며 구체성이나 현실 이슈에 대한 반영성이 미흡하여 현장에 실질적인 도움을 주지 못한다. 이에 앞으로 윤리강령 개정 시 지향해야 할 핵심 가치를 국제사회복지연맹의 가치와 일관성을 가지면서도 우리나라의 특수성이 반영되도록 도출해야 하며 그 형식 면에서도 윤리강령과 실천지침 등으로 구분하는 방안 등을 검토할 필요가 있다(최명민 외, 2019).

그럼에도 불구하고 우리나라 사회복지실천 현장에서는 사회복지사가 윤리적 갈등 상황에 부딪히거나 윤리적 의사결정을 내려야 할 때 도움을 요청한다고 하더라도 이들을 도와줄 수 있는 뚜렷한 제도적 장치가 미비한 상황이다. 또한 사회복지의 전문직으로서의 정체성 논의가 여전한 가운데 사회복지사들은 사회복지실천의 가치와 미션보다는 지식과 기술의 추구를 우선적으로 하고 있다(우영미, 2007). 사회복지사는 전문적 지식과 기술만을 추구할 것이 아니라 사회복지 전문직이 사회로부터 인가받은 사회적 역할을 수행할 수 있도록 사회적 차원의 윤리적 책임과 조화를 이루어야 한다(전선영, 2005)

사회복지사의 전문적 능력이 높을수록 윤리적 책임도 높아지기 때문에(김용민, 2011) 우선적으로 사회복지 전문직 역량을 향상시키는 것과 더불어 사회복지 전문직 존재 근거라고 볼 수 있는 사회복지사 윤리강령이 사회복지 현장에서 적극적으로 활용하는 노력이 필요하다.

8장 사회복지실천의 가치 갈등과 윤리적 갈등

학습목표

1. 사회복지실천에서 발생하는 가치 갈등의 상황을 이해한다.
2. 사회복지실천에서 발생하는 윤리적 쟁점의 내용을 이해한다.
3. 사회복지실천에서의 가치 갈등과 윤리적 쟁점 간의 한계를 이해한다.

사회복지실천의 기본 가치들은 윤리적 의사결정의 과정에서 매우 유용한 근거로 작용한다. 이러한 가치들은 사회복지사의 전문적 정체성을 규정하고 사회복지실천의 준거틀을 세우는 데 매우 중요하다.

사회복지사는 개인의 존엄성과 가치가 우선되어야 한다는 측면에서는 비슷한 전문직 가치를 공유하고 있지만 실제 실천에서 윤리적 갈등을 해결하는 방법에 대해서는 각기 다른 선택을 할 수 있다(Congress & McAuliffe, 2006). 다양한 선택 중 사회복지의 전문적 가치에 부합하는 윤리적 의사결정을 내리기 위해서는 가치 체계의 우선순위를 이해하고 무엇이 옳은가를 판단할 수 있어야 한다.

그러나 추상적으로 이루어진 가치의 개념들은 윤리적으로 합당한 실천을 결정하는데 불충분하다. 그러한 기능을 하도록 사회복지실천의 기본 가치에 바탕을 두고 좀 더 구체적이고 규범적인 용어로 제시된 것이 윤리강령이다(Cournoyer, 2000: 김용민, 2011 재인용). 이렇게 사회복지 실천과정에서 발생할 수 있는 윤리적 문제를 다루고 윤리적 의사결정의 전문적 기준을 마련하기 위하여 사회복지사 윤리강령에 제정되어 있지만, 그 내용이 지나치게 추상적이고 구체적인 행동 지침을 제시하고 있지 않아 복잡한 윤리문제를 실질적으로 해결해 주지 못한다는 의견이 많다(정기원, 2003).

사회복지사들의 윤리적 의사결정이 사회복지 전문직 실천의 핵심이기에 사회복지사는 윤리적 기준을 아는 것뿐만 아니라 윤리적 갈등 상황에서 옳은 것을 선택하고 그에 따라 행동하는 것이 중요하다(유연숙, 이효선, 2016).

그럼에도 불구하고 실천 과정에서 내리는 결정 과정이 쉽지는 않는데, 이는 선택에 따른 결과가 명확하지 않으며, 실천과정에서 중요하게 반영되는 여러 윤리적 의무, 가치 등이 각각 사회복지 실천 윤리에 동시에 부합하는 경우가 많다. 즉, 윤리적 갈등은 사회복지사가 전문가로서 지켜야 하는 윤리적 의무들이 서로 충돌하여 어떻게 행동하는 것이 윤리적으로 올바른 것인지 판단하기 힘든 상태를 의미한다.

이에 사회복지현장에서 발생되는 가치 갈등과 윤리적 쟁점을 살펴보면서 윤리적 의사결정 과정에 대해 충분히 논의해야 한다.

1. 사회복지실천현장의 가치 갈등

레비(Levy, 1973)는 사회복지실천의 기본적 가치관에 대해 다음과 같이 언급한다(김순란, 1980 재인용).

> 사회사업과 같은 전문직은 사회에서 그의 역할을 수행하는 데에 필요한 기초를 확립해야 하며 그것에 관련해서 종사자들의 행위를 평가할 수 있는 합리적인 기초가 있어야 한다. 즉 무엇을 해야 하는가에 대한 설명뿐만이 아니라 그들의 실제 행동을 평가하는 기준을 제공해야 한다.
>
> ..(중략)
>
> 따라서 사회사업 가치란 사회사업가들이 이해해야만 하는 가치일 뿐만 아니라

> 클라이언트와 장래의 클라이언트가 다같이 이해할 수 있는 것이라야 한다. 즉 사회사업가들이 주어진 환경 아래서 앞으로의 행위를 예견하는 기초가 되고 예견된 행위에의 위반이나 이탈여부를 판단하는 기초가 되는 것이 사회사업의 가치이다.

또한, 사회복지실천의 기본 전제인 가치는 사회복지전문직이 업무를 수행할 때, 신봉해야 할 믿음의 체계를 가치로 보면서, 사람 우선의 가치, 결과 우선의 가치, 수단 우선의 가치로 구분하여 설명하였다. 첫째, 사람 우선의 가치는 사회복지실천의 기본철학과 같은 것으로서, 클라이언트를 개별화된 인간으로서 인정해 주는 가치이고, 둘째, 결과 우선의 가치는 클라이언트에게 서비스를 제공했을 때 초래될 수 있는 결과를 우선시하는 가치이며, 셋째, 수단 우선의 가치는 클라이언트도 한 인간으로서 존경과 존엄의 대상으로서 스스로 결정할 수 있는 자기결정의 권리를 가지고 있음을 인정해 주는 가치이다(Levy, 1973; 양옥경, 2000 재인용)

사회복지의 가치는 윤리적 의사결정을 할 때 중요한 요소로서 사회복지사들의 일상적인 활동에 반영되어 전문직의 실천방향을 제시해 준다(Timms et al., 1982). 즉 가치는 클라이언트를 원조하는데 어떠한 생각을 갖는 것이 바람직하며, 문제를 해결하는데 어떻게 처리함이 바람직한가를 제시해 주는 것이다. 이러한 가치 전제를 토대로 하지 않는 사회복지실천에서의 단순 지식이나 개입방법의 적용은 진정으로 클라이언트를 위한 것이라 할 수 없을 것이다. 따라서 사회복지의 가치는 인간에 대한 그리고 인간을 다루는 적절한 방법에 관한 신념이며, 근본적인 실천방향을 제시하는 것으로서의 사회복지실천의 지도원리가 되는 것이다(김융일 외, 1997; 최금주, 2001 재인용)

사회복지 전문직의 가치가 가장 간결하고 확실하게 명시되어 있는 것이 사회복지 전문직의 윤리강령이다. 윤리강령은 전문직의 가치와 그에 대한 윤리적 의무를 명시하고 있는데 특히 사회복지사 윤리강령 전문을 살펴보면 인간의 존엄성에 대한 헌신과 이의 구현을 위해 정의, 평등 등의 가치가 기본이 됨을 명시하고 있다. 미국 사회복지사 윤리강령 전문에서도 사회복지가 사회적 맥락에서 이루어짐을 강조하여 사회복지의 가치가 사회적 가치와 관계가 있음을 알 수 있다(이현주, 2000).

리머(Reamer, 1990)는 사회복지에 있어서 가치의 역할을 다음과 같이 규정하였다.

첫째, 사회복지의 가치는 사회복지의 역할과 사명의 성격을 규정한다. 즉 사회복지가 어떤 것을 지향하며 무엇을 위해 실천하는가는 그 가치에 의해 결정된다고 볼 수 있겠다.

둘째, 사회복지의 가치는 사회복지사가 클라이언트, 동료, 그리고 그가 속한 사회의 구성원들과 갖는 관계에 영향을 미친다.

셋째, 사회복지의 가치는 사회복지사의 실천의 개입방법과 관련된다. 실천 원칙은 전문적 가치의 표현으로서, 높은 수준의 일반적이고 추상적인 기본적인 가치는 실천을 위한 실제적인 원칙으로 변화되어 사회복지사의 실천을 이끌게 된다.

넷째, 사회복지의 가치는 윤리적 갈등의 해결에 영향을 미친다. 사회복지사가 윤리적 갈등에 부딪히게 됐을 때 그 의사결정은 궁극적으로 사회복지 가치에 대한 개인의 신념이 우선시 되기 때문이다. 여러 가치들의 중요성에 대한 최종적인 결정은 결국 사회복지 가치에서 비롯된다.

결국 사회복지 전문가는 사회복지 가치에 의해 실천을 계획하고 수행하게 되며 결국 가치는 그 실천의 평가의 기준이 된다. 따라서 사회복지 전문가들 사이에서 이에 대한 공유가 이루어지고 이를 항상 인식하는 것은 전문직 역할 수행의 기본적인 자세라고 할 수 있다(이현주, 2000).

참고 **한국사회복지사협회 사회복지사 윤리강령 전문 중 일부**

"사회복지사는 인본주의·평등주의 사상에 기초하여, 모든 인간의 존엄성과 가치를 존중하고 천부의 자유권과 생존권의 보장 활동에 헌신한다.
특히 사회적·경제적 약자들의 편에 서서 사회정의와 평등·자유와 민주주의 가치를 실현하는 데 앞장선다."

사회복지실천 과정에서 윤리적 갈등을 발생시키는 대표적인 가치와 대립되는 가치들의 내용을 살펴보면 다음과 같다.

1) 자기결정권 대 전문가의 판단(온정주의)

자기결정권이란 클라이언트가 외부의 강요 없이 자신의 행동이나 상황을 자유롭게 선택할 수 있는 권리이다. 사회복지사는 클라이언트가 선택하는 데 필요한 정보를 얻고 선택한 결과를 이해하도록 도와야 한다. 또한 사회복지사는 전문적 지식, 경험, 기술에 근거하여 자신의 생각이나 이념을 클라이언트에게 강요할 수 없다.

참고 **한국사회복지사협회 사회복지사 윤리강령**

사회복지사의 클라이언트에 대한 윤리기준 중
"사회복지사는 클라이언트가 자기 결정권을 최대한 행사할 수 있도록 도와야 하며, 저들의 이익을 최대한 대변해야 한다."

클라이언트의 자기결정은 클라이언트 자신의 삶에 많은 영향을 미치기 때문에 클라이언트 스스로 선택하고 결정하는 것은 사회복지의 절대적 가치와 윤리라고 할 수 있으며, 사회복지사는 전문적 지식과 적절한 기술을 사용함으로써 이러한 클라이언트의 자기결정을 최대한 도울 수 있다(조우연 외, 2013). 하지만 자기결정능력의 한계가 있는 클라이언트의 경우 사회복지사의 전문적 판단과 다른 결정을 하는 상황에서 사회복지사는 그 결정을 존중해야 하는지, 전문가의 지식과 판단을 우선시해야 하는지와 관련해 가치 갈등의 상황에 놓이게 된다.

클라이언트의 자기결정권은 전문가의 온정주의와 관련되어 복잡한 윤리적 쟁점을 야기할 수 있다. 온정주의(paternalism)란 전문가 내지 기관에서 다른 사람의 문제에 개입하려고 하는 일종의 권위에 대한 원칙으로, 사회복지사가 클라이언트의 자기결정권을 따를 경우 클라이언트에게 부정적인 결과가 나타날 것으로 판단하게 될 때 바람직한 결과를 가져다주기 위해 어느 정도 클라이언트의 권리나 자유를 제한하고 전문가의 판단으로 해결하고자 하는 근거로 작용한다(조우연 외, 2013).

내용 1 **클라이언트의 자기결정권과 사회복지사의 온정주의 사이의 갈등**

장애인거주시설 내에서 지적 약자 클라이언트의 일상생활에 개입하거나 정신과적 문제를 가지고 있는 클라이언트의 약 복용 지원 과정에서 복용을 거부하는 상황에서 강제로 약을 복용하게 해야 하는 상황이 있을 수 있다. 사회복지사의 개입이 좋은 의도를 전제하고 있으며 클라이언트를 위한 일이기 때문에 클라이언트가 사회복지사의 결정을 따라야 한다고 생각하면서도 한편 그것이 옳은지에 대한 확신이 없다.

내용 2

통합노인지원센타에 근무하는 사회복지사A는 본인이 사례관리지원을 하고 있는 박ㅇㅇ 어르신의 자녀와 상담하는 과정에서 자녀들이 아버지의 요양원 입소를 강력하게 권하였고, 다시 박ㅇㅇ 어르신과의 상담과정에서 박

ㅇㅇ어르신은 한사코 요양원 입소를 거부하는 상황이었다. 박ㅇㅇ어르신은 만성질환으로 거동이 매우 불편한 상황이며, 초기 치매증상을 보이는 상황에서 가족의 입장을 돕는 지원을 해야 하는 것인지 박ㅇㅇ어르신의 자기결정을 존중하는 방향으로 지원해야 하는 것인지 고민하고 있는 상황이다.

2) 클라이언트의 비밀보장 대 제삼자의 알 권리

클라이언트와의 전문적 관계에서 비밀보장은 기본적인 윤리적 원칙이다. 사회복지사는 클라이언트의 동의 없이 클라이언트에 대한 정보를 누설하지 않아야 한다. 비밀보장의 대상이 되는 정보는 클라이언트의 신원, 명백하게 말로 표현한 내용, 클라이언트에 대한 전문가 의견, 기록된 자료 등 다양하다. 일반적으로 사회복지사가 클라이언트와 나눈 정보는 비밀이 지켜져야 한다.

참고 **한국사회복지사협회 사회복지사 윤리강령**

사회복지사의 클라이언트에 대한 윤리기준 중

"사회복지사는 클라이언트의 사생활을 존중하고 보호하며, 직무 수행 과정에서 얻은 정보에 대해 철저하게 비밀을 유지해야 한다."

"사회복지사는 문서·사진·컴퓨터 파일 등의 형태로 된 클라이언트의 정보에 대해 비밀보장의 한계·정보를 얻어야 하는 목적 및 활용에 대해 구체적으로 알려야 하며, 정보 공개 시에는 동의를 얻어야 한다."

그러나 클라이언트가 자신 또는 타인을 해칠 위험이 있다고 판단되는 경우 사회복지사는 비밀을 지키지 않고 위험을 막아야 하는지, 끝까지 비밀을 지켜야 하는지 갈등할 수 있다. 또한 사회복지사가 법정으로부터 클라이언트의 정보를 공개하라는 명령을 받았을 상황에서 이를 공개해야 하는지 등 다양한 상황에서 윤리적 갈등을 겪을 수 있다. 특히 고위험 클라이언트 실천현장 즉, HIV/AIDS 감염인을 지원하거나 학대나 폭력문제가 발생한 클라이언트 문제에 개입할 때 더욱 클라이언트 정보에 대한 비밀보장 대 제삼자의 알권리 간의 가치갈등이 빈번할 수 있다.

이 경우 사회복지사가 비밀보장원칙을 고수하면 다른 사람에게 해를 초래하게 되고 비밀보장을 지키지 않으면 사회복지사와 클라이언트간의 신뢰가 깨어지는 상황에서 사회복지사는 가치 갈등을 경험한다. 결국 비밀보장의 원칙도 절대 원칙이 아니기 때문에 클라이언트 개인의 사생활보호에 대한 권리와 그 정보에 대한 다른 사람과 사회의 권리 사이의 득과 실을 비교할 때 판단을 하게 된다.

내용 1 비밀보장 대 제삼자의 알 권리 사이의 갈등

스스로 생을 마감할 계획하고 있다는 클라이언트의 상황을 지원 과정에서 알게 되고, 그 사실을 다른 가족에게 알리지 말 것을 요구하면서, 만일 알리게 되면 서비스를 중단하겠다고 이야기는 하는 상황에서 사회복지사는 비밀보장의 원칙을 고수해야 할지, 다른 가족 구성원에게 알려야 할지 우선적으로 갈등하게 될 것이다.

3) 진실을 말할 의무

일차적으로 전문가는 자신의 전문직 활동에 대해 클라이언트에게 정직하게 실천 내용을 말할 의무가 있다. 이는 자신이 제안한 서비스나 정보 유출의 의미와 특성에 대해, 클라이언트 자신이나 주변 사람들에게 미칠지도 모르는 영향에 대해, 그리고 가능한 대안과 예상되는 비용에 대해 클라이언트가 충분히 알고 있어야 함을 의미한다. 이는 고지된 동의와도 관련이 있다. 고지된 동의(informed consent)라는 전문가 윤리규칙은 사회복지사나 기타 다른 전문가들이 클라이언트의 동의 없이는 그와 관련된 정보를 타인에게 제공하거나 어떤 활동도 수행해서는 안 된다는 것을 의미한다.

일반적으로 사회복지사가 클라이언트에게 거짓을 말할 때는 그것이 클라이언트에게 유리하다고 생각하기 때문이고, 그러한 판단은 그의 경험적 평가에 달려 있다. 예를 들어 상처가 될 수 있는 진실로부터 클라이언트를 보호하기 위해서, 클라이언트가 선택한 목표가 바람직하지 않다는 것을 분명히 하기 위해, 클라이언트의 불확실성 또는 불안을 증가시키거나 감소시키기 위해, 개입 전략의 효과성을 위해서 등이다(Loewenberg & Dolgoff, 1996). 그러나 그런 결정이 과연 윤리적으로 정당화될 수 있는가 하는 것은 결코 사회복지사의 경험적 평가에 달려 있는 것은 아니다.

어떤 사람이 사회복지사에게 클라이언트에 관한 정보를 제공했을 때, 그 사실을 클라이언트에게 사실대로 알려주는 것이 좋은지, 만약 알려준다면 그 사람의 비밀보장은 어떻게 되는지 등과 관련 있는 쟁점이다. 클라이언트에게 진실을 말하지 않거나 잘못된 정보를 제공하는 일은 없어야 한다. 하지만 진실한 정보가 클라이언트에게 해가 된다고 판단될 때 사회복지사는 클라이언트에게 진실을 말해야 하는지 말아야 하는지 윤리적 갈등을 겪을 수 있다. 이 경우 진실을 말할 의무와 클라이언트의 알 권리 간에 윤리적 갈등이 발생한다.

내용 1 진실을 말할 의무와 관련된 갈등

요양시설에서 생활하고 있는 박○○ 할머니는 젊은 시절 사별한 후 혼자서 세 명의 자녀를 양육하였고, 고령으로 건강이 악화되면서 요양시설로 이주하여 생활하고 있다. 첫째 자녀인 아들을 남편을 대신하여 정서적 의지자로 여기면서 생활해 왔고, 부양책임감이 높은 아들도 어머니 부양에 최선을 다하였다. 나머지 두 딸도 어머니에 대한 애틋한 마음과 부양책임감을 감당하고 있었으나 아들을 가장 우선 시 하는 어머니의 태도에 다소 불만을 지니고 있었다. 불행히도 아들에게 암이 발병하였고(이로 인해 더 이상 직접 부양이 힘들어 박○○ 할머니께서 요양시설로 이주하게 되었음), 항암치료까지 하였지만 결국 사망하게 되었다. 이 상황과 그간 과정에 대해 혹시라도 충격을 받을 박○○ 할머니를 위해 자녀들은 이 사실을 숨기고, 요양시설 사회복지사에게도 절대 이야기하지 말 것을 당부하였다. 하지만 사회복지사는 할머니 지원과정에서 아들이 잘 연락도 하지 않고, 찾아오지 않는 이유에 대해 계속 질문을 받게 되고, 그 때마다 요즘 많이 바빠서 자주 오지 못하는게 아니겠냐며 설득하거나 아드님에게 연락해 보겠다고 계속 핑계를 댈 수 밖에 없었다. 이에 딸들에게 이 상황을 설명하고 박○○ 할머니에게도 아들 상황에 대해 이야기 하는 것이 좋지 않겠냐는 제안을 하였지만 딸들은 충격받을 어머니를 걱정하여 자신들이 더 자주 방문하겠다고 전하였다. 사회복지사는 이 상황을 박○○ 할머니에게 어떻게 알려야 할지, 사실 그대로 알려야 할 지 우선적으로 갈등하게 될 것이다.

4) 한정된 자원의 공정한 분배

사회복지사는 활용 가능한 자원 분배에 있어서 형평성의 원리에 입각하여 클라이언트 모두에게 동등하게 자원을 분배해야 하는 윤리적 의무를 가진다. 그러나 자원이 한정되어 있을 경우 동등한 분배가 어려워진다. 한정된 자원의 분배를 위한 원칙을 세우는 일에 있어서도 가치가 개입될 것이며, 또한 세워진 원칙에 따라 분배하는 과정에서도 사회복지사는 윤리적 문제에 부딪힐 수 있을 것이다(Loewenberg & Dolgoff, 1996).

사회복지사의 서비스 제공 역량과 기술 그리고 시간도 사회복지 실천에 있어서 중요한 자원이며, 이 또한 역시 제한적인 자원이다. 원칙적으로 사회복지사는 그가 대하는 모든 클라이언트에게 동등하게 자신의 능력과 시간을 분배하여야 한다. 하지만 실천과정에서 클라이언트의 개별적 특성은 사회복지사가 자신의 능력과 시간을 동일하게 분배하기 어렵고 이 상황에서도 사회복지사는 갈등을 경험한다.

내용 1 한정된 자원의 공정한 분배와 관련된 갈등

노숙인종합지원센터에서 근무 중인 이○○ 사회복지사는 노숙인의 안정된 생활을 위한 주거 지원에 필요한 공공자원 및 민간자원을 연계하기 위해 고군분투 중이다. 일부 노숙인의 특성 상 노숙에서 벗어나 임시 쉼터에서 생활을 하다가도 다시 음주문제로 노숙을 반복하고 있어 무엇보다 안정된 주거 공간 제공이 필요하다. 이에 노숙인종합지원센터 이용자들에게 공공임대주택 분양에 대해 설명하고 입주 신청을 받았다. 예상과는 달리 여러 명의 이용자가 입주 신청을 하였고, 입주 가능한 임대 주택은 한정된 수가 배정되었다. 이 경우 한정된 자원을 분배하는 과정에서 이용자들이 납득하지 할 수 있는 기준을 설정하게 될 때 갈등하게 될 것이다.

5) 전문적 동료 관계

사회복지사는 함께 일하는 동료 사회복지사와 다른 전문가들을 존중하여야 한다.

참고 한국사회복지사협회 사회복지사 윤리강령

사회복지사의 동료에 대한 윤리기준 중

1) 사회복지사는 존중과 신뢰로서 동료를 대하며, 전문가로서의 지위와 인격을 훼손하는 언행을 하지 않는다.

2) 사회복지사는 사회복지 전문직의 이익과 권익을 증진시키기 위해 동료와 협력해야 한다.
3) 사회복지사는 동료의 윤리적이고 전문적인 행위를 촉진시켜야 하며, 이에 반하는 경우에는 제반 법률규정이나 윤리기준에 따라 대처해야 한다.
4) 사회복지사가 전문적인 판단과 실천이 미흡하여 문제를 야기시켰을 때에는, 적절한 조치를 취하여 클라이언트의 이익을 보호해야 한다.
5) 사회복지사는 전문직 내 다른 구성원이 행한 비윤리적 행위에 대해, 제반 법률규정이나 윤리기준에 따라 조치를 취해야 한다.
6) 사회복지사는 동료 및 타 전문직 동료의 직무 가치와 내용을 인정·이해하며, 상호 간에 민주적인 직무 관계를 이루도록 노력해야 한다.

그러나 동료 사회복지사가 전문가로서의 능력과 자질이 부족하거나 전문직의 윤리적 원칙을 준수하지 못하여 클라이언트나 전문직에 해를 끼치는 행동을 했을 때, 사회복지사는 동료에 대한 존중과 클라이언트와 전문직의 보호 사이에서 갈등적 상황에 놓이게 될 것이다(Loewenberg & Dolgoff, 1996).

6) 전문적 관계의 유지

사회복지사는 클라이언트와 다양한 형태로 관계를 형성할 수 있다. 하나 이상의 관계가 형설될 수 있는데, 이를 이중관계라고 한다. 사회복지실천에서 이중관계는 사회복지사가 자신의 성적, 경제적, 사회적 욕구를 충족시키기 위해 클라이언트와의 관계에서 서비스 제공자라는 전문가 역할 이외의 또 다른 역할에 관여하고 있는 상태를 의미한다. 사회복지사는 클라이언트와 이중관계가 형성될 수 있기 때문에 전문적 관계를 유지해야 한다.

리머(Reamer, 2003)는 이중관계가 발생할 수 있는 상황에 대해 친밀한 신체적 행동, 사적인 이익, 정서적이고 의존적인 필요성, 이타적인 동기를 가진 행위, 의도되지 않은 이중관계 등으로 설명하였다.

참고 **한국사회복지사협회 사회복지사 윤리강령**

사회복지사의 동료에 대한 윤리기준 중

7) 사회복지사는 개인적 이익을 위해 클라이언트와의 전문적 관계를 이용하여서는 안 된다.
8) 사회복지사는 어떠한 상황에서도 클라이언트와 부적절한 성적 관계를 가져서는 안 된다.
9) 사회복지사는 사회복지 증진을 위한 환경 조성에 클라이언트를 동반자로 인정하고 함께 일해야 한다.

클라이언트가 겪는 인간관계 문제의 해결을 위해서는 클라이언트와 원조관계를 갖는 데 있어서 친근감 있고 자연스럽게 대하는 지지적이고 허용적인 관계도 전문적인 도움을 효과적으로 하기 위해서는 필수적이다. 그러나 자칫 그와 같은 관계를 사적인 관계로 오인하고 전문적 원조 이상의 것을 요구하게 되는 경우도 종종 있으며, 사회복지사 자신도 직업적 관계만으로는 클라이언트에게 진정한 도움이 될 수 없다고 느끼는 경우가 있다. 그러나 전통적으로 클라이언트와의 사적인 관계는 금지되어 있어 사회복지사는 윤리적 갈등에 부딪히게 된다(이현주, 2000).

7) 여러 주체들 간의 가치 갈등

사회복지 실천 현장에서 가치 갈등은 사회복지사 개인의 가치, 전문가의 가치, 클라이언트 가치, 기관의 가치 사이에서도 발생한다. 즉 사회복지사가 전문직의 가치나 사회복지사의 개인적 가치와 충돌하는 행동을 하는 클라이언트에게 서비스를 제공할 때 가치 갈등이 일어난다(Reamer, 1994).

이렇듯 사회복지사는 때때로 클라이언트의 가치와 행동이 도덕적이지 못하거나 사회복지사 자신의 개인적인 가치와 매우 상반되는 경우가 있음을 경험한다(오혜경, 2015). 특히 사회복지사 개인이 지니고 있는 문화적 가치와 종교적 신념이 사회복지사로 하여금 어떻게 행동할 것인가를 결정하는데 중요하게 작용한다. 이러한 사회복지사 개인적인 신념이나 가치와 클라이언트의 행동, 가치 간의 심한 차이를 보일 때 가치갈등은 심해질 수 밖에 없다. 따라서 사회복지사는 자신의 개인적인 신념이 무엇인지를 이해하는 동시에 자신의 클라이언트의 가치관이나 신념을 이해하는 것이 필요하다(오혜경, 2015).

아래 사례에서 살펴 볼 수 있듯이 사회복지사는 여성 청소년에 대해 행동을 조심해야 한다고 생각하거나 혹시 혼자 사는 여성이 사회적인 불이익을 당하지는 않을까, 자립을 위해 최신의 노력과 준비를 해야 함에도 전혀 노력을 하지 않는 클라이언트에 대해 매우 부정적인 견해를 유지할 수 있다.

함께 생각해 봅시다.

사회복지사 김○○은 지역아동센터 생활복지사이다. A는 아동공동생활가정에서 생활하고 있고, 초등학교부터 이 지역아동센터를 이용하였다. A는 중학교 시절부터 음주와 흡연을 해 왔으며, 이 상황에 대해서 학교 담임선생님과 아동공동생활가정 사회복지사 간 상담이 진행되어 왔으며, 아동공동생활가정 사회복지사는 지역아동센터 사회복지사 김○○과도 꾸준히 협력관계를 유지하며 사례관리를 진행하였다. 현재 A는 고등학교 3학년으로 이제 곧 대학 진학을 앞두고 있다. 하지만 학습 수준이 매우 낮아 향후 대학생활에서 시험이나 과제물 제출 등 고등학교와는 다른 생활을 준비해야 하는 상황에서 다른 학생에 비해 좀 더 집중적인 지원을 하고 있다. 또한 사회복지사 김○○은 A가 아동공동생활가정에서 성장하다 보니 추후 보호종료가 되는 시점을 대비해 자립준비도 해 주고 싶은 욕구가 강하다. 하지만 A는 학업에는 관심이 없고, 자립에 대한 계획에 대해서도 진지한 태도를 보이지 않는다. 오히려 자립하면 독립해서 혼자 살게 되면 자기가 하고 싶은 대로 통제받지 않고 생활할 수 있어서 기대된다고 이야기하였다. 사회복지사 김○○은 A가 여학생이라 더 일상생활에서 조심해야 하고 혹시나 예상치 못한 불상사를 겪게 되지 않을지 걱정이 많지만 이제 성인으로 성장할 A가 자신의 인생설계를 해 나갈 수 있다는 믿음 사이에서 어느 수준까지 개입할 수 있는지 고민이 많다. 특히 대학 진학을 하게 되면 지역아동센터 운영 지침 상 이용 대상이 되지 않다 보니 실제적 개입할 수 있는 법적 근거도 없는 상황이다.

- 이 경우 사회복지사 김○○은 어느 수준까지 A에 대한 개입계획을 세울 수 있는가?
- 사회복지사 김○○는 자립의지가 전혀 없는 A에 대한 개인의 가치는 무엇인가?
- 클라이언트 A의 가치는 무엇인가?
- 사회복지사 김○○와 클라이언트 A 사이 충돌하는 가치는 무엇인가?

레비(Levy, 1983)는 사회복지사 개인의 가치관과 전문가의 가치 그리고 클라이언트의 가치 등을 구분하고 이해하고 조정해야 할 필요성을 강조하였다. 즉, 사회복지사가 클라이언트의 변화를 위해 실천 계획을 세우는 것은 존중하는 것과 함께 사회복지사 자신의 가치관을 사회복지실천에서 경계를 명료하게 하기 위한 의무로서 지워지는 것이다.

사회복지사의 윤리적 의사결정은 개인의 가치가 아닌 사회복지 전문직 가치와 윤리기준에 따라 옳고 그름을 판단하는 규범적 판단에 해당한다(유연숙, 이효선,

2016). 사회복지사의 의사결정은 클라이언트의 삶의 질에 많은 영향을 미치기 때문에 사회복지가 추구하는 가치에 따라 옳은 결정을 내릴 수 있는 사회복지사의 전문적 역량이 요구된다. 윤리적 의사결정을 위해서는 의사결정에 따른 윤리적 영향에 대해 인식해야 하고, 결정을 하며, 여러 가지 대안을 점검해 보아야 한다(유연숙, 이효선, 2016).

2. 사회복지실천현장에서 발생되는 윤리적 갈등

로웬버그와 돌고프(Loewenberg & Dolgoff, 1996)는 모든 전문직의 결정에는 윤리적인 측면이 포함되어 있으며, 전문직에서의 윤리에 대한 고려를 강조하였다. 또한 사회복지학은 인간과 사회를 대상으로 하는 실천적, 가치 지향적 학문이기 때문에, 사회복지사는 일상적으로 윤리적 결정 상황에 직면하며, 사회변동에 따른 가치의 변화와 클라이언드 상황의 특수성, 다양성으로 인하여 보다 바람직한 개입에 대한 고민이 늘어나고 있어 늘 새로운 도전을 맞는다(양옥경 외, 2004). 또한 사회복지 실천이 본질적으로 도덕적인 측면을 내포하고 있으며, 이러한 도덕적·윤리적인 측면은 사회복지사로 하여금 일상의 실천에서 윤리적 갈등에 부딪히고 이에 대한 의사결정을 내려야 할 상황에 자주 직면하게 만든다(황성철, 1996).

윤리적 딜레마(ethical dilemma)는 똑같이 비중 있는 대안 중에서 만족할 만한 해결책을 찾을 수 없는 문제 상황으로서, 사회복지사가 직면하는 문제의 윤리적 측면이며(Loewenberg & Dolgoff, 1996), 사회복지사가 전문가로서 지켜야 하는 윤리적 의무 혹은 책무가 서로 충돌하고 있어 어떠한 실천행동을 선택하는 것이 윤리적으로 올바른 것인지 판단하기 힘든 상태로서, 윤리적 갈등으로도 불린다(김기덕, 2002).

사회복지실천에서 기본적인 윤리적 딜레마는 다음의 두 가지 면에서 제기된다(Loewenberg and Dolgoff, 1988; Congress, 1999). 하나는 선(good)을 산출하는 작위 의무로서 필요할 때 전문적인 도움을 제공해야 하는 의무 즉, 적극적 의무와 다른 하나는 해(harm)를 끼치지 말아야 하는 부작위 의무로서 복지대상자의 자유를 방해해서는 안 된다는 의무 즉, 소극적 의무이다(이세원, 2008).

사회복지실천의 윤리적 갈등의 발생은 주요한 윤리적 원칙의 상충할 때 발생한다. 즉, 사회복지실천에서 윤리적 문제는 주로 가치의 중복성과 모순성에서 기인한다. 윤리적 문제가 발생하는 상황을 도식화하면 다음 〈그림8-1〉과 같다. 예를 들어 다양한 대상자들(행동체계 B)이 의사결정을 해야 하는 상황(A)에 대해 서로 의견을 달리하거나 또는 다양한 대상자들(행동체계 B)이 서로 다른 가정(C)을 갖는 경우에 사회복지사들의 윤리적 결정에 대한 어려움은 커지게 된다(서미경·김영란·박은미, 2009).

즉, 두 가지 이상의 상충하는 윤리적 갈림길에서 한 방향을 선택해야 할 때 혹은 선택하고자 하는 각 대안들이 한 사람 혹은 여러 사람들에게 바람직하지 못한 결과를 초래하게 될 때 윤리적 딜레마가 발생하는데, 상황, 대상, 서로 다른 가치 가정에서 대상이 상황에 대해 서로 다른 의견을 갖거나 대상에서 다양한 가치에 대해 서로 다른 가정을 갖는 경우 윤리적 딜레마 상황이 발생한다.

B가 A 혹은 C에 대해 다른 가정을 가지는 것도 엄밀하게 말해 일반적으로 윤리적 문제는 상충되는 가치와 상충되는 충성심이라는 두 가지 근원에서 발생한다고 한다. 정의와 평등, 비밀보장과 사생활보호, 부족한 자원과 클라이언트를 위해 최선을 다해야 하는 가치의 상충에서 윤리적 딜레마 상황이 발생하고, 각기 상이한 요구를 하는 기관과 클라이언트의 관계에서, 클라이언트 체계의 다중성, 아는 사람으로부터 우선적 처우를 요청받을 때 충성심의 상충에서 윤리적 딜레마 상황에 직면하게 된다고 한다.

〈그림8-1〉 사회복지실천상의 윤리적 문제

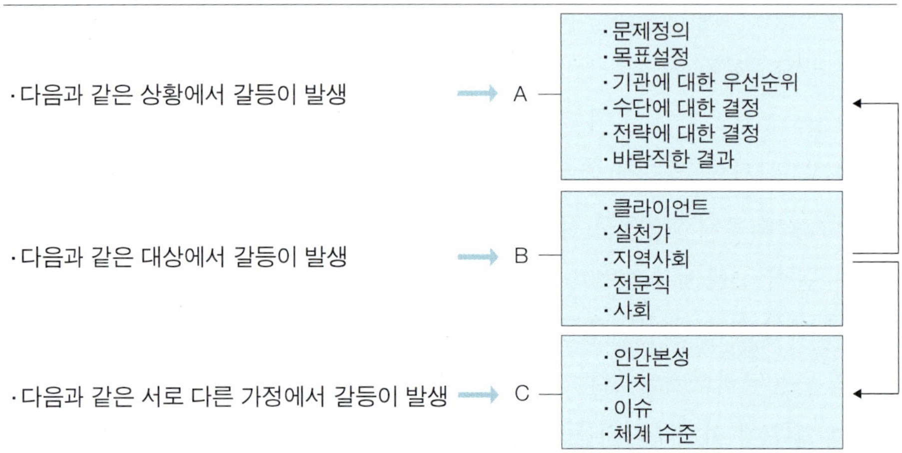

출처 : Loewenberg, F. M., & Dolgoff, R., 1996, Ethical decisions for social work practice. Itasca, IL:F. E. Peacock. 서미경·김영란·박은미, 2009 재인용).

이에 로웬버그와 돌고프(Loewenberg & Dolgoff, 1996)는 구체적으로 윤리적 갈등이 크게 가치의 상충(competing values), 의무의 상충(competing loyalties), 클라이언트 체계의 다중성(multiple client system), 결과의 모호성(ambiguity) 등으로 발생된다고 설명하였다. 우리나라 김정자(1993)는 로웬버그와 돌고프 분류에 힘내지 권력의 불균형(power imbalance) 상황을 추가하여 다섯 가지 경우의 윤리적 딜레마 발생 상황을 설명하였다.

그 내용을 구체적으로 살펴보면 다음과 같다.

1) 가치의 상충(가치 갈등)

가치의 상충(가치 갈등)이란 앞서 살펴본 바와 같이 사회복지사가 두 개 또는 그 이상의 대립적 가치 혹은 경쟁적 가치에 직면했을 때 어떤 가치를 우선적으로 선택할지 결정하지 못하는 경우 겪게 되는 윤리적 갈등을 말한다. 즉 사회복지실천에 있어서 두 개 또는 그 이상의 중요한 가치들이 상충되는 상황에 처하게 되는 상황이다. 클라이언트의 자기결정권의 가치와 인간생명 보호의 가치, 비밀보장의 원칙과 사회복지사와 클라이언트의 신뢰형성의 가치에서 처럼 여러 가지 가치들이 서로 상충하여 딜레마가 야기된다

윤리적 문제에서 상충되는 가치뿐만 아니라 전문가의 가치와 개인적 가치 사이의 상충, 클라이언트의 가치 상충 등이 있을 수 있다. 가치 상충으로 인한 윤리적 갈등은 가장 빈번히 발생하는 상황이다.

예를 들어 클라이언트의 자기결정권 가치와 인간의 생명보호라는 가치 사이에서 결정을 내려야 하는 상황이 발생할 수 있다. 다른 예로 생활시설 입주를 원하지 않는 클라이언트와 입주가 클라이언트에게 도움이 된다고 여겨서 입주를 권하는 사회복지사 간의 자기결정권 존중의 가치와 온정주의 가치가 상충되는 상황이 발생할 수도 있다.

2) 의무 상충(충성심과 역할 상충)

사회복지사가 자신이 속한 기관에 대해 지켜야 할 의무와 클라이언트에 대해 지켜야 할 의무 사이에서 겪게 되는 윤리적 갈등을 의미한다.

사회복지사는 자신이 속한 기관의 정책을 지켜야 할 의무뿐 아니라 클라이언트를 위해 행동해야 할 의무도 있는데, 이 두 가지 의무가 상충되면 윤리적 갈등을 겪을 수 있다.

내용 1

부양가족이 없는 독거노인을 대상으로 무료급식을 제공하는 사회복지관에서 서비스 대상이 되지 않는 노인이 무료급식 서비스를 받고자 요청하였다. 기관의 규정상 서비스 대상에 해당되지 않았던 상황에서 기관의 규정을 지키기 위해 무료급식 요구를 거부하기보다는 절박한 상황의

클라이언트를 돕고자 하는 사회복지사의 사적 가치 기준을 따를 것 인가 사이에서 윤리적 갈등을 겪을 수 있다.

내용 2

공공기관에 종사하는 사회복지전담공무원의 경우 사회복지업무는 일선에서 유연하게 결정해야 할 비정형성이 강한데, 공공 행정조직은 중요한 의사결정을 상부에서 결정하는 집권적, 하향적 위계 구조이며 단일한 표준의 적용을 추구하는 구조라는 특성이 있다. 따라서 비정형적 업무가 위계적 구조에서 표준적으로 집행되면서 복지대상자의 개별적 상황을 고려하지 못하면서 사회복지전담공무원의 업무 부담 및 갈등이 커지고 있다(이철주·한승주, 2014).

3) 클라이언트 체계의 다중성

클라이언트가 여러 명일 경우 누구를 클라이언트로 보고 누구의 이익을 우선적으로 고려하여 개입해야 하는지를 판단하기 어려워 겪게 되는 윤리적 갈등을 말한다. 누구의 이익을 우선시할 것인가의 문제는 개입의 우선순위와 내용에 중요한 영향을 미친다. 또한 특정 클라이언트를 위한 선택이 다른 클라이언트에게는 부정적 결과를 가져올 경우에도 윤리적 갈등이 발생이다. 예를 들어 아동학대나 가정폭력 문제가 발생한 가족에게 개입하는 경우나 요양시설에서 나가기를 원하는 노인 당사자의 욕구와 자녀들 간 노인부양와 상속문제로 다툼이 있는 가족에게 개입해야 하는 것을 누구의 욕구를 더 우선시 해야 할 것인지 갈등하게 된다.

4) 결과의 모호성

사회복지실천은 특성상 비정형적이라 사회복지사가 내린 결정의 결과가 불투명할 경우가 많다. 따라서 사회복지사가 내리는 결정이 어떤 결과를 초래할지, 혹시나 부정적인 결과가 초래되지는 않을지 갈등을 겪게 될 수 있다. 예를 들어 노인성 질환으로 자기돌봄능력이 현저히 떨어진 노인에게 요양시설 입소를 권유해야 되는 상황에서 오랜 세월 혼자서 생활해 온 노인이 단체생활을 해야 하는 요양시설에 입소하게 될 때 요양시설 서비스가 어르신의 삶의 질 향상에 도움이 될지, 오히려 입소를 거부하는 상황에서 어르신의 상황이 더 나빠지게 되지는 않을지 갈등하게 된다. 다른 예로 부모의 경제적인 이유로 자녀를 임시로 양육시설에 위탁할 경우 그 결정이 자녀인 아동을 위한 최선의 결정인지 확신할 수 없어서 의사결정과정에서 갈등하게 된다.

5) 힘 또는 권력의 불균형

이는 사회복지사와 클라이언트의 관계가 권력적으로 평등하지 않기 때문에 생기는 갈등을 말한다. 클라이언트는 도움을 받는 입장이고 사회복지사는 전문가로서 도움을 주는 입장이기 때문에 클라이언트가 전문가에게 의존하기 쉬운 가운데 발생하는 갈등이다. 이는 앞서 자기결정권 대 전문가 판단 사이의 가치 갈등에 대한 내용과 연관된다.

한편 Reamer(1990)는 윤리적 딜레마를 직접적인 실천에서 발생할 수 있는지, 간접적인 실천에서 발생할 수 있는 것인지, 조직 및 동료 관계에서 발생할 수 있는 것인지에 따라 윤리적 사회복지실천에서의 윤리적 딜레마를 크게 세 가지로 나누었다

첫째, 직접적인 실천, 즉 서비스 제공에서 발생되는 윤리적 딜레마에는 기관의

이익과 클라이언트의 이익이 배치될 경우와 비밀보장의 가치존중과 비밀보장으로 인한 사회적 규범과의 마찰을 빚을 경우, 진실을 말할 의무와 타인의 권익 보호의 의무가 상충되는 경우가 해당된다.

둘째, 간접적인 실천에서 발생되는 윤리적 딜레마는 사회복지정책과 서비스 제공 과정에서 발생될 수 있다. 즉, 사회복지 정책 공급 과정에서 부족하고 제한된 자원을 분배함에 있어서 그 기준과 관련하여 발생하게 된다.

셋째, 조직 및 동료와의 관계에서 나타나는 딜레마의 경우는 동료들의 불법행위, 동료의 속임수 혹은 무능력에 대해 보고해야 할 때 발생하는 딜레마가 해당된다.

양옥경(2000)은 사회복지실천과정에서 가장 빈번히 접하게 되는 윤리적 딜레마 상황에 대해 9가지로 설명하고 있다.

첫째, 인간에 대한 존엄성과 인간이 지닌 자율성을 인정하고, 클라이언트 자신이 생각하여 최선의 것을 선택할 수 있는 클라이언트의 자기결정권에서 딜레마가 발생하는 경우이다. 클라이언트가 결정의 능력이 없거나, 클라이언트가 내린 결정이 다른 사람이나 기관에 해를 초래할 경우, 사회복지사는 클라이언트의 자기결정권을 어느 범위까지 인정해야 하는지에서 딜레마 상황에 부딪히게 된다.

둘째, 비밀보장으로, 이것은 클라이언트가 말한 내용과 다른 사람이 제공한 클라이언트에 대한 내용은 원칙적으로 공개되어서는 안 된다는 것인데, 비밀보장을 지켜줄 법적 의무가 없기 때문에 범법 행위 시 사법 심판의 요구가 있으면 대화 내용을 공개해야 하는 경우와, 전문가와의 면담에서 클라이언트의 대화 내용을 공개해야 하는 경우 비밀보장의 원칙은 딜레마 상황에 놓이게 된다.

셋째, 진실성 고수와 알권리로서, 진실성 고수는 어떤 사람(제삼자)이 클라이언트에 대해 말한 것을 비밀보장의 원칙에 따르면 누설하지 말아야 한다. 그러나 클라이언트는 자신에 대한 정보를 알권리가 있다. 이럴 때 클라이언트의 알권리와 제삼자에 대한 진실성 고수의 원칙이 상충되어 딜레마 상황이 표출된다.

넷째, 제한된 자원의 공정한 분배로, 공적 자원은 매우 제한적이어서 모든 클라이언트에게 똑같이 제공할 수 없음에도 불구하고 이들에게 공평하게 분배되어야 한다는 원칙은 그 자체로 상호 모순적이어서 윤리적 딜레마 상황이 불가피하게 나타난다.

다섯째, 사회복지사는 클라이언트, 동료, 기관, 사회 등에 대해 각각의 다양한 역할이 기대되는데, 이러한 다양한 역할에 있어서의 기대들이 상충될 때, 사회복지사는 대상의 선정과 그 대상에 따른 기대들이 상충하는 경우에 어떤 기대에 맞는 의무를 행사할지 딜레마에 빠지게 된다.

여섯째, 전문적 관계에서 발생하는 딜레마로서, 사회복지사와 문제를 가진 클라이언트와의 관계는 문제 그 자체에 초점을 두어 형성되는 전문적 관계이다. 그런데 클라이언트가 당면한 문제 이외의 것을 사회복지사에게 요청하거나 그 반대로 사회복지사가 클라이언트에게 사적인 감정을 개입시켜 문제해결의 초점을 흐리게 할 경우, 전문적 관계와 사적인 관계의 혼동에서 딜레마가 발생하게 된다.

일곱번째, 클라이언트의 이익과 사회복지사의 이익으로서, 사회복지실천은 클라이언트의 이익과 이타주의를 기본 전제로 하고 있기 때문에 사회복지사들은 자신의 이익을 위해서 행동해선 안 된 다. 그런데 클라이언트의 이익을 우선시하는 것이 자신이 가진 직업의 희생을 요구할 경우에 딜레마에 휩싸이게 된다.

여덟번째, 전문적 동료 관계인데, 사회복지사는 동료 사회복지사와 다른 전문가들을 존중해야 한다. 그런데 동료 사회복지사가 전문가로서의 권위를 남용하여 클라이언트에게 해를 끼치거나, 전문직으로서의 위상을 실추시키는 행위를 했을 때, 사회복지사는 동료를 존중할 의무와 클라이언트를 보호해야 할 의무 사이에서 딜레마 상황을 경험하게 된다.

아홉번째, 규칙과 정책 준수로, 사회복지사는 자신이 소속된 기관의 정책, 규칙을 준수해야 하는데, 클라이언트의 문제해결을 위해 내린 결정이 기관의 정책을 벗어날 경우, 사회복지사는 클라이언트의 이익 우선과 기관 정책의 준수 사이에서 딜레마를 경험하게 된다.

구체적인 사회복지 실천현장 내 윤리적 갈등 사례를 살펴보면 다음과 같다.

장애인 거주시설 종사자들이 경험하는 윤리적 갈등 사례로 조우원 등(2013)에 따르면 원 가정 복지귀정에서의 윤리적 딜레마, 자기결정이 어려운 장애인들의 기본적인 욕구를 해결하는 과정에서의 윤리적 딜레마, 장애인의 알 권리와 비밀보장의 윤리적 딜레마, 기관 내 구성원과의 가치관 차이에 대한 윤리적 딜레마, 서비스 제공의 불평등으로 인한 윤리적 딜레마 등이 제시되고 있다.

아동보호전문기관 종사자들의 윤리적 딜레마에 관련해 이세원(2008)에 따르면 우선 고지된 동의와 관련된 이슈이다. 고지된 동의는 사회복지사들이 비밀보장과 치료에서의 위험과 이익에 대한 정보를 공유할 것을 요구하는 것인데, 치료의 결과와 비밀보장은 아동 및 부모 각각 성원에게 다를 수 있고, 최소한 해악의 원칙과 관련되어서 학대 의무 보고에 대한 정보의 완전한 고지, 공개는 해악을 예방하고자 노력하는 사회복지사를 저지할 수 있게 한다는 점에 있어서 두 가지 윤리적인 이슈가 있다고 하였다. 또한 누구의 이익을 최우선에 두어야 할 것인지에 대한 윤리적 이슈이다. 사회복지 실천영역에서 가장 우선시 되어야 할 것은 클라이언트의 이익이지만, 아동학대예방업무를 다룸에 있어서 그 근무조건의 특수성으로 인해 사회복지사는 많은 부분 자신의 이익을 박탈당하고 있기 때문에 이는 매우 복잡하고 민감한 이슈이다.

박형원(2020)의 연구에서는 사회복지의 기본 가치에 대한 혼란을 언급하고 있다. 오랜 기간 동안 클라이언트의 삶과 생명의 가치를 최우선에 두면서 클라이언트를 지원해 왔는데, 결국 클라이언트가 스스로 삶을 마감하는 경우 사회복지사들은 인간존엄과 생명 존중이라는 사회복지의 주요 가치관에 도전을 받고, 한편으로 질병으로 고통받는 클라이언트가 삶을 마감함으로써 오히려 안도감이 드는 순간을 느낄 때 자신이 사회복지사로서 갖고 있던 삶과 생명존중의 가치가 흔들리는 경험을 한다는 사례들도 있다.

3. 가치 갈등과 윤리적 쟁점의 한계

사회복지사가 추구하는 가치는 사회복지사 개인의 가치를 넘어 전문가 집단으로서 자신들만의 고유한 지향을 선언하는 전문직 가치로 존재한다. 그러므로 사회복지사 개인은 자신의 개인적 가치와 구별되는 전문직 가치를 인지하고 받아들이고 수행하면서 전문직의 구성원으로 인정받게 된다. 그리고 이러한 가치에 따라 사회복지사들은 최선의 실천활동을 위해 사회적으로 요구받은 법적 기준을 넘어 스스로 설정한 책무성을 다하고자 노력한다(최명민 외, 2019).

사회복지사의 존재 의미가 근본적으로 가치에 근거하고 있기 때문에 지식이나 기술과 같이 사회복지사의 전문성과 역량을 구성하는 다른 요소 역시 이와 같은 가치 판단 내에서만 의미가 있을 뿐, 독자적인 존재 의미를 가지지는 못한다. 달리 말해 사회복지사들이 활용하는 그들만의 독특한 지식이나 기술은 스스로 독립적인 존재 근거를 가지지 못하며 오직 사회복지 전문직 혹은 사회복지사들이 추구하는 가치와 부합하거나 기능적인 한에서 그 정당성을 부여받는다. 왜냐하면 사회복지사가 사용하는 전문직의 지식이나 기술은 사회복지사가 지향하는 가치나 목적을 달성하기 위해 적절하다고 혹은 필요한 판단되는 수단적, 도구적 기능을 주로 담당하기 때문이다(이봉주 외, 2015).

사회복지사를 비롯한 전문가들은 전문직 가치에 맞는 행동을 해야 한다. 그러나 사회복지사의 행동이 어떤 측면에서 보면 윤리적인 반면, 다른 측면에서 보면 비윤리적인 경우가 종종 발생한다. 이로 인해 윤리적 갈등이 발생한다. 이런 경우 두 가지 이상의 의무나 가치, 원칙들이 동등하게 유용하다고 여겨지지만 이 원칙들이 서로 모순되거나 충돌하는 상황이 생기기 때문에 어떤 결정을 해야 할지 판단하기 어려운 윤리적 갈등 상황에 놓이게 된다.

사회복지 실천에서의 윤리적 갈등은 윤리 자체가 문제가 아니라 문제의 윤리적 측면을 지칭한다(김만지, 1993). 사회복지의 윤리적 갈등은 사회복지사가 클라이언트와 기관과의 갈등에서 뿐만 아니라 클라이언트의 문제 자체가 윤리적 측면을 포함하기 때문에 발생하기도 한다(Zastrow, 1981). 이는 사회복지실천 자체가 본질적으로 윤리적인 측면을 내포(Goldstein, 1998)하고 있기 때문으로 클라이언트와 함께하는 원조의 과정 속에서 사회복지사는 필연적으로 윤리적인 문제에 부딪힐 수밖에 없으며, 따라서 윤리적인 어려움은 사회복지 실천가로서는 피할 수 없는 실천의 측면이다(이현주, 2000).

사회복지사의 전문적 가치에 기반을 둔 윤리적 의사결정은 무엇보다 클라이언트의 안녕을 최우선의 가치로 삼는 클라이언트를 위한 실천을 우선 순위에 두는 것이라고 할 수 있다(유연숙, 2015)

사회복지사는 서비스 이용자의 삶에 개입하며 그 선택은 당사자의 삶의 질을 결정짓게 되므로 반드시 옳은 의사결정을 내릴 수 있어야 한다. 다양한 윤리적 상황 속에서 어떻게 선택하고 행위 해야 하는가의 문제는 사회복지실천의 전 과정에 지대한 영향을 주기 때문에 사회복지사의 윤리적 의사결정은 서비스 이용자의 이익을 최우선으로 해야 한다(김영란 외, 2001).

사회복지사는 윤리적 의사결정을 위해 사회복지 지식과 기술을 습득하기에 앞서 무엇이 올바른 결정이며, 그 결정은 누구를 위한 것인지 또한 무엇을 최우선의 가치로 삼을 것인지 등에 대한 끊임없는 윤리적 고민을 해야 한다(이효선, 2003).

9장 윤리적 갈등 해결을 위한 윤리적 의사결정모델

학습목표

1. 사회복지실천에서 발생하는 윤리적 갈등 해결을 위한 의사결정의 내용을 이해한다.
2. 윤리적 의사결정모델에 관해 주요 학자별 내용을 이해한다.

사회복지사가 실천현장에서 해결하기 어려운 윤리적 딜레마에 봉착하게 되었을 때 의사결정은 일반적으로 윤리강령, 윤리적 결정모델 및 결정원칙, 윤리 이외의 기준 등에 의해서 내려지게 된다. 이와 같은 윤리적 의사결정의 준거들은 사회복지사로 하여금 각각의 윤리적 갈등 상황에서 판단에 대한 준거의 역할을 수행하지만, 여러 기준 중 어느 한 가지가 절대적으로 윤리적 의사결정에 영향을 주는 것도 아니며, 의사결정 수행의 모든 부분을 설명할 수는 없다. 한편, 사회복지실천현장에서 윤리적 딜레마 상황에서 윤리적 갈등 해결 방안으로 사회복지사는 개인적인 가치에 주로 의존하여 의사결정을 하거나(조유연 외, 2013). 사회복지사 개인적 특성과 기관 특성에 따라 다양하며, 주로 다른 사람의 자문을 구하거나 동료와 의논하는 것으로 나타나고 있다(김영란, 박미은, 서미경, 2001). 이렇게 비체계적 결정 과정이 우선시 되는 것이 현실이다. 따라서 사회복지사는 반성적 자기 성찰을 통해 자신의 가치 선호를 인식하고 이러한 가치가 무의식적으로 윤리적 해결에 영향을 미치는 방식에 주의를 기울여야 한다. 하지만 윤리적 딜레마를 해결하기 위한 체계적인 지침은 사회복지사에게 의사결정 순서에 대한 논리적 접근 방식을 제공한다. 따라서 사회복지 실천현장에서 발생하는 다양한 갈등 상황을 해결하기 위한 지침과 체계적인 절차 체계를 학습하고 적용하기 위한 노력이 필요하다.

1. 사회복지실천에서의 윤리적 의사결정

의사결정이 문제해결에 있어 관련된 둘 이상의 여러 대안들 중 의사결정자가 의도하는 결과를 가능하게 하는 하나의 대안을 선택하는 과정을 의미한다면, 윤리적 의사결정이란 사회복지 실천과정에서 발생하는 다양한 윤리적 교착상태를 해결하고자 하는 목적에서 사회복지사가 선택할 수 있는 다양한 개입행위의 대안들 가운데 가장 윤리적인 것과 관련하여 내리는 윤리적 선택행위를 의미한다(Reamer, 1998, 김기덕, 2002 재인용).

사회복지실천에 있어서 의사결정은 매 순간 해야 하는 동시에 매우 중요한 일이다. 실천의 장이 어디이든지, 클라이언트가 누구이든지, 그리고 사회복지사의 역할이 구체적으로 무엇이든지에 관계없이 사회복지사는 언제나 좋은 의사결정을 내릴 것을 요구받는다(Proctor, 2002, 정기원, 2003 재인용). 이는 사회복지사가 클라이언트의 삶에 개입할 뿐만 아니라 클라이언트의 삶의 질에 중요한 영향을 미치기 때문이다(Osmo and Landau, 2001, 정기원, 2003 재인용).

의사결정을 하는 목적과 방법은 다양하지만 사회복지실천과정에서 행해지는 의사결정은 실천과정 전반에 걸쳐 윤리적인 요소를 고려해야 한다. 실제 의사결정은 복잡한 사회적 관계 속에서 나타나기 때문에 다양한 요인의 영향을 받게 된다. 특히 사회복지사의 윤리적 의사결정은 자신이 속한 조직의 윤리적 분위기로부터 많은 영향을 받기도 한다(유연숙, 2015).

1) 윤리적 의사결정의 특징

윤리적 의사결정은 의사결정과정에서 지향하는 가치가 사회복지에서 지향하는 가치와 부합되면서 기관과 사회복지사의 이익보다 클라이언트의 이익을 최우선에 두고 결정하는 것을 의미한다. 즉, 인간존엄성과 사회정의 실현이라는 가치에 기반을 두고 클라이언트의 이익을 우선에 두는 옳은 결정을 의미한다. 이에 사회복지사들의 윤리적 의사결정은 사회복지 전문직 실천의 핵심이라 할 수 있다(오혜경, 2006).

하지만 클라이언트에게 가장 적합한 실천을 위한 의사결정을 하는 것이 쉽지 않다. 즉, 상충되는 가치의 타당성이 인정되지만 그 중 하나를 선택해야 될 경우가 발생되거나 클라이언트의 문제를 해결하기 위한 대안이 다른 사람에게는 손실을 초래할 수 있기 때문이며, 다양한 이해관계자의 요구를 외면할 수 없기 때문에 최선보다 차선을 고려해야 하는 상황도 발생할 수 있기 때문이다. 윤리적 의사결정은 어떠한 실천행위를 선택하는 것이 더 윤리적인가를 판단할 수 있는 원칙이나 기준이 어떠한 것인가에 대해서는 사회복지 윤리학자들 간에도 완전히 일치된 견해를 찾기는 어렵다(Reamer, 1997). 그럼에도 불구하고 윤리적 의사결정은 체계적으로 이루어져야 하며 특히 주어진 사례와 관련된 가능한 모든 측면들이 고려될 수 있기 위해서는 조직화된 일련의 단계를 따르는 것이 중요하다(김기덕, 2002).

사회복지사가 윤리적 선택을 하기 위해서는 윤리 이론과 사회복지 가치에 대한 인식, 무엇이 옳은지에 대한 이해가 있어야 한다(이효선, 2003). 리머(Reamer, 1999)는 윤리적 갈등 상황에서 의사결정의 준거로서 윤리강령과 윤리이론이 있음을 제시하면서, 사회복지실천에서 윤리적 의사결정 원칙과 과정이 필요하며, 사회복지사는 윤리적 갈등의 모든 측면을 빠짐없이 다루기 위해 일련의 단계를 밟아 체계적으로 접근하는 것이 중요하다고 강조하였다.

김기덕(2002)은 다양한 사회복지 실천영역에서 이루어지는 윤리적 의사결정이 일반적으로 다음과 같은 여덟 가지의 특성을 가지고 있다고 설명한다.

① 윤리적 의사결정은 기본적으로 이성적인 작업으로, 그 판단의 절차나 과정이 전적으로 개인의 주관적인 가치에 의한 것이 아니며 객관적인 합리성에 근거하는 것이다.

② 윤리적 의사결정은 직감적이고 순간적인 판단이 아니라 일련의 체계적인 단계로 이루어지는 하나의 과정이라고 볼 수 있다.

③ 감정과 이성은 인간이 도덕적인 사고를 해 나가는 데 있어 상호 보충적인 자원으로서 활용되어야 하기 때문에, 윤리적 의사결정 과정에는 이성적이고 합리적인 요인과 더불어 심리적인 요인도 영향을 미친다.

④ 윤리적 의사결정은 기본적으로 다양한 가치 사이에서 이루어지는 하나의 절충(a compromise)이다.

⑤ 윤리적 의사결정과정은 '결정 절차(the process)'와 '결정 원칙(the principle)'이라는 두 가지 핵심적인 요소로 이루어져 있다.

⑥ 윤리적 의사결정은 주어진 사례에 대한 윤리적인 측면 만을 고찰하는 것뿐 아니라, 윤리적인 것 이외의 측면, 즉 실천적이고 사실적이며 기술적인 요소를 함께 고찰하는 것이다.

⑦ 사회복지분야에서의 윤리적 결정이 합리적이고 체계적인 기준과 절차에 의해 이루어지는 것이기는 하나, 필연적으로 결정자가 가지는 자유재량(discretion)의 요소가 있다.

⑧ 마지막으로 윤리적 의사결정은 사회복지사의 독단적인 선택에 의한 것이 아니라, 모든 당사자들이 전체적으로 참가한 결과이다.

2) 윤리적 의사결정의 이론적 토대

윤리적 의사결정은 윤리적 딜레마를 지니는 윤리적 상황에서 만들어진다(최문기, 2015). 윤리학 분야에서 윤리적 의사결정 모델은 크게 일반적 모델과 규범적 모델로 구분할 수 있다.

일반적 모델은 윤리적 의사결정을 개인의 인지적 결정 과정의 한 기능으로 간주한다. 즉, 윤리적 의사결정이 개인적 속성들(인지적 도덕발달, 조직에서의 지위, 자긍심, 연령, 성, 개인의 가치체계, 경제적 가치 성향, 윤리적 민감성 등), 그리고 환경적 요인들(보상과 처벌 구조, 타인들, 조직의 정책과 행동 강령, 조직에서 최고위 관리의 위임, 조직의 문화 혹은 전문적 표준, 기회, 더 넓게는 사회적, 법적, 직업적 영향도 포함됨)에 의해 영향을 받는다고 본다.

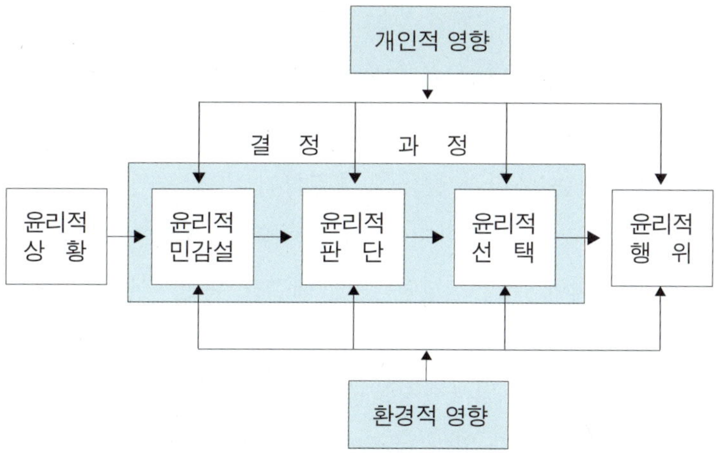

〈그림9-1〉 윤리적 의사결정의 일반적 모델

출처 : Dennis P. Winttmer, "Ethical Decision Making", in: Terry L. Cooper, ed.(2001), Handbook of Administrative Ethics, p.355. ; 최문기(2002), 공직윤리에서 윤리적 의사결정과 교육, 윤리연구, 제51호, p.76.

반면, 규범적 모델은 윤리적 의사결정에서 규범적 원리나 규칙들이 행위에 대해 가이드와 정당화 근거를 제공한다고 본다. 윤리적 의사결정을 안내하고 정당화하기 위한 규범적 표준이나 원리를 제시하는 대표적인 윤리이론으로 공리주의, 칸트주의, 정의론, 덕윤리 등을 들 수 있다. 이러한 이론들은 윤리적 문제들을 밝히고, 수용가능한 합리적 해결책에 도달하는데 도움을 줄 수 있다.

공리주의는 가능한 한 많은 사람에게 많은 행복을 산출하는 규칙이나 실천을 따를 것을 강조한다. 그래서 의사결정자는 최대 다수의 최대 행복을 산출하는 유용성 원리를 채택한다. 모든 사람의 행복을 극대화하는 결정과 선택이 윤리적으로 옳다.

정의론은 윤리적으로 건전한 의사결정이 되기 위해서 이익-부담을 어떻게 공정하게 분배할 것인가를 고려할 것을 강조한다.

덕윤리 이론은 유덕한 사람이 내리는 의사결정을 본받을 것을 강조하고, 때로는 의무 이상의 행위를 할 것을 강조한다.

만일 이러한 네 가지 규범적인 물음에서 단 하나라도 '아니오'라는 대답이 나온다면, 그것은 윤리적 의사결정으로 볼 수 없다. 이러한 규범윤리 이론들에서의 도덕 표준이나 원리들을 종합해서 규범적인 윤리적 의사결정 모델을 구성하면 〈그림9-2〉와 같다.

사회복지사 직면하는 윤리적 갈등을 해결하기 위한 근거 또는 지침의 구실을 하는 것이 윤리학 또는 도덕철학인데, 윤리적 의사 결정에 영향을 미치는 여러 요인 중에서 도덕철학에 대한 신념은 문제 해결을 위한 행동의 근거, 원칙, 지침을 제공해 준다(황성철, 1996).

사회복지 실천의 윤리적 의사결정을 돕는 중요한 이론적 근거로는 윤리적 절대주의와 윤리적 상대주의가 있다(Lowenberg & Dolgoff, 1985, 서미경, 2004 재인용).

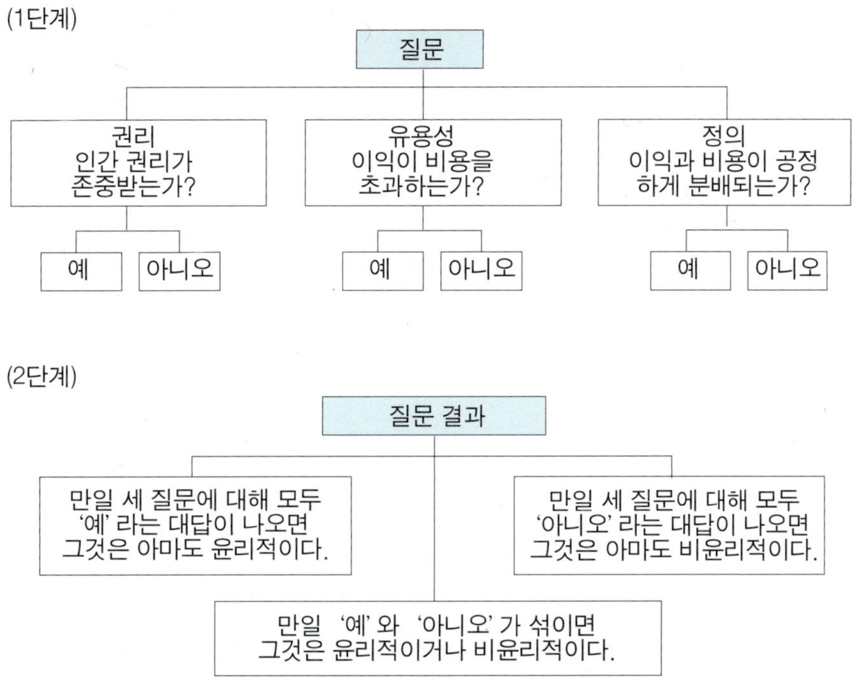

〈그림 9-2〉 윤리적 의사결정의 규범적 모델

출처 : Dennis P. Winttmer, "Ethical Decision Making", in: Terry L. Cooper, ed.(2001), Handbook of Administrative Ethics, p.355. ; 최문기(2002), 공직윤리에서 윤리적 의사결정과 교육, 윤리연구, 제51호, p.84.

3) 윤리적 절대주의

윤리적 절대주의는 고정된 도덕 규칙의 확고한 중요성을 강조하고 인간행위의 결과에 대해 판단을 하기 이전에 고정불변의 도덕률을 강조하며, 어느 시대 어느 사회에서나 공히 적용되는 범문화적이고 범시대적인 윤리가 존재한다고 본다. 윤리적 절대주의자들은 행동은 그 결과와 상관없이, 본질적으로 옳음이나 잘못을 가지고 있다고 본다. 또한 윤리적 규칙은 형성되어질 수 있으며 이것들은 어떠한 상황에서도 지켜져야 한다고 주장한다. 따라서 목적이 어떤 중요한 규칙,

권리, 원칙 혹은 법 등을 어길 시에는 수단에 의해서 정당화되지 않는다. 이러한 윤리적 절대주의자들은 의무론자라고도 한다(Loewenberg & Dolgoff, 1988).

윤리적 절대주의는 자신의 가치와 윤리에 대한 강한 신념을 가질 수 있어 이에 기반하여 실천하는 사회복지사에게는 윤리적 갈등에 있어서 보다 확고한 결정을 내릴 수 있는 장점을 가지고 있다. 그러나 이와 같은 윤리적 의무론은 한 사회 내의 규율과 법에 행동이 순응해야 한다는 점을 그 중심원리로 삼고 있기 때문에 형식주의적이라고 비판받기도 한다.

4) 윤리적 상대주의

윤리적 상대주의는 고정된 도덕적 규칙을 부정하며 대신 결과에 대한 예상이나 상황에 기초한 결정을 정당화한다. 윤리적 상대주의자들은 오직 하나의 문제가 되는 일은 결과라고 주장한다(Loewenberg & Dolgoff, 1988). 이러한 윤리적 상대주의자들을 윤리적 결과론자 혹은 목적론자(teleologist)라고 하기도 한다(Reamer, 1993).

윤리적 상대론에서는 선과 악이나 옳고 그름이라는 것도 주관적이고 상대적인 것이지 절대적인 가치란 없다고 보며 이들이 행동의 동기보다 그 결과를 중시하는 근본적 이유는 가치변화의 지속성 때문이다. 모든 가치는 계속해서 변화하고 있으며 따라서 결과적으로 가치문제에 있어서 상대주의는 불가피한 것으로 본다.

따라서 절대적인 기준을 가진 보편적이면서 불변하는 근본적인 가치는 존재하지 않으며 단지 어떤 행위의 결과가 얼마나 옳고, 선한가의 정도에 따라 판단과 결정의 기준이 정해진다. 이러한 윤리적 상대주의는 다시 두 가지 분야로 분류된다. 그것은 윤리적 이기주의와 윤리적 공리주의로 특히 윤리적 공리주의는 가장 중요한 것은 최대다수를 위해 최대한의 선을 찾는 것을 주장하는 것으로서 사회복지에 많은 영향을 미치며, 다수의 사회복지 실천가들이 실천에 응용하여 사회복지사의 결정을 정당화하는데 사용되어진다.

사회복지사는 윤리적 결정을 내릴 때 두 이론 중 어느 하나를 선택해 자신의 결정을 정당화할 수 있을 것이다. 그러나 논리적으로는 뚜렷이 구분되는 것 같으나 실제 상황에 적용할 때에는 두 이론이 절충되어 조화를 이루기도 하며 결론적으로 같은 곳에 도달하기도 한다(이현주, 2000).

또한 사회복지사는 윤리적 의사결정을 하기 전에 우선 현재 처한 상황이 윤리적 이슈 상황인지를 규명해야 하며, 무엇이 윤리적 갈등을 일으키는지 제대로 이해하고, 의사결정에 영향을 미치는 요소와 그 과정에서 배제되고 소외되는 부분은 없는지 점검해야 한다. 사회복지 현장에서 경험할 수 있는 윤리적 갈등 사례에서 윤리적 이슈를 규명하기 위해 고려해야 할 사항들에 대해 유연숙(2015)은 다음과 같은 절차를 제시하고 있다.

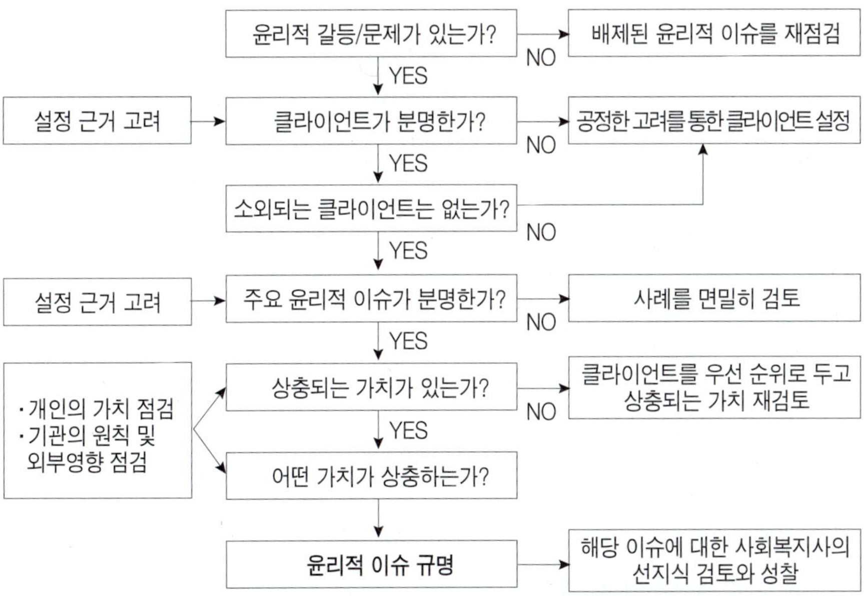

〈그림 9-3〉 윤리적 이슈 규명을 위한 고려사항

출처 : 유연숙(2015). 사회복지사가 경험한 윤리적 갈등과 윤리적 의사결정의 의미구조 : 위버만의 객관적 해석학 방법으로. 강남대학교 사회복지전문대학원 박사학위논문, p.123

윤리적 이슈를 설정하기 위한 첫 번째 단계에서 사회복지사는 '윤리적 갈등이나 문제가 있는가?'에 대한 질문으로 출발해야 한다. 즉 사회복지사는 자신의 선택과 실천에 있어 정말로 윤리적 갈등이나 문제가 없는지, 배제되고 소외된 윤리적 이슈가 없는지를 우선적으로 점검해야 한다. 다음으로 이 문제에서 클라이언트가 누구인지를 고려해야 한다. 윤리적 갈등 상황에서 나는 누구를 돕고자 하며, 그 근거는 무엇인지, 여기서 소외되는 클라이언트는 없는지에 대한 점검이 필요하다. 그 다음으로 주요한 윤리적 이슈들이 무엇인지 밝힌다. 예를 들어 클라이언트와 기관의 고유한 특성이 의사결정에 영향을 미칠 수 있어 이에 대한 고려가 필요하다. 또한 윤리적 문제에서 어떤 가치가 상충하고 있는지를 파악해야 하며, 개인의 가치와 기관의 원칙 및 외부의 영향이 무엇인지 함께 고려해야 한다. 만약 상충되는 가치가 없다면 사회복지사는 클라이언트를 최우선의 가치로 두고 있는지 다시 점검한다. 이러한 고려들을 통해 윤리적 의사결정에 앞서 윤리적 이슈를 규명해야 한다. 최종적으로 규명된 이슈에 대해 사회복지사의 선지식 혹은 익숙한 의사결정의 패턴 등은 없는지 검토하고 스스로 성찰하는 과정을 필요로 한다(유연숙, 2015).

2. 윤리적 의사결정 모델

1) 로웬버그와 돌고프의 모델

로웬버그와 돌고프(Loewenberg & Dolgoff, 1996)는 사회복지사들의 윤리적 의사결정을 하기 위해 적용 가능한 일반적인 의사결정 모델을 제시하였다. 이 모델은 사회복지사들이 현재 직면해 있는 다양한 상황에 개입할 때 무엇이 필요한지를 합리적으로 계획할 수 있으며, 의도된 행동의 비합리성과 충동성, 무계획적 결과를 최소화하고자 한다는 가정에 기초하고 있다(오혜경, 2015). 여기에 윤리적 사정 심사, 윤리적 원칙 서열화의 내용을 제시하였다.

(1) 윤리적 의사결정 과정

윤리적 의사결정 과정은 윤리적 딜레마 상황에 대한 체계적 분석을 시도하여 바람직한 윤리적 의사결정으로 이끌기 위한 단계별 과정이라고 할 수 있다. 윤리적인 의사결정을 하기 위해 문제와 문제의 원인, 관련된 사람과 제도들을 찾아내며, 참여자들의 가치를 찾고 목표를 명확히 하여 가장 적합한 전략을 선택하여 실행하고 결과를 평가하도록 하는 단계들을 제시하다.

〈표 9-1〉 윤리적 의사결정 과정

1단계. 문제가 무엇이며 또한 그 문제를 지속시키는 요인들이 무엇인지 찾아낸다.
2단계. 클라이언트, 희생자, 지지체계, 다른 전문가들 및 그 밖의 사람들을 포함해서 당면한 문제에 관련되어 있는 사람들과 제도들을 찾아낸다.
3단계. 2단계에서 찾아낸 다양한 참여자들이 당면 문제와 관련해서 갖고 있는가치들, 즉 사회의 가치 그리고 클라이언트와 사회복지사의 개인의 가치들을 찾아낸다 .
4단계. 당면 문제를 해결하거나 혹은 적어도 감소시킬 수 있는 목적과 목표들을 찾아낸다.
5단계. 대안적인 개입전략과 개입 대상을 찾아낸다.
6단계. 구체화된 목적에 부합하는 각 대안들의 효과성과 효율성을 검토한다.
7단계. 의사결정에 관여해야 할 사람이 누구인지를 결정한다 .
8단계. 가장 적절한 전략을 선택한다.
9단계. 선택된 전략을 실행한다.
10단계. 실행을 검토하고 예기치 않은 결과들에 특별한 주의를 기울인다.
11단계. 결과들을 평가하고 부가적인 문제들을 찾아낸다

(2) 윤리적 사정 심사(Ethical Assessment Screen)

윤리적 사정 심사에서는 주어진 사례에서 사회복지사 바람직한 실천 활동을 결정하는 과정에서 고려해야만 하는 윤리적 측면들을 명확하게 하기 위한 것(김기덕, 2002)으로, 윤리적 결정과 관련된 개인적 가치, 사회적 가치, 전문가적 가치를 확인해 보고 어떤 대안적인 행동이 클라이언트 및 사회의 이익을 최대한 보호해 주고 최소한 해악의 원칙을 지키게 하는가를 고려하도록 하고 있다(이세원, 2006).

〈표 9-2〉 윤리적 사정 심사

1. 직면하고 있는 윤리적 갈등 상황과 관련하여 자신의 개인적 가치가 무엇인지 확인한다. 2. 윤리적 의사결정과 관련된 사회적 가치를 확인한다. 3. 윤리적 문제와 관련된 전문가의 가치를 확인한다. 4. 개인적, 사회적, 전문가 가치 간의 갈등을 최소화하기 위해 무엇을 할 수 있는가? 5. 윤리적 선택의 대안을 확인한다. 6. 어떤 윤리적 선택의 대안이 클라이언트와 다른 사람의 권리와 복지를 최대한 보장하는가? 7. 어떤 대안에 따른 행동이 사회의 권익을 최대한 보호 하는가? 8. 클라이언트, 다른 사람들, 사회의 권익 간의 갈등을 최소화하기 위하여 무엇을 할 수 있는가? 9. 어떤 대안에 따른 행동이 최소 해악을 가져오는가? 10. 각 행위의 대안들은 어느 정도 효율적이고 효과적이며 윤리적인가 11. 각각의 대안들이 가지고 있는 단기 및 장기적인 윤리적 결과를 모두 고려했는가?

(3) 윤리적 원칙의 서열화

이러한 윤리적 사정 심사의 과정을 거친다고 하더라도 윤리적인 의사결정이 용이한 것이 아니므로 상충하는 윤리적 원칙과 행위에 대한 우선순위를 판단하기 위해 윤리적 규칙 심사와 윤리적 원칙 심사를 하게 된다.

윤리적 규칙 심사는 의사결정에 필요한 대안들을 사정할 때 도움이 되는 윤리적 기준으로서, 상이한 대안들이 있을 경우 어느 것을 선택할지에 대해 구체적인 지침을 주는 것이다.

윤리적 규칙 심사 단계에서 윤리강령에 적용할 수 없거나 상충될 경우 윤리적 원칙 심사를 활용한다. 윤리적 규정 심사는 윤리적 원칙 심사보다 반드시 먼저 적용되어야 하고 윤리적 규칙 심사에서 만족스러운 의사결정을 내릴 수 없을 경우에만 윤리적 원칙 심사를 해야 한다. 윤리적 원칙 심사는 윤리적 원칙들의 갈등을 해결하기 위하여 원칙들을 서열화하여, 윤리적 딜레마 상황에서 윤리적 결정의 우선성을 주는 윤리 원칙이다. 모든 윤리적 원칙이 중요하며, 각 윤리적 원칙들이 상이한 결과를 초래할 수 있기 때문에 의사결정 시에는 원칙들의 서열화를 적용해야 한다. 즉 높은 순위의 원칙을 지키는 것이 낮은 순위의 원칙을 지키는 것보다 우선하는 규칙이 적용된다. 이러한 서열화에서 제1원칙인 생명보호의 원칙은 가장 높은 순위의 원칙이다.

〈표 9-3〉 윤리적 규칙 심사(Ethical Rules Screen)

1. 윤리강령을 살펴보고 어떤 규칙을 적용할 수 있는지 결정한다. 이러한 규칙들은 사회복지사 개인의 가치체계보다 우선되어야 한다.
2. 적용가능한 한 가지 혹은 여러 가지의 강령규칙을 따른다.
3. 구체적인 문제에 대해서 강령규칙이 직접적으로 부합되지 않거나 혹은 여러 개의 강령규칙들이 상충되는 지침을 제공하는 경우에는 EPS(Ethical Principles Screen)을 활용한다.

〈표 9-4〉 윤리적 원칙 심사(Ethical Principles Screen)

제1원칙. 생명보호의 원칙
제2원칙. 평등과 불평등의 원칙
제3원칙. 자율성과 자유의 원칙
제4원칙. 최소한 손실의 원칙
제5원칙. 삶의 질의 원칙
제6원칙. 사생활보호와 비밀 보장의 원칙
제7원칙. 진실성과 정보 개방의 원칙

① 생명보호의 원칙

사람들은 기본적 욕구(특히 생명의 보호)를 충족시키며 살 권리가 있다는 내용이다. 윤리적 딜레마가 생사에 관한 것일 때 클라이언트의 비밀보장에 위배된다고 하더라도 생명을 구하는 행위가 최우선이 되어야 한다.

② 평등과 불평등의 원칙

사람들은 공정하고 평등한 처우를 받을 권리가 있으며, 생사가 아닌 다음에는 이 원칙에 의거해 의사결정을 해야 한다.

③ 자율성과 자유의 원칙

당사자가 어떤 결정을 하든 그것은 자신의 자율적인 권리를 설명한다. 하지만 자유가 비록 중요한 가치이긴 해도 자신이나 다른 사람의 생명의 원칙 또는 생존의 원칙보다 우선할 수 없다.

④ 최소한 손실의 원칙

사회복지사는 최소한의 손실 또는 가장 쉽게 회복 가능한 손실이 초래될 수 있는 대안을 선택해야 한다.

⑤ 삶의 질의 원칙

사회복지사는 지역사회 뿐만 아니라 개인들과 모든 사람들의 삶의 질을 보다 향상시키는 기회를 선택해야 한다.

⑥ 사생활보호와 비밀 보장의 원칙

사회복지사는 모든 사람들의 사생활보호의 권리를 신장시키는 실천적 결정을 해야 한다. 비밀을 누설하지 않고 유지하는 것은 이 의무를 지킨 직접적인 결과이다.

⑦ 진실성과 정보 개방의 원칙

사회복지사는 클라이언트와 다른 사람들에게 진실을 말하고 모든 관련 정보를 충분히 개방하는 것을 허용하는 실천적 결정을 해야 한다.

2) 리머의 모델

리머(Reamer, 1999)는 사회복지사들의 윤리적 의사결정의 질을 높이기 위한 목적으로 7단계의 의사결정 모델을 제시하였다. 리머의 윤리적 결정 원칙은 규범윤리학과 지워스(Gewirth)의 윤리적 결정 접근방법을 기초로 하고 있다. 규범

윤리학은 윤리적 이론과 원칙을 실제적으로 윤리적 딜레마에 적용할 수 있도록 구성되었는데, 특히 사회복지사들이 업무를 수행함에 있어서 의무들 사이에 갈등이 일어났을 때 유용하게 적용할 수 있다.

지워스는 『이성과 도덕(Reason and Morality)』 저서에서 상충하는 의무들의 서열화에 대한 사회복지사들의 생각을 적절한 논거로 제시하고 있다. 그는 사회복지실천에서 자아결정권과 유사한 자유와 복리라는 기본적 권리와 인간이 가치를 두어야 하는 기본 재화, 공제할 수 없는 재화, 부가적 재화라는 세 가지 핵심 재화가 있다. 기본 재화는 생명, 건강, 식량, 집, 마음의 평정과 같이 모든 사람들이 목적 있는 활동에 참여하는 데 필요한 재화이며, 공제할 수 없는 재화는 열악한 생활환경이나 힘든 노동, 강탈 그리고 사기에 의한 결과와 같이 이것이 없으면 자신의 목적을 추구할 능력이 저하되는 재화이다. 그리고 부가적 재화는 지식, 자아 존중감, 물질적인 부, 교육과 같이 인간의 목적을 추구할 능력을 향상시켜 주는 재화이다. 종종 다양한 의무와 권리가 상충하여 그 중에서 선택을 ㅎ하여야 할 때가 있는데, 상충하는 의무들은 그것이 포함하고 있는 재화에 근거하여 서열화할 수 있으며, 이러한 서열이 주어진다면 상충하는 의무들 사이에서 선택하는데 도움을 줄 수 있는 원칙들을 끌어낼 수 있다고 주장하였다(이효선, 2003).

리머는 지워스의 기본 재화에 대한 개념이 사회복지에서 인간의 기본 욕구라는 개념과 일치하고, 가치, 재화, 의무의 서열화는 사회의 가장 취약한 구성원들의 욕구를 해결하기 위한 사회복지실천의 수행을 지지한다는 점에서 사회복지의 윤리적 딜레마를 다루는 데 있어서 특히 도움이 된다고 하였다.

(1) 리머의 윤리적 결정원칙

① 개인을 폭력적인 해악으로부터 보호하는 것과 사생활 보호 중 한 가지를 선택해야 한다면 개인을 폭력적인 해학으로부터 보호하는 것을 우선시해야 한다.

② 인간의 기본권을 위협하지만 않는다면 개인은 자기결정권과 자신이 원하는 대로 행동할 권리가 있다.

③ 개인이 해당 환경에 대한 지식을 가지고 자발적인 결정을 했으며, 그 결과가 타인의 복지를 위협하지 않는다면 그렇게 하도록 허용해야 한다.

④ 민주적 절차를 거쳐서 입법화된 법을 고의적으로 위반하는 것이나 혹은 사회복지사가속한 기관의 정책을 고의적으로 위반하는 것은 비윤리적이다.

⑤ 법률이나 규칙, 규정을 준수해야 하는 의무는 절대적인 것이 아니며 한계가 있다. 클라이언트의 기본적 복리를 위협하는 등의 경우에는 법률이나 규칙을 위반하는 행위는 정당화 된다.

⑥ 빈곤한 사람들에게 원조를 제공하고 기본적인 해악을 예방하기 위해서 필요한 조세 및 강제조치들을 정당화한다(학대아동, 빈곤, 장애인에게 기본적인 서비스를 제공하기 위해서 세금을 부과하는 조치를 정당화시킨다).

(2) 리머의 윤리적 의사결정 과정

1단계 – 갈등을 일으키는 사회복지 실천가치와 의무를 포함하여, 윤리적 이슈를 규명한다.

2단계 – 윤리적 결정에 의하여 영향을 받을 가능성이 있는 개인이나 집단조직을 규명한다.

3단계 – 실행가능한모든 행동방침과 각각의 경우에 포함되는 참여자들 그리고 각 경우의 잠재적 이익과 위험을 잠정적으로 규정한다.

4단계 – 다음의 관련 사항을 고려하여, 각각의 행동방침을 찬성 또는 반대하는 이유와 근거를 철저하게 검토한다.

Ⓐ 윤리이론, 원칙, 지침들

Ⓑ 윤리강령과 법적 원칙들

Ⓒ 사회복지실천 이론과 원칙들

Ⓓ 개인적 가치들

5단계 – 동료나 적당한 전문가와 상담한다.

6단계 – 결정을 내리고 의사결정과정의 증빙서류를 첨부한다.

7단계 – 결정을 감시, 평가하고 결정에 관한 서류를 첨부한다.

리머의 의사결정모델은 간결하고 실용성이 높으며, 윤리적 의사결정의 절차에 윤리적 쟁점에 대해 상충하는 가치와 의무들을 확인하도록 하고 있다. 또한 윤리적 의사결정의 절차의 제4단계에서 규범윤리학, 윤리강령, 법률, 사회복지실천이론과 원칙, 개인적 가치를 종합적으로 검토하도록 하고 있다.

3) 콩그레스의 ETHIC 모델

콩그레스(Congress, 1999)는 윤리적 의사결정과정 각 단계의 머릿글자를 따서 ETHIC이라고 명명한 독특한 의사결정과정을 제시하였다. 그 내용은 앞서 제시한 두 학자의 모델 내용과 유사하다. 즉, 상황에 놓인 개인적, 사회적 가치를 고찰하고 의사결정 시 활용 가능한 윤리강령과 법, 원칙들을 숙고하는 것이다(강선경, 김욱, 2004).

그리고 각 대안들의 득과 실을 비교하고, 이득과 손해를 본 사람을 확인하는데, 이때 중요한 것은 취약계층이 보게 되는 손해를 최소화하는 것이다. 그리고 이 과정을 수퍼바이저에게 자문한 뒤 결정하도록 권하고 있다.

즉, 사회복지의 가치, 윤리강령, 그리고 사회복지의 맥락을 고려하여 신속하고 효과적으로 적용하기 위해 이 모델을 제시하였다.

1단계(Examine)

- 윤리적인 사안과 관련된 개인, 사회, 기관, 클라이언트와 전문가의 가치를 검토한다. 의사결정과 관련된 체계들 사이에 존재하는 가치의 차이로 윤리적 딜레마가 야기될 수 있다.

2단계(Think)

- 윤리적 딜레마 상황에 사회복지사협회의 윤리강령 중 어떤 것을 적용할지, 어떤 관련 법규와 판례를 적용할지를 숙고한다

3단계(Hypothesize)

- 각기 다른 결정으로 인한 결과를 가정해 본다. 클라이언트의 권리를 극대화

하여 손실을 최소화하는 윤리적 결정에 유용하다.

4단계(Identify)

– 가장 취약한 사람에게 헌신하다는 사회복지사의 관점에서 결정으로 인해 이득을 받는 사람과 해를 입는 사람이 누구일지를 확인해 본다

5단계(Consult)

– 최선의 윤리적 결정과 관련하여 슈퍼바이저와 동료의 자문을 구한다. 지금의 방향이 윤리적 결정인지, 이 결정으로 제 3자가 불이익을 받는 것은 없는지, 취약한 클라이언트를 보호하고 있는지, 다른 대안이 더 바람직한 것을 아닌지 등과 관련하여 슈퍼바이저와 동료의 자문을 구하고 검증하는 과정이다.

4) 마티슨 모델

마티슨(Mattison, 2000)은 윤리적 딜레마 상황에서 사회복지사가 의사결정을 할 때 '상황 속의 인간(person in situation)'의 틀을 적용하는 의사결정모델을 제시하였다. 그는 사례와 관련된 정보를 수집하고 사례의 실천적 측면과 윤리적 측면을 분리하여 윤리적 측면에서 가치갈등을 찾아야 한다고 하였다. 그리고 해당 사례에서 참고해야 할 윤리강령을 찾고, 각 대안의 이득과 비용을 분석한 뒤 대안을 선택할 것을 제언하였다.

〈표 9-5〉 마티슨의 의사결정과정

1. 사례 이면의 사실과 사례의 세부 사항에 대한 수집 평가
2. 실천에 대한 고려와 윤리적 요소의 구분
3. 가치갈등에 대한 확인
4. 사례에 영향을 미치는 윤리강령 원칙들의 확인
5. 가능한 행동양식 결정
6. 어떤 의무가 우선적인지 평가하고 행동의 선택을 정당화함
7. 해결과 반성

마티슨은 로웬버그와 돌고프의 11단계보다 좀 더 분명하고 간단하게 윤리적 의사결정과정을 제시하고 있고, 윤리적 의사결정을 내리는 모든 단계의 과정을 논리적으로 설명하여 좀 더 실용적인 접근을 용이하게 했다고 볼 수 있다(최금주, 2001).

이상의 다양한 윤리적 의사결정 모델들은 단계를 조금씩 다르게 구성하고 있지만 몇 가지 공통적인 요소를 포함하고 있다. 각 모델에서는 무엇보다 윤리적 이슈, 가치들 간의 갈등을 찾는 것을 첫 번째 단계로 설정하고 있다. 이슈를 발견한 후 가능한 대안들을 모두 찾아 각 대안을 정당화할 원칙, 윤리 강령을 찾아서 대안들 중 취약 계층의 최대 이익과 사회의 이득이 가장 큰 대안을 선택한다. 여기서 최종 선택된 대안은 반드시 수퍼바이저나 동료에게 자문을 구해서 미처 고려하지 못한 원칙과 이슈가 있는지 혹은 다른 대안이 없는지 확인한다. 마지막으로 이를 문서화하고 결과를 모니터링 단계를 공통적으로 지닌다(서미경 등, 2015).

그러나 윤리적 의사결정에 관한 모델들은 윤리적 딜레마 상황에서 개인적 요인이 의사결정에 크게 영향을 미친다고도 설명하고 있다(Congress, 1999; ; Reamer, 1999; Mattison, 2000). 의사결정 모델에서 마지막 단계에 동료나 수퍼바이저의 자문과정이 포함되어 있는 경우는 있으나 전체적인 의사결정 과정은 의사결정자인 사회복지사 개인에 초점을 두고 있다. 원칙적으로 윤리적 갈등상황에서 윤리적 원칙이나 강령에 따라 행동해야 한다고 제시하나, 실제 의사결정에서는 개인적 가치와 경험에 영향을 많이 받게 된다.

실제 의사결정은 복잡한 사회적 관계 속에서 나타나기 때문에 다양한 요인의 영향을 받게 되기도 한다. 예를 들어 사회복지사의 윤리적 의사결정은 자신이 속한 조직의 윤리적 분위기로부터 많은 영향을 받게 된다. 그러나 현재 우리나라 사회복지 실천현장은 성과주의 조직문화가 만연해 있고, 그로 인한 과다한 업무량은 클라이언트를 위한 옳은 실천이 무엇인지 고민하고 선택할 수 있는 사회복지사의 자율성을 보장해 주지 못하고 있다. 또한 반성적 사고와 성찰을 바탕으로 하는 실천의 기회를 제한하여 윤리적 의사결정을 어렵게 하고 있다(유연숙, 2015). 이렇게 사회복지실천에서 사회복지사가 윤리적 갈등 상황에 부딪히거나 윤리적 의사결정을 내려야 할 때 제도적인 장치뿐만 아니라 윤리적 의사결정을 측정할 수 있는 도구가 불명확한 상황에서 윤리적 의사결정 과정에 대한 연구들이 많은 부분 사회복지사 개인의 윤리적 민감성에 초점을 두고 있기도 하다.

10장 디지털시대의 윤리

학습목표

1. 디지털시대에서의 윤리와 도덕적인 문제들에 대해 이해한다.
2. 사회복지실천에서 필요로 하는 디지털윤리에 대해 이해한다.
3. 사회복지 실천현장의 디지털윤리에 대한 중요성을 이해한다.

1. 디지털윤리란?

디지털윤리는 디지털 기술과 관련된 도덕적 가치와 원칙을 다루는 분야로서 개인과 조직이 디지털 기술을 적절하고 윤리적으로 사용하고 다루는 방법을 탐구하고 지침을 제공한다. 이는 디지털 기술이 우리의 삶과 사회에 미치는 영향을 이해하고, 이를 관리하여 모든 사람들에게 이익을 제공하며 부정적인 영향을 최소화하는 것을 목표로 한다. 또한 디지털시대에 윤리적인 지침과 원칙을 제시함으로써 디지털 기술이 사회적 가치와 공공이익을 존중하며 발전할 수 있도록 지원한다.

디지털윤리는 다양한 주제와 문제를 다루게 되는 데 첫째, 개인정보 보호로 개인정보의 수집, 저장, 사용, 공유, 보호와 관련된 윤리적 문제를 다루고, 개인정보 보호의 원칙을 준수하여 사생활과 개인의 권리를 존중하는 방법을 탐구한다.

둘째, 알고리즘 공정성으로 알고리즘과 인공지능 시스템이 공정성과 투명성을 갖도록 하는 방법을 연구하며, 편견이나 차별을 방지하고, 알고리즘 결정의 영향과 그에 따른 책임을 고려하게 된다. 셋째, 사이버운영에 있어 인터넷의 사용과 온라인 활동에서 윤리적인 가이드라인을 제시하고 사이버 범죄, 사이버 괴롭힘, 온라인 명예훼손 등과 같은 문제에 대한 대응 방안을 다룬다. 넷째, 인공지능 윤리로 인공지능 개발과 사용 시 윤리적인 고려사항을 다루며, 인공지능의 공정성, 책임, 인간 중심성 등을 고려한다. 다섯째, 디지털 공공재에 대해 디지털 자산과 데이터의 공공 이익을 보호하고, 공공의 이익을 위해 이를 활용하는 방안과 규제에 대해 탐구한다.

2. 디지털윤리의 필요성

디지털윤리는 기술과 데이터의 윤리적 사용을 위해 필수적이며, 책임감 있게 디지털 환경을 탐색하는 개인과 조직 및 정부를 안내하는 프레임워크를 제공한다. 디지털윤리의 필요성으로 첫째, 디지털윤리 지킴으로써 개인프라이버시 보호와 알고리즘 및 인공지능사용의 공정성을 촉진하며, 디지털 상호작용에 대한 신뢰를 높일 수 있다. 둘째, 디지털윤리에서는 알고리즘 개발 및 배포의 투명성, 책임과 공정성을 옹호하게 된다. 따라서 편견과 차별을 최소화하도록 알고리즘을 설계하고 훈련하여 자동화된 시스템이 내린 결정이 기존의 사회적, 인종적, 성별 불균형을 영속화하지 않도록 해야 한다. 셋째, 디지털 자원과 기회에 동등하게 접근할 수 있는 기회를 제공함으로써 소외된 공동체에 권한을 부여하고 사회경제적 격차를 해소하여 디지털 사회에 완전하게 참여하고 혜택을 누릴 수 있다. 넷째, 사이버 보안 위협이 만연한 시대에 사이버 보안 조치와 디지털 신뢰 구축의 중요성이 강조된다. 이에 디지털 인프라 확보, 개인정보를 보호, 사이버 공격을 방지 등 사이버 보안을 우선시하여 온라인 상호작용이 안전하고 데이터가 보호된다는 것을 개인에게 확신시켜 디지털 신뢰를 조성할 수 있게 된다. 다섯째, 블록체인, 가상현실, 인공지능과 같은 신흥기술의 급속한 발전은 또 다른 윤리적 문제를 제기한다. 디지털윤리는 이러한 기술이 사회적 가치와 윤리적 원칙과 일치할 수 있도록 책임 있는 개발과 배포 및 규제를 필요로 한다. 점점 디지털화 되어가는 사회적 환경에서 디지털윤리는 필수적이다. 이에 책임 있는 행동을 위한 안내를 제시하고 디지털시대의 복잡성과 윤리적 딜레마를 탐색할 수 있도록 해야 한다. 프라이버시 우선시하고, 사이버 보안에 대한 보장으로 개인의 권리를 보호하고, 공정성·디지털 포용성·사회정의를 촉진함으로써 신뢰를 구축하는 디지털 사회를 형성할 수 있게 된다.

3. 사회복지와 디지털윤리의 연관성

사회복지와 디지털윤리는 더 많은 노력과 고민이 필요한 분야로서 사회적 가치와 공공이익을 중시하며, 도덕적인 측면에서 디지털 기술을 활용함으로써 보다 포용적이고 공정한 사회를 구축하는 데 기여할 수 있다. 따라서 사회복지와 디지털윤리는 서로 깊게 연관된 개념이다. 즉 사회복지는 사회적 책임과 공공이익을 추구하는데 초점을 맞춘 학문 및 활동이며, 디지털윤리는 디지털 기술과 관련된 도덕적 가치와 원칙을 다루는 분야이다. 이 둘은 현대 사회에서 디지털 기술의 발전과 함께 긴밀하게 연결되어 있다;

첫째, 접근성과 공정성: 디지털 기술은 사회복지 서비스의 접근성과 공정성을 향상시킬 수 있다. 온라인 상담 서비스를 통해 더 많은 사람들이 정신건강 서비스에 접근할 수 있으며, 디지털 플랫폼을 활용하여 사회적 약자들에게 기회와 지원을 제공할 수 있다. 디지털윤리는 모든 사람들이 디지털 기술을 안전하고 적절하게 사용할 수 있도록 지원하는데 초점을 둔다. 사회복지와 협력하여 경제적으로 취약한 지역이나 사회적 약자들에게 디지털 교육을 제공하고, 디지털 기술에 대한 접근성을 향상시켜 기회균등과 교육평등을 추구할 수 있다.

둘째, 디지털 격차와 사회적 불평등: 디지털 기술의 보급과 사용은 디지털 격차를 야기할 수 있다. 또한 경제적으로 취약한 지역이나 사회적 약자들은 디지털 기술에 대한 접근이 제한되거나 기술적 능력이 부족할 수 있다. 이로 인해 사회적 불평등이 심화될 수 있으므로 사회복지와 디지털윤리는 이러한 디지털 격차와 사회적 불평등 문제에 대한 대응을 모색하고 해결책을 제시할 수 있다.

셋째, 개인정보 보호와 사생활: 디지털 기술의 발전은 개인정보 보호와 사생활 보호에 새로운 도전을 제기하고 있다. 이는 개인정보 유출, 사이버 범죄, 온라인 괴롭힘 등의 문제가 증가하고 있기 때문이다. 디지털윤리는 이러한 문제에 대한 해결책과 개인정보보호의 중요성을 강조하고 있다. 사회복지는 이를 실천하기 위한 법적, 제도적, 교육적 조치를 취할 수 있다.

넷째, 윤리적 기준과 규제: 디지털 기술의 발전은 윤리적인 고민과 도덕적 기준의 필요성을 부각시켰다. 인공지능, 빅데이터, 자율주행 등의 분야에서 윤리적인 문제가 제기되고 있으며, 사회복지와 디지털윤리는 이러한 기술적 도전과 윤리적 문제에 대한 토론과 규제를 촉진하고, 디지털 기술이 사회적 가치와 공공이익을 존중하며 발전할 수 있도록 지원한다.

4. 사회복지와 디지털윤리의 상호작용

사회복지와 디지털윤리는 현대 사회에서 매우 중요한 주제이다. 사회복지는 사회적 책임과 공공이익을 추구하는데 초점을 맞춘 학문 및 활동이며. 디지털윤리는 디지털 기술과 관련된 도덕적 가치와 원칙을 다루는 분야이다. 사회복지와 디지털윤리는 다양한 측면에서 상호작용하고 영향을 주고받는다. 디지털 기술의 발전은 사회복지 서비스와 접근성을 향상시킬 수 있다. 예를 들면 온라인 상담 서비스를 통해 더 많은 사람들이 도움을 받을 수 있고, 디지털 플랫폼을 통해 사회적 약자들에게 기회를 제공할 수 있다. 그러나 디지털 기술은 동시에 일부 사회복지 문제를 야기할 수도 있다. 디지털 격차는 접근성과 정보 격차를 심화시킬 수 있으며, 개인정보 보호와 온라인 안전 문제도 도출될 수 있다. 이에 디지털윤리의 중요성을 강조한다. 사회복지와 디지털윤리를 함께 고려하는 것은 현대 사회의 지속적인 발전과 공정성을 추구하는 데 필수적이다. 따라서 디지털 기술을 활용하면서도 사회적 평등과 개인의 권리를 보호하고, 디지털 기술의 이점을 가능한 한 많은 사람들과 공유할 수 있도록 해야 한다. 이를 위해 다음과 같은 방안을 고려해야한다;

첫째, 디지털 기술의 접근성 향상: 디지털 격차를 줄이기 위해 인터넷 접근성을 확장하고, 디지털 리터러시 교육을 강화한다.

둘째, 개인정보 보호 강화: 개인정보를 적절하게 보호하고 데이터 처리에 대한 투명성을 확보한다.

셋째, 디지털윤리 교육: 사회적 책임, 디지털 에티켓, 온라인 안전 등에 대한 교육을 제공하여 디지털 환경에서의 적절한 행동을 장려한다.

넷째, 디지털 불평등 대응: 사회적 약자들을 위한 디지털 서비스와 지원 체계를 구축하고, 디지털 불평등에 대한 대응 정책을 마련 한다.

사회복지와 디지털윤리는 상호작용하며 협력하는 관계에 있다. 다음은 이 두 개념 간의 주요 상호작용을 설명한다.

1) 공공이익과 사회적 책임

사회복지는 공공이익과 사회적 책임을 추구하는 학문과 활동이다. 디지털윤리는 디지털 기술과 관련된 도덕적 가치와 원칙을 강조하는 분야로 두 개념은 디지털 기술이 사회적 가치와 공공이익을 존중하며 발전할 수 있도록 지원한다. 사회복지는 디지털 기술의 활용과 발전을 통해 사회적 포용성, 공정성, 개인의 복지와 권리 보호를 강조한다.

2) 사회적 불평등과 디지털 격차 해소

디지털 기술은 사회적 불평등과 디지털 격차를 야기할 수 있다. 경제적으로 취약한 지역이나 사회적 약자들은 디지털 기술에 대한 접근이 제한되거나 기술적 능력이 부족할 수 있다. 이러한 문제를 해결하기 위해 사회복지는 디지털윤리와 협력하여 디지털 기술의 보급과 사용을 포용적이고 공정하게 이끌어내고, 디지털 기술을 활용하여 사회적 불평등과 격차를 해소할 수 있는 정책과 프로그램을 개발해야 한다.

3) 개인정보 보호와 사생활

디지털시대에서는 개인정보 보호와 사생활의 중요성이 더욱 부각된다. 사회복지와 디지털윤리는 개인정보 보호와 사생활에 대한 중요성을 강조하고, 디지털 기술의 사용과 발전으로 인해 발생하는 윤리적 문제에 대응하는데 기여한다. 사회복지 대상자는 개인정보 유출로부터 특히 취약한 그룹으로 개인정보를 적절하게 수집, 사용 및 보호하는 디지털윤리적 원칙을 준수해야 한다. 이는 개인정보의 안전한 저장, 암호화, 접근 제어, 정보 공유에 관한 정책과 절차를 구축하는 것을 의미한다. 따라서 사회복지는 개인정보 보호를 위한 법적, 제도적, 교육적 조치를 취하고, 디지털윤리는 적절한 정보 수집과 사용, 개인정보 보호의 원칙을 강조하여 개인들의 권리와 사생활을 보호해야 한다.

4) 윤리적 기준과 규제

디지털시대의 도덕적 고민과 윤리적 기준의 필요성은 더욱 중요해졌다. 인공지능, 빅데이터, 사물인터넷 등의 기술은 윤리적인 문제를 야기할 수 있다. 사회복지와 디지털윤리는 이러한 윤리적 문제에 대한 토론과 규제를 촉진하고, 사회적인 가치와 공공이익을 존중하며 디지털 기술이 발전할 수 있도록 지원한다. 이렇게 보면 사회복지와 디지털윤리는 서로 보완적인 역할을 수행하며, 사회적 가치와 윤리적 원칙을 디지털시대에 적용하여 공정하고 포용적인 사회를 추구하는데 기여한다.

5. 사회복지와 디지털윤리에 대한 실천사례

사회복지와 디지털윤리 관련 사례들은 다양한 분야에서 나타날 수 있다. 이러한 사례들은 사회복지와 디지털윤리가 상호작용하여 디지털시대의 사회적 문제에 대응하고, 공정하고 안전한 디지털 환경을 조성하는데 기여한다는 점을 보여준다. 이러한 사례들은 사회복지와 디지털윤리의 상호작용을 보여준다. 이를 통해 사회적 가치와 공공이익을 추구하면서 디지털 기술의 잠재력을 최대한 활용하고, 동시에 개인의 권리와 보호를 중요시하는 사회를 구축할 수 있다.

1) 온라인 상담 서비스

디지털 기술을 활용하여 정신건강 서비스 접근을 가능하게 한다. 사회적으로 격리된 사람에 대한 디지털 기술을 활용한 온라인 상담 서비스는 사회적 책임과 공공이익을 추구하는 사회복지의 한 예이다. 이를 통해 정신건강 서비스를 보다 많은 사람들이 접근할 수 있게 되고, 디지털윤리를 준수하며 온라인 상담을 받을 수 있어 사회적 지원을 받는 동시에 개인정보 보호와 익명성을 유지할 수 있다.

2) 포용적인 디지털 서비스 제공

디지털윤리와 사회복지는 모든 개인들이 포용되고 공평하게 디지털 서비스를 이용할 수 있는 환경을 조성한다. 사회적 약자나 다문화 가정 등의 취약한 지역이나 집단에 대한 디지털 서비스 제공을 강화하여 사회적 포용성을 증진하고, 디지털 불평등을 해소할 수 있다. 이에 디지털 교육과 기술 접근성을 통해 경제적으로 취약한 지역이나 사회적 약자들에게 교육 기회와 기술사용의 장점을 제공하는 것은 사회복지와 디지털윤리의 결합된 사례이다. 또한 디지털 기술을 활용하여 교육 기회를 더욱 폭넓게 제공할 수 있다. 디지털 리터러시 교육을 통해 인터넷 사용과 정보 검색 능력을 향상시키고, 경제적으로 취약한 지역이나 사회적 약자들에게 교육 기회를 제공한다. 경제적으로 취약한 지역이나 사회적 약자들은 디지털 기술에 대한 접근이 부족할 수 있기 때문이다. 이를 해결하기 위해 사회복지 기관이나 정부는 디지털 교육 프로그램을 제공하고, 개인들이 디지털 기술을 올바르게 활용할 수 있도록 지원한다.

3) 온라인 상담 플랫폼의 개인정보 보호 법규강화

온라인 상담 플랫폼은 심리적인 지원을 필요로 하는 사람들에게 접근성을 높여주는데 도움을 준다. 이때, 사용자들의 개인정보 보호와 온라인 프라이버시가 중요한 문제이다. 개인정보 보호와 온라인 프라이버시는 디지털윤리와 사회복지의 중요한 측면이다. 즉 디지털윤리에 기반한 개인정보 보호 정책과 보안 시스템을 구축하여 사용자들의 개인정보를 안전하게 관리하는 것이 사회복지를 위한 중요한 사례이다. 또한 개인정보 보호를 위한 법적 규제와 개인정보 보호 정책, 디지털플랫폼에서의 적절한 정보 수집과 사용 등은 사회적 책임과 공공이익을 추구하는 사회복지에 필수적이다. 이에 개인정보 보호와 사생활을 존중하는 디지털 환경을 조성하고 데이터 처리 및 수집에 대한 명확하고 투명한 정책을 마련하고, 개인정보 유출 사고를 예방하며 이를 위반한 기업이나 조직에 대한 적절한 제재를 시행해야 한다. 디지털시대 개인정보 유출은 디지털시대에서 매우 심각한 문제이다. 사회복지와 디지털윤리는 개인정보 보호에 대한 법규의 강화를 촉진한다. 예를 들어, 개인정보 보호를 위한 법적 규제 강화, 데이터 수집 및 사용에 대한 투명성 제고, 개인정보 처리자의 윤리적 책임 강화 등을 통해 개인정보 보호를 보다 효과적으로 추구할 수 있다.

4) 사이버 범죄 안전교육 및 온라인 괴롭힘 대응

사이버 범죄는 현대 사회에서 심각한 문제이다. 이에 대응하기 위해 디지털윤리 교육과 사이버 안전 교육은 중요한 사례로 사회복지 기관은 개인정보 보호 정책을 강화하여 이를 실천할 수 있으며, 사이버 안전교육 프로그램을 제공하고, 피해자들을 지원하며 범죄자들에 대한 법적 조치를 취하여 사회적인 안전을 유지할 수 있다. 이를 통해 개인들의 권리와 자유를 보호하고, 온라인 환경에서의 사회적 안전과 신뢰를 증진할 수 있다. 사회복지와 디지털윤리는 온라인 괴롭힘과 사이버 범죄에 대한 대응을 통해 연계될 수 있다. 따라서 디지털윤리 교육과 사회적인 대화를 통해 온라인에서의 적절한 행동을 장려하고, 사이버 범죄에 대한 법적 대응과 온라인 플랫폼에서의 적절한 신고 및 제재 체계를 구축하여 가이드라인과 신고 절차를 제공함으로써 사회적 안전을 유지할 수 있다.

5) 디지털 기술과 혁신을 통한 사회적 문제 해결

디지털 기술을 활용하여 사회적 문제에 대한 혁신적인 해결책을 찾는 것은 사회복지와 디지털윤리의 공동목표이다. 데이터 분석과 인공지능을 활용하여 사회적 문제를 파악하고 대응하는 방안을 모색할 수 있는 데, 경제적으로 취약한 지역의 사회복지 서비스를 개선하거나, 데이터를 기반으로 사회적 문제를 예측하고 예방하는 방안을 모색할 수 있다. 예를 들어, 음식 배달 플랫폼이 경제적으로 취약한 지역의 노인들에게 식사 서비스를 제공하거나, 데이터 분석을 통해 사회적 문제를 해결하는 등의 사례가 있다. 사회적 약자나 장애를 가진 사람들은 디지털 기술에 대한 접근이 제한될 수 있다. 따라서 디지털윤리는 디지털 접근성을 보장하기 위해 웹 사이트, 앱, 디지털 콘텐츠 등의 개발 과정에서 접근성 원칙을 준수하고, 보조기술과 접근성 도구를 제공하는 것을 강조해야 한다.

6) 디지털 공유 경제

디지털 플랫폼을 통해 자원의 공유를 촉진하여 경제적인 격차를 줄이고 사회적 통합을 촉진한다. 예를 들어, 공유 경제 플랫폼을 통해 소득 차이가 큰 사람들이 자원을 공유하고 경제적 이익을 나눌 수 있게 된다. 사회복지 대상자는 디지털 소외의 위험에 노출될 수 있으므로 디지털 기술을 활용하여 사회적 참여, 정보 접근, 경제적 기회 등을 확대하는 방향으로 사회복지를 실천하는 것을 목표로 한다. 이를 위해 사회복지 기관은 디지털 기술의 보급과 교육, 디지털 인프라 구축 등을 지원하고 디지털 교육과 역량강화를 통해 경제적이고 사회적으로 발전할 수 있도록 지원받을 수 있도록 도와주어야 한다.

7) 인공지능 기반 사회복지 서비스의 공정성과 투명성

인공지능을 활용한 사회복지 서비스는 자동화된 결정 시스템을 통해 혜택을 지급하거나 지원을 제공하는 경우가 있다. 이때, 알고리즘의 공정성과 투명성은 디지털윤리의 중요한 측면이다. 공정한 알고리즘 개발과 투명한 의사결정 과정을 보장하여 사회적으로 공평한 서비스를 제공하는 것이 필요하다. 사회복지 대상자에게 영향을 미치는 알고리즘 기반 결정 시스템은 공정성과 투명성을 보장해야 하는데, 알고리즘의 편견이나 차별을 방지하기 위해 데이터의 품질과 다양성을 고려하고, 알고리즘의 운영 방식을 투명하게 공개하여 사회적 공평성을 실현해야 한다.

이러한 사례들을 통해 디지털윤리를 기반으로 디지털윤리와 사회복지가 상호작용하여 사회적으로 취약한 그룹을 보호하고, 디지털 기술의 혜택을 공평하게 누릴 수 있는 환경을 조성하는데 기여한다는 것을 보여준다. 따라서 디지털 기술이 우리의 삶과 사회에 미치는 영향을 이해하고, 이를 관리하여 모든 사람들에게 이익을 제공하며 부정적인 영향을 최소화하는 것을 목표로 다양한 주제와 문제를 다루며, 개인정보의 수집, 저장, 사용, 공유, 보호와 관련된 윤리적 문제, 개인정보 보호의 원칙을 준수하여 사생활과 개인의 권리를 존중하는 방법, 알고리즘과 인공지능 시스템이 공정성과 투명성을 갖도록 하는 방법, 편견이나 차별을 방지하고, 알고리즘 결정의 영향과 그에 따른 책임고려, 인터넷의 사용과 온라인 활동에서 윤리적인 가이드라인을 제시하고 사이버 범죄, 사이버 괴롭힘, 온라인 명예훼손 등과 같은 문제에 대한 대응 방안, 인공지능 개발과 사용 시 윤리적인 고려사항을 다루며, 디지털 자산과 데이터의 공공 이익을 보호하고, 공공의 이익을 위해 이를 활용하는 방안과 규제, 윤리적인 지침과 원칙을 제시함으로써 사회적 가치와 공공이익을 존중하며 발전할 수 있도록 지원한다.

제4부

윤리적의사결정
모델기반의
사례관리방법

11장 의사결정모델 적용의 윤리적 딜레마와 사례관리(1)

학습목표

1. 클라이언트의 자기결정권의 가치갈등을 경험한다.
2. 클라이언트의 비밀보장의 가치갈등을 경험한다.
3. 로웬버그와 돌고프의 문제해결모델에 적용한다.

딜레마(dilemma)는 그리스어에서 유래하여 di(two)란 의미이고, lemma는 가정(assumption)이라는 의미로 하나의 상황 안에 두 개의 가정이 있다는 것이다. 윤리적 딜레마(ethical dilemma)는 만족할 만한 해결책을 찾을 수 없는 문제상황으로 사회복지사가 어떠한 실천행동을 선택하는 것이 윤리적으로 올바른지 판단하기 힘든 상태를 말한다.

Reamer(1990)는 사회복지실천에서의 딜레마를 「직접적 실천에서의 딜레마」, 「간접적 실천에서의 딜레마」, 「조직 및 동료 관계에서의 딜레마」 3가지로 구분하였다. 첫째 직접적 실천에서는 비밀보장의 가치존중과 비밀보장으로 인한 사회적 규범과 마찰이 있을 경우, 기관의 이익과 클라이언트의 이익이 배치되는 경우, 진실을 말할 의무와 타인의 권익보호 의무가 상충되는 경우 등으로, 사회복지사가 경험할 수 있는 딜레마 상황이다. 둘째 간접적 실천에서의 딜레마는 대체로 사회복지공급의 국가의 역할서 발생하는 것으로 부족하고 제한된 자원을 분배하는데 그 기준과 관련하여 발생하게 된다. 셋째 조직 및 동료관계에서의 딜레마는 사회복지조직 내에서 직원의 비윤리적 행위를 인지했을 때 발생하는 딜레마 상황이다(박형원, 2020).

비에스텍(Biestek)은 「개별사업관계(1961)」에서 사회복지사가 복지대상자를 돕기 위해 지켜야 할 7가지 전문적 원리를 강조했다. 7가지 원리는 「개별화」, 「의도적인 감정표현」, 「통제된 정서적 관여 및 몰입의 원리」, 「수용」, 「비심판적 태도」, 「클라이언트의 자기결정의 원리」, 「비밀보장」이다. 하지만, 사회복지 실천현장에서는 비에스텍의 7가지 원리를 모두 준수하기 어려운 가치 갈등이 많이 발생한다.

4부에서는 비에스텍의 7가지 원리와 관련된 갈등 상황에 대해 이론적 의사결정 모델에 적용하여 문제를 해결하거나 생각해 보는 과정을 간접적으로 실습하도록 한다. 4부에서 소개되는 윤리적 가치갈등의 다양한 사례를 통해 사회복지사로서의 전문적 역량을 키우도록 한다.

1. 클라이언트의 「자기결정권」과 사회복지사의 전문적 역할

자기결정의 철학적 뿌리는 18세기 계몽주의 철학자들에서 찾아볼 수 있다. 계몽주의 철학에서 주장하는 인간의 가장 필요한 노력은 「이성 理性」이라고 했다. 이는 자신의 행동을 결정할 수 있는 능력을 의미한다. 클라이언트의 자기결정은 1979년 미국 사회복지사협회 대표자 회의에서 채택된 윤리강령에서 크게 두드러지게 되었다. Hollis(1964)는 사회복지사가 갖추어야 할 가장 중요한 2가지의 기본적 자질로 클라이언트에 대한 「비심판적 태도」와 「자기결정」에 대한 존중을 들었다(오혜경, 2006).

클라이언트의 자기결정(self –determination)이란 사회복지실천 과정에서 클라이언트 스스로가 의사결정 과정에 적극적으로 참여하여 선택하고 결정하는 것을 의미한다. 이는 모든 인간이 자기 삶에 관한 결정의 주체이기를 원한다는데 기반을 둔다. 즉, 무엇인가를 결정한다는 것은 자신의 능력과 자유에 대한 믿음이 기반이 되고 누구도 자신을 대신할 수 없다는 인간존중에 근거한다(정현태 외, 2022). 비에스텍(Biestek, 1967)은 사회복지실천의 여러 가치 중 클라이언트의 자기결정이 본질적인 권리이며 최고의 가치로서 존중되어야 한다고 했다. 자기결정권을 극대화하기 위해서는 다양한 정보가 필요할 뿐 아니라, 개개인이 직면한 상황에 따른 대안이 탐색되어야 할 것이다. 사회복지실천과정에서 제공된 정보에 기반하여 클라이언트는 자발적인 결정을 내려야 하겠지만, 클라이언트가 자신의 삶에 대해 스스로 결정할 수 있는 권리와 욕구가 있다는 원리에 기반한다는 것을 사회복지사는 항상 기억해야 한다(윤성호 외, 2022). 이러한 상황에 대해 로스만(Rothman, 1989)도 "클라이언트를 돕는 수단에 대한 전문적인 의사결정의 일차적인 책임은 실천가에게 있다"고 강조했다.

사회복지사의 전문적 역할 중 클라이언트의 자기결정과 관련되는 역할은 바로 「원조」 기능이다. 사회복지사 대부분은 클라이언트에게 영향을 미치는 결정을 내려야 되는 한편, 클라이언트 스스로 결정하도록 도와주어야 하므로 많은 갈등을 겪게 된다. 이러한 갈등은 효과적인 사회복지실천을 위한 사회복지사의 책임과 윤리적 실천의 책임 사이에서 일어나는 갈등이다. 사회복지사의 책임과 관련해 볼 때 자기결정은 클라이언트가 자발적이지 못할 때 가장 심각한 문제가 된다. 사회복지사들 사이에는 클라이언트의 자기결정과 모순된다는 이유로 클라이언트의 복지와 이익이란 명분으로 그러한 침해를 정당화시키는 경향이 있다. 이런 경우 클라이언트의 자기결정권은 심각한 위협을 받게 된다(오혜경, 2006).

이처럼 사회복지실천과정에서 클라이언트의 자기결정의 원리와 비밀보장의 원칙을 사회복지사가 지켜가기가 어려운 경우가 많다. 본 장에서는 자기결정 및 비밀보장과 관련된 윤리적 사례를 소개하고 이에 대한 문제해결 과정을 경험한다.

사례 1 요양원 입소 결정 과정의 사례

♣요양원 입소 결정이 안 되는 클라이언트 A씨

86세(남성)의 A씨는 자녀가 없는 독거노인으로 주야간보호 시설에서 지내고 있다. A씨는 가끔씩 경미한 건망증을 보이면서 자기관리가 잘 안되고 폭력적인 언어와 자주 화를 내서 시설 직원들을 어렵게 하고 있다.

한편 슈퍼바이저는 사회복지사에게 [A씨를 요양원으로 보내는 것이 좋겠다]라고 했다. 사회복지사는 아직 요양원에 갈 정도는 아니라고 얘기했지만, 슈퍼바이저의 의견을 계속 무시할 수 없었다. 그래서, 사회복지사는 A씨가 입소할 수 있는 요양원을 여러 군데 찾아보았다. 그런데, 요양원 관계자가 입소 자격에 관해 설명해 주었지만, A씨의 조건과는 부합하지 않았지만, A씨의 정신건강 및 행동과 태도 등에 대해 일부 과장해야만 요양원에 입소시킬 수 있다는 것을 알았다.

□ **사례분석 들어가면서**

☞「요양원」,「건망증과 치매증상」에 대한 개념을 이해한다.

요양원은 치매, 뇌졸중 등 노인성 질환으로 인해 도움을 필요로 하는 노인들에게 일상생활 편의를 제공하는 곳이다. 입소자격은 1~3등급의 요양등급을 가지고 있는 65세 이상의 노인 또는 노인성 질환이 있어야 한다. 그러나 입소과정에 클라이언트가 인지하는 경우와 그렇지 못한 사례가 있다. 특히, 노년기에 잘 나타나는「건망증과 치매증상」이 있을 때 이에 대한 대처방안은 쉽지 않다. 노년기「건망증과 치매」를 구분하면 다음과 같다. 노년기의 건망증 또는 치매는 인지 기능 및 성격의 저하를 특징으로 하는 노화과정의 정신 장애이다.「건망증」은 일시적으로 무엇인가를 자주 잊어버리고,「치매」는 무엇인가를 온전히 기억하지 못하는 증상을 보인다. 건망증은 장애 요인을 제거하고 본인의 의지만 있으면 충분히 극복할 수 있으며, 65세 이상 노인의 8%, 80세 이상 노인의 20%가치매 증상을 보이며 전문적 치료가 필요한 심각한 뇌질환이다.

□ **사례분석 과정**

☞ 요양원 입소 결정이 어려운 〈사례1〉은 클라이언트의 자기결정권이 적극적으로 고려되고 있지 않은 가치갈등의 사례라고 할 수 있다. 펄만(Perlman)은 자기결정이 전문적 관계에서 매우 중요하지만, 10분의 9는 망상이라고 했다. 이유는 클라이언트 중 일부는 충분히 상황을 이해하고도 최선을 선택하지 않거나, 인지기능의 장애로 대안들을 평가할 능력이 부족하여 최선을 선택하지 못하기 때문이다. 즉, 결정능력이 부족한 클라이언트의 결정권을 보장하면서 개입의 결과를 장담하기 어렵다(서미경 외, 2022).

이러한 이유로 슈퍼바이저의 요양원 입소 요청은 클라이언트의 결정보다는 기관의 결정이 우선시 되기도 한다고 볼 수 있다. 게다가 사회복지사는 A씨의 상태를 일부 과장해야만 하는 현실적 상황에서 가치 갈등을 직면하고 있다. 클라이언트의 자기결성권이 지켜지기 어려운 상황이다. 사회복지사는 A씨를 요양원에 입소시키기 위한 문제와 슈퍼바이저를 다시 한번 설득시켜야 할 방법에 대한 갈등 문제를 갖고 있다.

2) 이론적 모델의 접근 (로웬버그와 돌고프의 일반결정모델)

〈사례1〉을 이론적 모델에서 배운 「로웬버그와 돌고프의 일반결정 모델(General Decision- Making Model)」을 통해 사회복지사의 갈등 문제와 해결 과정에 적용하여 살펴볼 수 있다. 로웬버그와 돌고프의 이론에서 나타나는 윤리적 의사결정의 지침은 전문직의 추상적인 가치를 행동강령으로 구체화한 것이다.

모델 적용과정에서 살펴볼 수 있는 것은, 「어떤 측면에서 사회복지사의 가치와 슈퍼바이저의 가치가 상충하는가?」, 「사회복지사는 슈퍼바이저의 요청을 A씨에게 알려야 하는가? 」 등에 대해 생각해 보면 다음과 같다.

〈표 11-1〉 로웬버그와 돌고프(Loewenverg & Dolgoff)의 일반결정 모델 적용

구분	일반결정모델	모델에 따라 초점 내용 확인하기
1단계	무엇이 문제인지와 문제를 야기하는 요인을 확인함	클라이언트 A씨(89세 남성)의 건망증에 따른 요양원 입소문제 사회복지사와 슈퍼바이저의 입소문제의 가치상충
2단계	문제와 관련된 사람과 단체를 확인함	슈퍼바이저의 역할 사회복지사의 역할
3단계	2단계에서 확인된 주체가 문제와 관련하여 어떤 가치가 있는지 확인함	클라이언트 A씨의 자기결정권이 고려되지 않음 입소과정과 사회복지사의 가치갈등
4단계	문제를 해결하거나 최소화시킬 수 있는 개입목표를 명확히 함	건망증은 치료가 가능하다는 의료적 지식 클라이언트 A씨의 의지를 확인함
5단계	개입수단과 개입대상을 확인함	A씨와의 건강상태 및 입소문제 재상담 슈퍼바이저와 기관의 가치관 재정립 필요
6단계	확정된 목표에 따라 설정된 각 개입방안의 효과성과 효율성을 평가함	치료와 상담을 통해 A씨의 자기결정을 도움
7단계	누가 의사결정에 참여할 것인지 결정함	A씨의 가족이 없지만 친척을 참여시키거나 사회복지사 또는 기관의 장과 함께 논의
8단계	개입방법을 선택함	클라이언트 A씨에게 요양원 입소에 대해 생각해보도록 함
9단계	선택된 개입방법을 수행함	8단계까지 절차를 밟고 개입하도록 함
10단계	선택된 개입방법이 수행되는 것을 검토하여 예상하지 않은 결과가 나타나는지 주의를 기울임	개입 이후의 사후관리를 하면서 효과 검토함
11단계	결과를 평가하고 추가적인 문제가 무엇인지 확인함	개입과정과 결과에 대한 평가

3) 자유토론 위한 생각공간

클라이언트의 자기결정권이 제한된 사례에 대해 그룹별로 내용을 찾아보거나, 스토리를 만들어 본다. 그리고 그룹별로 토론과정을 통해 클라이언트의 자기결정권을 지켜주기 위한 어려움을 간접 경험하면서 사회복지사로서의 전문적 역량을 강화한다.

♣ 자기결정권이 어려울 것이라고 예상되는 사례 기입해보기

2. 클라이언트의 「비밀보장」과 사회복지사의 전문적 역할

비밀보장은 신뢰(trust), 돌봄(caring), 충실(loyalty), 성실함(faithfulness)과 같은 덕목들에 근거한 관계의 중요성을 강조하는 도덕적인 관점에서 지지 된다. 비밀성(confidentiality)이라는 단어 자체가 어원상 믿을 만한(with trust), 그리고 성실한(with faith fulness)이라는 라틴어로부터 유래되었다(Thompson, 1995). 또한, 모든 사람은 자신의 이야기를 타인에게 언제, 어떻게, 어느 정도 공유할 것인지를 스스로 결정할 권리가 있다(오혜경, 2008). 사회복지실천의 비밀보장(confidentiality)이란 클라이언트의 동의 없이 사적인 정보를 지켜주는 것은 누설하지 않는다는 윤리적 원칙이다. 이는 클라이언트의 기본적인 권리에 기초하는 것으로서 전문적인 관계를 통해 밝혀지는 클라이언트에 관한 정보를 누출시키지 않는 것이다. 클라이언트는 사회복지사와 나누는 정보에 대해 비밀이 보장될 것이라 믿고, 사회복지사는 클라이언트를 돕는 과정에서 알게 되는 비밀을 보장해 줄 의무를 지니게 된다.

비밀보장 원칙의 윤리적 근거는 사생활보호의 권리에 의해 도출되었으며 클라이언트와 사회복지사와의 관계에서 매우 중요한 약속이다. 비밀보장이 안전하지 않으면 클라이언트는 자신의 사적인 문제가 노출된다는 염려없이 마음껏 탐색해야 한다. 사회복지사는 클라이언트가 이해할 수 있도록 비밀보장을 설명하고 이를 이해하도록 도와야 하는 윤리적 의무가 있다(Barnett & Johnson, 2015). 이는 사회복지사의 윤리적인 의무이고, 성공적인 사회복지실천 관계유지를 위해 필요하다. 사회복지사와 클라이언트와의 전문적 관계에서 기본적인 윤리 원칙으로 정해진 '비밀보장'은 클라이언트의 문제뿐만 아니라 그와 관련된 다양한 사실과도 연관을 맺고 있다. 따라서 클라이언트와 관련된 모든 정보는 공개되어서는 안 된다(오혜경, 2008).

그러나 클라이언트의 비밀보장은 타인의 권리를 위협함이 분명하거나 그 정도가 심각한 경우, 더 이상의 비밀보장이 어렵다는 것과 관련 전문가와의 협조가 필요할 수 있다고 미리 알려주어야 한다. 즉, 사회복지사는 법률과 윤리 규정상 타인을 피해로부터 보호해야 할 상황으로 전개될 것으로 판단된다면 클라이언트에게 일부 정보를 공개할 수 있다고 알려야 하며 이는 클라이언트의 「알 권리」에 기반한다.

사례 2 우울증과 자살시도 계획 과정의 사례

♣자살시도를 계획했다는 클라이언트 A씨

35세(여성) A씨는 자살 유가족으로 남편이 자살한 모습을 목격했던 충격으로 인해 무기력해지고, 일상생활도 힘들었고 경제력도 없어서 생활고에 시달렸다. 그럼에도 자녀를 돌보며 이겨내려고 하였으나 무기력과 우울감을 혼자서 감당하지 못해 상담으로 연계되었다. 사회복지사는 A씨의 속마음을 얘기하도록 하여 환기하는 시간이 되었으나, A씨가 '자살시도'를 염두하고 어떻게 할 것인지에 대한 계획도 있었다는 것을 알게 되었다.

사회복지사는 상담이 잘 진행되고 있다고 생각했지만, 두 사람만의 비밀로만 하기에는 위험성을 갖고 다른 조치가 필요하다고 판단했다. 또한, 사회복지사는 A씨를 정신보건사회복지사와 연결하여 전문 상담과 의료지원이 필요하다고 생각했지만, 클라이언트 A씨가 원하지 않고 있다. 사회복지사는 클라이언트 A씨가 약을 꾸준히 먹으면 무기력과 우울증이 악화하지 않을 것이라고 권유하고 싶지만, 의학지식도 부족하다는 것을 알았다.

출처: 네이버 블로거 https://blog.naver.com/osy0153/222681144410

ㅁ 사례분석 들어가면서

☞「무기력과 우울」에 대한 기본적 지식이 필요하다.

「무기력」은 기력이 없어 아무것도 할 수 없거나 하고 싶지 않은 상황이다. 몸이 아파 힘이 없는 것이 원인이 될 수도 있고 마음의 짐도 이유가 될 수 있다. 반대로, 아픈 곳이 없다가 무기력 탓에 부정적인 행동과 생각을 지속해 신체적인 병도 키울 수 있다. 하는 일이 많고 쉬는 시간은 적은 현대인 등에게서 빈번히 나타나는 증상으로, 기력을 모두 소진해 더 이상 일상 등을 지속할 수 없는 탈진 상태인 번아웃(burn out) 증상과 유사하다(네이버 지식백과, 2023).

「우울」은 우울증 즉, 우울장애로 의욕 저하와 우울감을 주요 증상으로 하여 다양한 인지 및 정신 신체적 증상을 일으켜 일상 기능의 저하를 가져오는 질환을 말한다. 우울장애의 분명한 원인에 대해서는 아직 명확하지 않으나, 다른 정신 질환과 같이 다양한 생화학적, 유전적 그리고 환경적 요인이 우울장애를 일으킬 수 있다고 알려져 있다. 약물 치료에 있어서는 항우울제 개발에 뚜렷한 진전이 있어 과거에 주로 사용하던 약물에 비해 부작용은 적으며 충분한 효과를 보이는 약물들이 개발되었으며 지속적인 개선과 진보가 이루어지고 있다.

ㅁ 사례분석 과정

☞ 우울증과 자살시도 계획 과정의 사례 〈사례 2〉는 클라이언트 A씨와의 비밀보장을 지키지 못한 상황이다. 비밀보장을 지키지 못한 것은 '생명존중과 관련된 일'이기 때문이다. 사회복지사에게 있어 클라이언트와의 비밀이 약속된 것은 「윤리강령 제1원칙」에서 강조되고 있는 비밀보장을 지켜야 한다고 배우고 있지만, 생명존중과 관련된 윤리적 문제와 가치관에서는 사회복지사의 빠른 판단이 필요하다. 도움이 절실한 상황에서도 도움을 거부하거나 사회복지사의 의무로 클라이언트의 삶에 개입하는 것을 「온정주의 개입」이라고 한다. 비샴과 차일드리스(Beauchamp and Childress)는 온정주의를 '의도적으로 타인의 선호와 행동을 제한하는 것으로, 제한하는 이유가 제한당하는 사람의 위험을 피하고 이득을 추구하기 위한 것으로 정당화되어야 한다'고 했다. 해로운 결과를 최소화하고, 선을 최대화하기 위해서는 위험을 최소화하는 위해회피(non−maleficence)원칙과 이득을 최대화하는 이득추구(beneficience)원칙을 들 수 있다(서미경 외, 2022).

하지만 클라이언트를 위한 최고의 선택이 다른 사람에게 불안감을 느끼도록 하거나 반대의 경우를 들 수 있다. 또한, 클라이언트 A씨가 약물복용에 대한 부담감 감소를 위한 전문적 접근이 어려우므로 정신건강사회복지사와의 전문가적 개입이 필요하다고 생각한다. 사회복지사는 A씨가 자살시도를 했다는 문제와 정신보건사회복지사의 전문가 의뢰 필요성에 대해 클라이언트를 설득시켜야 하는 갈등문제를 갖고 있다. 또한, 무기력과 우울증관련된 의학적 지식을 이해해야 한다는 문제가 있다.

2) 이론적 모델의 접근 (로웬버그와 돌고프의 윤리적 원칙 심사표)

우울증 및 자살시도 계획의 〈사례2〉는 클라이언트의 생명과 관련된 것으로 비밀보장을 지킬 수 없었으며 다른 전문가 상담의 연결이 필요한 사례이다. 사회복지사는 〈사례2〉의 문제해결을 하기 위해 로웬버그와 돌고프는 사회복지사가 최선의 윤리적결정을 하는 데 도움을 주고자 제시한「일반결정 모델」외에도「윤리적 사정 심사표(EAS: Ethical Assessment Screen)」,「윤리적 규칙 심사표(ERS: Ethical Rules Screen)」,「윤리적 원칙 심사표(EPS: Ethical Principles Screen)」의 3가지 윤리적 심사표(심사기준)를 적용할 수 있다.

그중 윤리적 원칙 심사표(EPS)에서 제시하고 7가지 원칙(① 생명보호의 원칙, ② 평등 및 불평등의 원칙, ③ 자율과 자유의 원칙, ④ 최소 해악의 원칙, ⑤ 삶의 질의 원칙, ⑥ 사생활 보호와 비밀보장의 원칙, ⑦ 진실성과 완전공개의 원칙) 중「생명보호의 원칙」을 가장 먼저 적용할 수 있다. 이러한 윤리적 원칙의 우선순위는 사회복지사가 사회복지실천현장에서 겪게 되는 윤리적 딜레마를 경험할 때 매우 큰 영향을 미쳤다고 할 수 있다.

〈표 11-2〉 로웬버그와 돌고프(Loewenverg & Dolgoff)의 윤리적 심사표(심사기준) 적용

구분	윤리적 심사표(심사기준)	심사기준에 따라 초점 내용 확인하기
1단계	본인이 직면한 윤리적 딜레마와 관계되는 개인적 가치를 확인한다.	클라이언트 A씨의 자살시도를 하고 있음 무기력과 우울증에 대한 대안을 찾음
2단계	윤리적 결정과 관계있는 사회적 가치를 확인한다.	자살시도가 개인 생명 위협도 있음 자살로 인해 발생하는 사회경제적 비용 이해
3단계	윤리적 결정에 관계되는 전문가의 가치를 확인한다.	무기력과 우울증에 대한 기본적 지식 습득 정신보건사회복지사의 전문가 의뢰 필요성 확인
4단계	본인이 선택할 수 있는 윤리적 선택 대안을 확인한다.	클라이언트 A씨와의 상담내용을 결정함 정신보건사회복지사 의뢰필요성을 안내함

구분	윤리적 심사표(심사기준)	심사기준에 따라 초점 내용 확인하기
5단계	어떠한 윤리적 행위가 클라이언트와의 다른 사람의 권리와 복지를 최대한 보호해 줄 수 있는가?	클라이언트 A씨의 정신건강 회복이 다른 사람에게 미치는 영향을 고려
6단계	어떠한 대안적 윤리행위가 사회적 권리와 이익을 최대한 보호해 줄 수 있는가?	생명보호원칙의 의미 파악을 전달함 무기력과 우울증이 지속될 염려를 고려함
7단계	위의 1, 2, 3번 사이의 갈등들을 감소시키기 위해 할 수 있는 것은 무엇인가?	사회복지사로서의 전문가적 역할을 확인함
8단계	어떠한 대안적 행위가 최소한의 손해원칙을 유지할 수 있는가?	클라이언트 A씨의 소극적인 태도에 대해 사회복지사의 적극적 상담을 하도록 함
9단계	각각의 대안적 행위들은 어느 정도로 효율적 · 효과적 · 윤리적인가?	사회복지현장에서 실천되고 있는 것은 모두 효율성과 효과성과 윤리성이 고려되어야 함
10단계	각각의 대안적 행위들의 단기 혹은 장기적 윤리적 결과들은 고려하고 비교했는가?	사회복지사는 사회복지실천 과정에서 윤리적 결과에 대해 항상 확인하도록 함 클라이언트의 비밀보장과 심사표(심사기준)를 기준으로 사회복지사로서의 전문가 역량을 키우도록 함

3) 자유토론을 위한 공간

우울증과 자살시도 계획 과정의 〈사례2〉와 관련된 내용을 그룹별로 찾아보거나 스토리를 만들어 본다. 그리고 그룹별로 토론과정을 통해 비밀보장의 어려움을 간접 경험하면서 사회복지사로서의 전문적 역량을 강화한다.

♣ 비밀보장의 어려움이 예상되는 사례 기입해보기

12장 의사결정모델 적용의 윤리적 딜레마와 사례관리(2)

학습목표

1. 클라이언트에 대한 개별화 존중을 알 수 있다.
2. 클라이언트에 대한 수용의 어려움을 알 수 있다.
3. 리머의 의사결정 모델에 적용한다.

1. 클라이언트의 「개별화」와 사회복지사의 전문적 역할

사회복지전문직은 전통적으로 윤리적인 측면을 강조해 왔으며, 사회복지사들은 윤리적 기준에 근거하여 사회복지서비스를 제공해 왔다. 사회복지사가 효과적인 의사결정을 수행하기 위해서는 직면한 상황에서 윤리적 측면을 민감하게 해석할 능력이 필요하다. 「윤리적 민감성」 개념은 Rest(1983)에 의해 처음으로 소개되었다. 그에 따르면 윤리적 민감성이란 윤리에 관한 이슈를 지각하고, 이를 윤리적 의사결정과정에서 고려할 수 있는 능력으로 보았다. Rest는 윤리성 및 도덕성은 단일과정이 아니라 다양한 측면이 작용하는 현상이라고 규정하고, 4가지 심리요소인 「윤리적 민감성」, 「도덕적 판단」, 「도덕적 동기화」, 「도덕적 행동」으로 구성되어 있다고 했다. 이 가운데 윤리적 민감성은 감정이입이 있어야 하는 심리적 과정이자 관점을 정립하는 강력한 인지적 요소 및 지적 능력으로 가장 중요한 요소로 간주한다(김민수, 2013).

「윤리적 민감성」은 윤리적 실천을 위해 반드시 선행되어야 할 능력이다. 만약 사회복지사가 윤리적 민감성이 낮은 경우 클라이언트와의 관계 형성에서 권리를 침해할 가능성이 커질 수 있다. 「관계」에 대한 사전적 의미는 '둘 이상의 사람, 사물, 현상 등이 서로 관련을 맺거나 관련이 있음'을 의미하며 '관계되다'는 '서로가 연관이 되다, 또는 영향을 미치다'는 뜻이다(네이버, 국어사전 2023). 바람직한 관계로서 제시되는 전문적 관계의 기본적인 요소들은 '타인에 대한 관심, 헌신과 의무, 권위와 권한, 진실성'으로 정리된다. 또한, Biestek(1957)은 관계의 기본원칙으로 '의도된 감정표현, 통제된 정서적 관여, 수용, 개별화, 비심판적 태도, 비밀보장'을 제시하고 있으며, Germaim & Giterman(1996)은 전문적 관계가 상호성과 호혜성이 특징인 관계로 변화되어야 한다고 강조했다(유하얀, 2016).

그 가운데 「개별화(individualization)」란 클라이언트 개개인의 독특한 자질을 알고 이해하는 일이며, 클라이언트가 더욱 잘 적응 할 수 있도록 하는 것이다. 사람은 각기 다른 생활을 경험하고 개개인마다 능력과 사고 감정, 동기를 가진 존재로 클라이언트는 개인적인 차이를 가진 독특한 차이를 가진 한 인간으로 다루어지기를 바란다. 클라이언트를 개별화하기 위해서 사회복지사는 「편견」과 「선입관」이 없어야 한다. 이는 인종, 성별, 연령, 학력, 출신지역, 경제적 계층이나 알코올 중독자, 가정폭력자, 비행청소년 등에 대해서 고정관념을 가질 수 있기 때문이다. 개별화를 위해 사회복지사는 인간행동에 대한 지식을 갖추고 활용할 수 있어야 한다.

인간행동에 대한 지식은 클라이언트에 관한 사실을 이해하고 클라이언트의 욕구를 충족시킬 수 있는 적절한 방법을 찾는 틀을 제공한다. 클라이언트는 각자 문제해결 동기, 능력, 자원 등이 다르므로 클라이언트가 현재 처한 곳에서 출발하여 클라이언트의 수준에 맞추어서 실천과정을 진행해야 한다(김혜란 외, 2023).

사회복지사의 직무수행 중 「지식」, 「기술」, 「태도」, 「능력」은 매우 중요하다. 그 가운데 「태도」란 어떤 일이나 상황에 대해 취하는 처지를 뜻한다(표준국어대사전, 2019). Allport(1935)는 태도가 선천적으로 타고나는 것이 아닌, 살면서 여러 경험을 통해 획득하고 형성해 나가는 것이라고 했다. 어떠한 태도를 형성하느냐에 따라 취하는 생각이 달라지기 때문에 바른 환경에서 바른 태도를 형성할 수 있도록 돕는 것이 중요하다.

사례 3 **정신장애인의 청첩장**

♣가족의 반대가 있는 클라이언트 D씨의 결혼

45세(남성) D씨는 조현병 증상이 완화되어 병원에서 나왔으며 사회복귀훈련을 통해 사회에 적응해 나가고 있었다. 사회복지사는 어느 날 D씨로부터 청첩장을 받았다. D씨의 결혼 상대는 8살 차이가 나며 결혼 예정인 여자친구도 조현병이 있었다. 두 사람은 사회복귀시설에서 함께 활동하다 만났으며 그들은 서로에게 끌려서 사귄 지 6년째가 되었다. 오래전부터 결혼하겠다는 의사를 밝혔지만, 연애는 인정하지만, 결혼은 반대한 상황이다.

사회복지사는 결혼 소식에 반가운 마음이 있었지만, 가족들의 축복을 포기하고 함께 살기로 한 두 사람에게 축하와 걱정스러운 마음의 양가감정을 숨길 수 없는 심정이다. 사회복지사는 클라이언트 D씨의 가족에게 전달해야 한다고 생각하지만 어떻게 할지 고민하고 있다.

출처: 네이버 https://www.etoday.co.kr/news/view/2143416 필자 수정

□ **사례분석 들어가면서**

☞「인권」과「인권감수성」대한 이해를 갖는다.

「인권」을 넓은 의미에서 보면 인간이 내재적으로 갖는 존엄과 가치에서 파생되는 것으로서, 인간이 자신의 성장과 발전에 필수적인 활동에 종사할 수 있도록 주장할 수 있는 자유 또는 권리이다. 인권을 기본적으로 '평등할' 권리 또는 '차별받지 않을' 권리로 보는 이들은 문화 및 경제영역에서의 언어적, 인종적, 소수자, 빈곤자, 장애인의 권리 등이 대상이 된다. 또한 정치, 경제, 사회적 상황, 문화적 전통 등 시대와 국가에 따라 강조되는 인권의 내용과 실행 모습이 다양하게 나타

날 수 있다. 인권의 적용 범위는 '모든 인간'이다. 따라서 인권은 보편성(universality)을 띠며, 시간과 공간을 초월하고 모두를 포괄(all-inclusion)하는 적용원리를 가지고 있다.

「인권감수성(Human rights sensitivity)」이란 인권 문제가 개재된 상황에서 가능한 행동이 다른 관련된 사람들에게 어떠한 영향을 미칠지를 알며 그 상황을 해결하기 위한 책임이 자신에게 있다고 인식하는 심리적 과정이다.

□ **사례분석과정**

☞ 클라이언트를 개별화하기 위해서 선입관이나 편견이 없어야 하므로 사회복지사의 태도는 매우 중요하다. 장애인에 대한 태도를 설명할 때 이를 '장애수용태도'라고 한다. 「장애수용태도」란 장애에 대한 구체적인 행동이나 반응 그 자체가 아닌 장애인에 대해 일관되게 긍정 또는 부정적 방식으로 반응하는 학습된 성향을 뜻한다. 그리고 가능하다면 사회복지실천 과정에서 클라이언트 스스로가 자신을 위해 무엇인가를 할 수 있다는 자신감을 느끼게 하고, 보조를 맞추는 것도 필요하다. 장애인 결혼 문제에 있어서 장애 정도가 중증이든 경증이든 클라이언트의 자기 결정권을 인정해야 할 필요가 있다.

하지만 가족과 사회적 편견으로는 조현병이 있는 두 사람의 결혼생활이 불안정하다고 생각할 수 있다. 또한, 가족들의 처지에서는 돌봐야 할 대상이 한 사람 더 늘어나는 결과를 초래하게 된다. 나아가서는 2세가 출산하게 될 때 정신장애가 유전될 수 있다는 현실적 문제도 간과하지 못한다. 사회복지사는 D씨의 결혼을 축하하지만, 가족들이 장애인 결혼에 대한 편견에서 벗어나지 못한 문제를 어떻게 해결할 것인가에 대해 딜레마를 갖고 있다. 또한, 두 사람이 결혼을 결심했다는 것을 양가 부모에게 어떻게 전달할 것인가에 대한 갈등을 극복해야 한다.

2) 이론적 모델의 접근(리머의 의사결정 모델)

리머(Reamer)의 의사결정모델은 어떤 특정 원칙이 다른 원칙들보다 우선 적용되어야 한다는 기준이 제시되고 있다. 리머의 의사결정 모델은 지침 1에서부터 지침 6까지 제시하고 있으며 의사결정 과정은 7단계이다. 사회복지사는 어떠한 경우에서든지 윤리적 판단을 하는 데 있어 윤리적 딜레마의 모든 면을 검토할 필요가 있다. 이를 위해서는 일련의 단계를 거쳐 체계적으로 접근하는 것이 중요하다. 명확하게 공식화된 일련의 과정에 따라 사회복지사는 그들이 내리는 윤리적 결정의 질을 향상할 수 있다(윤성호 외, 2022).

〈표 12-1〉 리머(Reamer)의 의사결정 과정 적용

구분	의사결정 단계	모델에 따라 초점 내용 확인하기
1단계	갈등을 일으키는 사회복지실천 가치와 의무를 포함하여 윤리적 이슈를 규명함	클라이언트 D씨와 가족 관계유지 어려움 파악 클라이언트 D씨의 결혼 결정에 대한 존중감
2단계	윤리적 결정에 의하여 영향을 받을 가능성이 있는 개인이나 집단, 조직을 규명함	– 결혼을 반대하는 가족보다는 클라이언트 D씨결혼에 대한 의지가 우선함
3단계	실행 가능한 모든 행동방침과 각각의 경우에 포함되는 참여자들 그리고, 각 경우의 잠재적 이익과 위험을 잠정적으로 규명함	사회복지사로서의 개입 순위를 확인함 정신장애인의 자기결정권이 우선함
4단계	다음의 사항을 고려하여 각각의 행동방침을 찬성 또는 반대하는 이유와 근거를 철저하게 검토함(a. 윤리이론, 원칙, 지침들, b. 윤리강령과 법적 원칙들, c. 사회복지실천 이론과 원칙들, d. 개인적 가치들)	a. 장애인 결혼에 대한 가족의 편견 개선 b. 장애인 2세아를 위한 법제도적 원칙 확인 c. 클라이언트 자기결정권 강조 d. 클라이언트 개별화 원칙 준수

5단계	동료나 적당한 전문가와 상담함: 기관의 직원, 슈퍼바이저, 기관의 행정가, 변호사 등	장애가 있는 클라이언트 D씨 결혼관련하여 가족들의 편견에 대해 사회복지사 개입방법 고려
6단계	결정을 내리고 의사결정 과정의 증빙서류를 첨부함	의사결정과정의 증빙서류를 만들어 첨부함
7단계	결정을 감시, 평가하고 결정에 관한 서류를 첨부함	의사결정 이후의 사후관리 평가 및 서류첨부

3) 자유토론을 위한 공간

클라이언트의 [개별화원리가 제한된 사례]에 대해 그룹별로 내용을 찾아보거나 만들어 보고, 그룹별로 토론과정을 통해 개별화의 어려움을 미리 경험하고 토론하면서 사회복지사로서의 역량을 강화해 보세요.

♣ 클라이언트의 개별화 문제로 예상되는 사례 기입해보기

2. 클라이언트 「수용」의 한계와 사회복지사의 전문적 역할

수용(acceptance)은 클라이언트의 있는 그대로의 모습을 받아들이는 것을 의미한다. 수용은 선하거나 좋은 것만을 받아들이는 것이 아니며 바람직한 것에 대한 전문적인 기준과 상관없이 클라이언트를 있는 그대로 인식하고 대하는 것이다. 클라이언트의 장점과 단점, 잠재력과 제한점, 바람직하지 않은 행동이나 바람직한 행동, 긍정적 감정이나 부정적 감정, 인정받고자 하는 행동 등 그대로 인정해주면 된다. 따라서 사회복지사는 클라이언트에 대한 완전한 이해와 가치관의 차이 극복도 강조되고 있다(김혜란, 2023).

한편 사회복지사는 「수용」과 「동의 agreement」의 차이를 인식해야 하며, 사회복지사 스스로의 자기인식이나 자기수용이 부족하면 자신의 감정을 클라이언트에게로 향하는 역전 현상이 일어나므로 주의해야 한다. 사회복지사가 한 인간으로서의 클라이언트와 그의 감정을 수용하는 것이지, 그의 일탈적 행동(성폭력, 가정폭력, 알코올중독, 범죄 등)에 동의하는 것과는 다르다. 수용에서도 클라이언트가 자신이 수용 받고 있다는 것을 경험하는 방법으로 전달할 필요가 있다. 수용의 특징은 온정, 정중한 태도, 경청, 존경, 관심, 변함없는 중립성 등이기 때문이다.

그러나, 수용의 개념이 클라이언트가 비정상적인 행동을 하거나 부정적인 어떤 모습을 보이더라도 무조건 용서하거나 인정한다는 의미는 아니다. 즉, 어떤 부분이 문제이고, 어떻게 개선하거나 수정해야 한다는 사실은 분명하다. 하지만, 현재 보여주고 있는 문제행동이나 그릇된 모습 때문에 클라이언트를 '문제아' 혹은 '범죄자'로 간주하여 차별적으로 이해하거나 관계 형성을 해서는 안 된다(김효선, 김녹현 외, 2022). 사회복지사는 수용을 통해 클라이언트가 자기 존중감을 회복하고 자신의 잠재능력을 알게 되는 방향으로 움직일 수 있도록 희망에 품게 할 필요가 있다.

사례 4 가정폭력을 신고하지 못하는 가족

클라이언트 A(여 15세)와 B(남 9세)는 일자리가 없어 어려움을 겪고 있는 아버지(47세, 무직자)로부터 가정폭력에 노출된 아이들은 방과 후 공부방을 이용하고 있다. 두명의 자녀 A와 B는 친구를 만들지 못하고 불안정한 정서를 보인다. A(여 15세)의 어머니(43세, 요양보호사)도 남편에게 폭력을 당하며 살고 있다. 사회복지사는 가정폭력을 심각하게 생각하고 신고의무도 있기 때문에 어머니와 상담을 했다. 어머니는 이혼도 생각했지만, 지금은 아이들에게 아버지의 존재가 있는 것이 좋아서 함께 살고 있다고 했다. 능력 없고 폭력적인 남편이지만 현재로서 어떠한 대책도 마련하기 어렵다고 한다.

자녀들은 아버지가 무서워서 집에 들어가는 것을 어려워하고 있다. 아버지의 폭력이 있을 때마다 거주지역의 복지관이나 쉼터에 도움을 요청하며 하루하루 어렵게 생활하고 있다. 어머니의 소극적인 대책으로 자녀들은 계속해서 어려운 환경 속에서 살아야만 한다.

□ 사례분석 들어가면서

☞ 「가정폭력」 관련 법제도에 대한 이해

가정폭력(Domestic Violence)은 관련법에서 "가정구성원 사이의 신체적, 정신적 또는 재산상 피해를 수반하는 행위"로 정의된다. 가정폭력이 발생하는 순간 '집'은 더 이상 안전한 곳이 아니다. 2021년 가정폭력처벌법은 개정되어 징역 또는 벌금형의 형사처벌이 부과되는 등 실효성이 강화되었다. 국내에서 가정폭력 피해자에 대한 제도적 접근은 국제적으로 여성 인권의 문제가 중요하게 대두되면서 가정폭력이 개별 가정에서 일어나는 사소한 문제가 아니라 사회적인 문제로 바라봐야 한다는 여성운동의 맥락에서 시작되었다. 가정폭력이 발생하면, 「가정폭력처벌법」에 근거하여 가해자를 퇴거 조치하여 피해자가 원 거주지 점유권을 유지할 수 있다. 동법에 따르면 가정폭력 신고를 받은 사법경찰관리는 즉시 현장에 나가서 가해자와 피해자를 분리 조치해야 하며, 피해자의 안전 확보를 위한 '응급조치' 차원에서 현행범을 즉시 체포할 수 있다.

□ **사례분석 과정**

☞ 사회복지사는 가정폭력방지법에 의거해 아버지를 고발 조치할 수 있다. 하지만 어머니가 이를 강력하게 반대하고 있다. 사회복지사는 클라이언트의 자기결정권을 그대로 수용해야 한다고 생각해서 가정폭력의 대처 방법을 알려 주고 문제해결을 함께 하려고 노력한다. 하지만, 어머니는 경제적 문제와 아이들에게 아버지 없는 아이들이란 낙인을 주지 않기 위해 소극적인 태도로 임하고 있다. 그리고 사회복지사는 자녀들이 처한 환경도 시급히 해결해야 한다고 생각하지만, 적극적으로 개입하지 못하고 있다.

이는 우리나라가 오랫동안 아동에 대한 기본적 인식에 있어서 부모의 소유물로 생각하기 때문에 아동학대가 있어도 타인의 가정 문제로 간주해 왔기 때문이다. 사회복지사는 부모의 불안정한 직장과 학교생활이 자유롭지 못하고 심리·정서적으로 안정적이지 못한 아이들을 위해서도 문제해결을 빨리하고 싶지만, 사회복지사의 적극적 개입을 원하지 않는 어머니와의 상담이 시급한 상황이다.

2) 이론적 모델의 접근(콩그레스의 모델)

윤리적 딜레마를 다루기 위해 여러 학자들은 사회복지전문직의 가치에 기반을 두고 윤리적 의사결정 모델을 제시하고 있다. 콩그레스(Congress) 모델은 간결하고 활용하기 쉽다는 장점이 있으며, ETHIC로 불리고 있다.

〈표 12-2〉 콩그레스(Congress)의 ETHIC 모델 적용

구분	의사결정 단계	모델에 따라 초점 내용 확인하기
1단계	E(Examine) : 개인의 가치, 사회의 가치, 기관의 가치, 클라이언트의 가치, 전문가의 가치를 검토함	개인적 가치: 가정폭력을 방치하면 학대가 지속 사회적 가치: 자녀가 부모의 부속이 아님 기관의 가치: 클라이언트의 자기결정권 존중 C't의 가치: 자녀에게 아버지 존재를 유지시켜야겠다는 신념 전문가 가치: 학대받는 상황에서 클라이언트의 자기결정은 제한되어야 함
2단계	T(Think) : 상황에 적용되는 윤리강령의 규정이나 관련 법규와 판례를 고려함	가정폭력방지법에 대한 법규 절차를 확인함 가해자와 분리시킨 후의 조치문제를 검토함 아동학대 미신고시 1천만원 이하 과태료 부과
3단계	H(Hypothesize) : 각기 다른 결정으로 나타나는 결과에 대해 가설을 설정함	클라이언트의 자기결정을 존중할 경우(학대의 정도가 심해질 수 있음) 사회복지사가 클라이언트의 자기결정권을 제한 할 경우(일시적 해결은 있지만, 완전한 문제해결이 되기 어려울 수 있음)
4단계	I(Identify) : 결정과 관련하여 혜택받는 사람과 피해받는 사람을 확인함	가정폭력을 지속적으로 받고 있다는 것에 대한 심리적으로 취약한 상황이며, 낮은 자존감의 원인이 될 수 있음
5단계	C(Consult) : 최선의 윤리적 선택에 대하여 슈퍼바이저와 동료에게 자문을 구함	사회복지사로서 클라이언트가 최선의 결정을 하도록 도움을 줄 수 있지만, 결정에 대한 윤리적 선택에 대해 자문을 구할 수 있음

3) 자유토론 공간

클라이언트의 수용이 제한된 사례에 대해 그룹별로 내용을 찾아보거나, 스토리를 만들어 본다. 그리고 그룹별로 토론과정을 통해 클라이언트의 수용을 지켜

주기 위한 어려움을 간접 경험하면서 사회복지사로서의 전문적 역량을 강화한다.

♣ 클라이언트의 수용이 어려울 것이라고 예상되는 사례 기입해보기

13장 의사결정모델 적용의 윤리적 딜레마와 사례관리(3)

학습목표

1. 클라이언트의 목적 있는 감정표현의 가치갈등을 경험한다.
2. 클라이언트의 비심판적 태도의 가치갈등을 경험한다.
3. 클라이언트의 통제된 정서반응의 가치갈등을 경험한다.
4. 로웬버그와 돌고프의 문제해결모델에 적용한다.
5. 리머의 의사결정모델에 적용한다.
6. 콩그레스의 ETHIC 모델에 적용한다.

1. 클라이언트의 「목적 있는(의도적인) 감정표현: purposeful expression of feeling」과 사회복지사의 전문적 역할

사회복지현장에서 클라이언트에게 적재적소의 전문적 서비스를 제공해야 하는 사회복지사는 역량 있는 사회복지사로서의 의무와 역할을 생각한다면 사회복지현장에서의 실제적인 실천기술을 끊임없이 고민하게 된다. 사회복지실천에 있어서 사회복지사와 클라이언트는 전문성과 신뢰에 기반을 둔 상호원조 관계를 통하여 클라이언트의 긍정적인 변화를 지속적으로 유도하는 것이 매우 중요하다. 이를 위하여 사회복지사는 사회복지실천의 전문적인 실천기술과 기본원칙을 익힐 필요가 있는 것이다. 비에스텍(Biestek, 1957)은 사회복지실천에서 관계란 클라이언트와 사회복지사 간의 정서적 교감을 바탕으로 전문성, 의도적인 목적성, 권위성 등의 특징을 포함한 사회복지사와 클라이언트 간 감정과 태도의 역동적인 상호작용이라고 정의하였고, 관계의 목적을 심리사회적인 욕구와 문제를 가진 클라이언트를 원조하는 것에 있다고 보았다. 또한 사회복지실천에서의 관계를 '클라이언트와 사회복지사간 또는 사회적 자원과의 교류를 가능하게 하는 연결통로로서 클라이언트와 그를 둘러싸고 있는 환경간의 보다 나은 적응을 가져오도록 개인의 능력과 지역사회 자원을 적절히 동원하고 활용할 수 있도록 돕는 관계'라고 설명하고 있다. 이처럼 사회복지실천에서 관계란 일반적으로 사회복지사와 클라이언트와의 관계를 의미하는 것으로 사회복지사와 클라이언트의 좋은 관계로 발전시키는 것은 서비스 노력의 필수부분으로 간주되고 있다.

사회복지사 업무 수행 시 만나게 되는 클라이언트는 사회적 약자이다. 따라서 사회복지사는 사회적 약자의 입장에서 생각하고 클라이언트가 조금 더 사회복지사에게 자신의 감정을 솔직하게 표현할 수 있도록 도움을 주는 것이 중요하다. 기본적인 사회복지현장에서 클라이언트를 이해하고 사회복지사로서 도움을 줄 수 있는 것이므로 이에 대해서 체계적이고 나름 자신만의 계획을 세워 이를 실천해 보아야 할 것이다. 사회복지사로서 클라이언트에 대한 행동적인 관점과 생각적인 관점으로 나누어 볼 때 이러한 내용들은 사회복지사로서 단번에 이루어질 수 없는 것이다. 그만큼 수련하고 교육받고 실제 현장에서 접목시키면서 사회복지사 스스로 이를 발전시켜 나가야 할 점들이라고 할 수 있겠다. 목적이 있는 감정표현(의도적 감정표현)이란 클라이언트로 하여금 자신의 감정을 자유롭게 표현하고자 하는 욕구에 대한 인식을 기반으로 하여 클라이언트에게 정서적 지지를 제공하는 것으로 자신이 비판받게 될지도 모르는 감정들을 자유롭게 표현하도록 심리적 격려 및 안정감과 자신감을 주는 것으로 클라이언트 개인이나 집단에게 자신들의 존재와 권리를 현실적으로 인정하도록 하는 것이다. 다시 말하면 클라이언트의 긍정적인 감정만이 아니라, 특히 부정적인 감정의 표현을 객관적 정보 획득, 문제해결의 실마리 제공, 심리적지지 제공 등 개입의 수단으로 통하여 자유롭게 표현할 수 있도록 사회복지사는 의도적으로 경청하고, 클라이언트의 감정 표현을 낙담하게 하거나 비난하지 않고 부정적인 감정을 더 중요시하며, 치료적 측면에서 필요할 경우에는 자극을 주고 격려도 해 주어야 한다. 그러나 이는 클라이언트가 객관적 진실만을 말할 경우 개입해야 하는 수단으로서 거짓된 감정이나 사실을 꾸며 표현하는 것으로 보일 때는 제지하고 조정해야 하며, 너무 빠른 초기의 해석이나 비현실적인 보상 그리고 너무 많거나 지나친 해석은 지양되어야 한다.

클라이언트가 처음 만나는 사회복지사에게 자신의 생각과 감정을 표현하는 것은 쉽지 않은 일이다. 또한 자신의 개인적 영역에 대해 타인에게 표현하는 것은 용기를 필요로 하는 부분이기도 하다. 이에 사회복지사는 클라이언트로부터 자신의 긍정, 부정의 감정을 자유롭게 표현하도록 해야 한다. 특히 모든 사람은 부정적인 감정을 가질 수 있으므로 비난받을지 모르는 부정적 감정도 자유롭게 표현하도록 도움을 주는 의도적인 감정표현(이경준 외, 2018)이 가능하도록 해야 한다. 클라이언트의 자기개방은 문제의 명확화, 사정을 통한 개입을 위한 계획수립을 가능하게 한다. 그러나 현실적인 제약이 있으므로 시간적 여유를 두고 면접을 진행하는 것이 좋다. 사회복지사는 격려, 촉진, 경청을 기본으로 면접을 진행하는 동안 클라이언트의 속도에 민감하게 그리고 클라이언트의 감정에 의도적으로 귀를 기울이고 비난하거나 실망시키지 않도록 노력해야 한다. 즉 클라이언트가 감정을 자유롭게 표현할 수 있도록 자극을 주고 격려해야 한다(길귀숙외, 2018). 사회복지사의 지지는 클라이언트가 가지고 있는 불만이나 의심을 소거시키는 효과를 가지고 있으며, 지지를 통하여 초기의 저항을 감소시킬 수 있고 클라이언트와 사회복지사의 사이를 편안하게 만들 수 있는 장점이 있다.

사회복지사는 클라이언트로 하여금 긴장과 억압의 상태에서 벗어나 자신의 감정을 표현할 수 있는 여유 있는 태도와 편안하고 안정된 물리적 환경조성 및 제공과 적극적 경청, 공감능력, 수용, 감정이입, 정서적 지지와 양가감정의 보편성에 대한 이해와 격려 등 클라이언트의 현재 나아가는 표현의 속도에 대한 시간적, 정신적 여유를 가진 허용적 태도와 분위기와 움직임에 대한 민감한 인식, 필요한 것과 불필요한 것을 구분하는 분별력으로 클라이언트가 자신의 방식대로 이야기할 수 있도록 다양한 방법과 수단을 활용하여 한다. 즉, 클라이언트의 '내 감정을 자유롭게 표현하고 싶다'는 욕구를 파악하고 감정과 행동의 차이점을 인식하여 클라이언트와 사회복지사간 관계증진을 위해 감정을 표현하기 좋은 시간과 장소를 선택할 수 있도록 한다. 또한 클라이언트의 분노와 같은 적대적 감정의 환기를 위한 노력이 필요하지만 비현실적인 보상과 해석은 하지 않아야 한다. 따라서 클라이언트가 스트레스나 긴장으로부터 자유롭고 자신의 문제를 보다 명확하게 객관적으로 인식할 수 있으며 클라이언트가 진술한 문제의 의미와 문제를 보는 시각 등 클라이언트가 가진 문제와 그에 대해서 더 잘 이해하는 계기가 될 수 있으며, 클라이언트의 문제해결을 위한 실마리 제공으로 더 정확한 조사와 사정 및 치료가 가능하며 사회복지사와의 마음을 터놓는 친밀한 관계 형성으로 클라이언트 약점에 대한 이해와 강점까지 파악하여 적절한 평가를 내리는 데 도움이 될 것이다.

사례 1 **억울함, 서운함, 답답함의 근원 찾기**

♣ 불안과 부정적인 감정의 표현으로 자신의 변화를 기대하는 클라이언트

다른 사람들을 지나치게 의식하여 불안과 부정적인 감정들을 억누르고 살아온 클라이언트는 자신이 감정을 표현하면 이로 인해 지금의 안정이 깨질까봐 불안하였다. 그래서 눈치를 많이 보게 되었고 긴장하며 자신의 불안이 들킬까봐 늘 신경을 쓰게 되었다. 부정적인 감정을 표현하게 되면 상대방에게 부정적으로 보일까봐 혹은 자신을 싫어하게 되고 자신으로 인해 불편해지는 분위기가 되는 것을 두려워하였다. 갈등이 일어나는 상황을 못 견디지 못해 언제나 참으며 성실하고 책임감 있게 살았다. 그러나 이제는 자신의 감정을 들여다보면서 마음을 표현해 보고자 하는 의지를 가지게 되었다. 정말 달라지고 싶다는 생각과 억눌렀던 감정에서 벗어나기를 희망하고 있었다.

사회복지사는 클라이언트가 자신의 삶에 대해 변화하고자 하는 의지를 보이는 것을 긍정적으로 생각하지만 혹시 변화하고자 하는 마음이 과거의 자신으로 돌아갈 수도 있음을 인지시켜주어야 한다고 보았고, 그렇게 되지 않기 위해 많은 노력이 필요함에 대하여 정확하고 강하게 전달해야 한다고 생각하였다.

ㅁ 사례분석 들어가면서

☞「불안과 부정적인 감정」에 대한 기본적 지식이 필요하다.

「불안」은 불안(不安) 또는 '불안감'이란 이유 없이 막연히 나타나는 불쾌한 정서적 상태 또는 안도감이나 확신이 상실된 심리상태이다. 이게 남들에 비해 심하다면 불안장애라고 불린다. 그러나 한편으로 이 불안은 '설렘'으로도 해석되며, 무조건 부정적인 의미만 지닌 것은 아니다. (네이버 지식백과, 2023).

「부정적인 감정」은 무엇인가 잘못되어 가고 있다와 지금의 상황이 원하는 방향으로 가지 못하고 있다는 생각이 가져온 불편함이 심해져 두려움으로 옮겨가게 된다. 또한 두려움은 심각하지 않은 걱정, 심한 불안, 겁에 질림, 극심한 공포 등 다양한 감정으로 앞으로 일어날 일에 적절하게 대비할 수 없다는 느낌으로 정의한다. 이러한 불편함과 두려움이 부정적인 감정의 결과를 가져오게 된다. 부정적인 감정의 종류에는 '상처받은 느낌과 분노', '실망감이나 좌절감', '죄책감과 무력감', '중압감과 외로움' 등이 있다. (밀터 에릭슨 상담의 핵심[은유와 최면], 학지사, 에릭슨의 은유)

ㅁ 사례분석 과정

☞ 불안과 부정적인 감정의 표현으로 자신의 변화를 기대하는 〈사례 1〉는 그동안 클라이언트가 타인에 대한 지나친 의식으로 자신의 감정에 대해 솔직하게 표현하지 못하고 억누른 것에 대한 어려움으로 자신의 삶이 힘겨워진 경우이다. 사회복지사는 그러한 클라이언트의 억압된 감정에 대하여 공감하고 경청하며 클라이언트의 변화하고자 하는 노력에 대해 충분한 심리·정서적 지지를 제공해 주

어야 한다. 이는 클라이언트의 외부적인 문제보다 문제를 둘러싼 감정 자체가 클라이언트가 힘겨워하는 어려움일 수 있는 데 특히 부정적인 느낌이 진정한 문제일 수 있기 때문이다. 그러나 클라이언트가 객관적 진실만을 말할 경우 활용하는 수단으로 거짓된 감정과 사실을 꾸며 표현하는 것으로 보인다면 개입이 중단 또는 조정되어야 할 것이다.

의도적인 감정표현에 있어 장애요인으로는 비현실적인 보장, 성급한 초기해석, 너무 많은 해석, 클라이언트 감정에 대한 비난 등이 있다. 따라서 사회복지사로서의 역할은 클라이언트를 격려하고, 긴장과 스트레스를 완화시킴으로써 클라이언트와의 관계를 심화하며. 편안함을 느낄 수 있도록 하는 것이다. 이로써 클라이언트는 자신의 문제를 객관적으로 볼 수 있게 되면 사회복지사는 클라이언트가 가진 문제를 더 잘 인식하게 됨에 따라 정확한 조사, 사정, 개입이 이루어질 수 있게 되는 것이다.

2) 이론적 모델의 접근 (로웬버그와 돌고프의 일반결정모델)

억울함, 서운함, 답답함의 근원찾기의 〈사례 1〉은 클라이언트의 심리적 건강 및 자존감 향상 등과 관련된 것으로 전문가 상담가의 심층상담으로 연계가 필요한 사례이기도 하다. 〈사례 1〉의 문제해결을 하기 위해 사회복지사가 최선의 윤리적 결정을 하는 데 도움을 주고자 제시한 로웬버그와 돌고프가 제시한「일반결정 모델」외에도「윤리적 사정 심사표(EAS: Ethical Assessment Screen)」,「윤리적 규칙 심사표(ERS: Ethical Rules Screen)」,「윤리적 원칙 심사표(EPS: Ethical Principles Screen)」의 3가지 윤리적 심사표(심사기준)를 적용할 수 있다. 또한 위에서 기술한 윤리적 원칙 심사표(EPS)에서 제시하고 있는 7가지 원칙 중「삶의 질의 원칙」을 가장 먼저 적용할 수 있다. 따라서 윤리적 원칙의 우선순위는 사회복지 실천현장에서 사회복지사가 느끼게 되는 윤리적 딜레마에 있어서 영향을 주게 된다.

〈표 13-1〉 로웬버그와 돌고프(Loewenverg & Dolgoff)의 일반결정모델 적용

구분	일반결정모델	모델에 따라 초점 내용 확인하기
1단계	본인이 직면한 윤리적 딜레마와 관계되는 개인적 가치를 확인한다.	–클라이언트 A의 불안과 부정감정의 원인 파악 –불안과 부정감정에 대한 긍정적 변화 인지
2단계	윤리적 결정과 관계있는 사회적 가치를 확인한다.	–장기간 불안과 부정감정으로 인한 문제 인식 –타인에 대한 지나친 의식으로 삶의 질 저하 인식
3단계	윤리적 결정에 관계되는 전문가의 가치를 확인한다.	–불안과 부정감정에 대한 기본적 지식 습득 –전문가 상담 의뢰 필요 확인
4단계	본인이 선택할 수 있는 윤리적 선택 대안을 확인한다.	–클라이언트 A와의 서비스 우선순위 결정 –전문가 상담 의뢰 필요성을 안내
5단계	어떠한 윤리적 행위가 클라이언트와의 다른 사람의 권리와 복지를 최대한 보호해 줄 수 있는가?	–클라이언트 A의 불안과 부정감정의 소거 –자존감 향상으로 자신의 긍정적 삶 유도 –자립을 위한 자기 주도적인 삶의 방향 제시
6단계	어떠한 대안적 윤리행위가 사회적 권리와 이익을 최대한 보호해 줄 수 있는가?	–자신의 삶에 대한 의지적 노력 필요 설명 –불안과 부정감정이 지속될 경우 예측
7단계	위의 1, 2, 3번 사이의 갈등들을 감소시키기 위해 할 수 있는 것은 무엇인가?	–사회복지사로서의 전문가로서 역할 제시 및 공유
8단계	어떠한 대안적 행위가 최소한의 손해원칙을 유지할 수 있는가?	–클라이언트 A의 적극적인 노력의 태도 점검 –향후 긍정적 변화에 대한 기대감 유도
9단계	각각의 대안적 행위들은 어느 정도로 효율적 · 효과적 · 윤리적인가?	–사회복지현장에서의 결과(효과성–output)과 성과(효율성–outcome)에 대한 이해 도모
10단계	각각의 대안적 행위들의 단기 혹은 장기적 윤리적 결과들은 고려하고 비교했는가?	–사회복지실천에서 윤리적 결과 확인 –클라이언트의 비밀보장에 대한 책임 –사회복지사로서의 전문가적 역량강화

3) 자유토론을 위한 생각 공간

클라이언트의 목적 있는(의도적) 감정표현이 제한된 사례에 대해 그룹별로 내용을 찾아보거나, 스토리를 만들어 본다. 그리고 그룹별로 토론과정을 통해 클라이언트의 목적 있는(의도적) 감정표현이 가능하도록 하기 위한 어려움을 간접 경험하면서 사회복지사로서의 전문적 역량을 강화한다.

♣ 목적 있는(의도적) 감정표현이 어려울 것이라고 예상되는 사례 기입해보기

2. 클라이언트의 「비심판적 태도(비판단적 태도): non-judgemental attitude」와 사회복지사의 전문적 역할

사회복지실천 관계에서 특징 중의 하나로 비심판적인 태도이다. 이것은 클라이언트의 태도, 가치기준 또는 행동에 관한 평가적인 판단을 한다는 확신에 기초를 두고 있는 데, 사회기능의 문제 또는 욕구의 원인에 대한 클라이언트 책임의 정도, 죄가 있는지 혹은 없는 지를 따져서는 안 된다는 것을 의미한다. 즉 사고와 감정의 두 가지 요소를 포함하는 이러한 사회복지사의 태도는 클라이언트에게

전달된다((Biestek, 1973)는 것을 설명하고 있다. 자신의 처지와 곤란에 대한 심판이나 비난을 받고 싶어 하지 않는 클라이언트의 욕구에 기반을 두고 클라이언트의 견해, 가치관, 현실인식 등에 동의하는 것이 아니라 여러 약점을 가진 개인이 존재하는 있는 그대로 받아들이는 관계의 원리로 클라이언트의 문제나 욕구의 원인이 케이스워크의 기능적 문제 혹은 발생의 원인에 대해서 클라이언트의 잘못인지 아닌지, 그들의 환경에 의한 것인지 혹은 성격의 문제인지 등 클라이언트에게 책임이 있다는 것을 언어적으로 비언어적으로 비판하거나 판단하지 않는 것으로 클라이언트의 특성 및 가치관을 비난하지 않는다는 원칙을 말한다. 즉 비심판적인 태도의 원칙은 클라이언트가 가진 문제의 원인이나 욕구에 대한 유죄, 결백 혹은 클라이언트의 책임 정도를 가리지 않는다는 신념에 근거한다. 사회복지사는 객관적으로 검증할 수 없는 사안에 대해서는 옳고 그름을 판단하기보다 클라이언트를 이해하고 행동의 원인을 규명하는데 초점을 두어야 하며 비슷한 문제를 가진 클라이언트와 비교하거나 그 범주 속에 넣어 비난하는 인상을 주어서는 안 된다, 또한 사회복지사는 자기인식 및 자기분석을 통해 선입견과 편견 등 사회복지사의 가치관이 적용되지 않도록 해야 한다. 이에 비심판적인 태도를 보이는 사회복지사를 대하는 클라이언트는 자신의 문제에 대해 비난받을 것을 두려워하지 않고 이야기 할 수 있게 된다.

클라이언트의 심판을 받고 싶지 않은 욕구에 대해 비난하고 심판하지 않는 비심판적인 태도를 유지함에 있어서 선입견과 편견은 방해가 되기에 사회복지사가 자기인식을 통하여 개방적인 태도를 갖추어야 한다. 치료적 관계 형성을 위하여 수용적 차원에서 클라이언트가 행복을 추구할 권리가 있다는 존재임을 인식하고 클라이언트의 행동과 태도를 객관적으로 평가해야 하는데 이는 판단이 아닌 이해하기 위한 것이다. 심판은 곧 비난을 의미하는 것으로 클라이언트의 수준에서 이해하고 사회복지사의 개인적 가치관을 적용하지 않으며 잘못과 상황에 대하여 판단하지 않는다. '비난'은 같은 행동을 반복할 것이라는 가정하에 진행되기 때문에 '비난'은 현재가 아닌 과거에 초점을 두게 된다. 따라서 클라이언트가 심판받을 것이라는 두려운 마음을 가지게 되면 자신의 문제를 감추고 은폐하려는 경향이 있다는 점을 인지해야 한다. 즉 타인과 비교하거나 예를 드는 행동은 하지 않으며 임의적 범주에 넣어 분류하게 되면 비난을 받는다는 인상을 주게 된다. 따라서 클라이언트와 보조를 맞추어 나가며 성급한 결론을 내리지 않도록 주의해야 하고 클라이언트의 이야기를 중단하거나 가로막지 않으며 그의 감정에 동의하고 있음에 대해 지속적으로 표현해 주어야 한다. 사회복지실천 관계의 비심판적 태도와 관련한 사회복지사의 역할(엄명용, 2016)은 클라이언트에 대한 비심판적 태도가 클라이언트에게 전달되어야 하고 클라이언트의 행위와 진술에 대한 편견과 선입견을 가지고 너무 빨리 결론을 내릴 경우 다른 사람과 비교하거나 일정한 유형으로 분류하려는 것 등은 비심판적 태도를 전달하는 데 장애가 된다고 설명하고 있다.

비심판적 태도를 가지고 경청하며 방향을 제시해야 클라이언트가 자기결정을 내릴 수 있을 듯하다. 그러나 경청의 경우 장점으로 다른 사람의 말을 잘 들어주는 것이지만 단점으로는 문제를 해결해 주고자 한다는 것이다. 클라이언트의 이야기를 잘 들어주고 사회복지사의 생각을 이야기하면 되는데 잘못하면 사회복지사의 생각을 따르기를 강요를 할 수도 있다는 것이다. 이는 클라이언트의 반감이 일어날 수 있고 사회복지사를 불편한 사람으로 인식할 수 있다. 따라서 사회복지사가 문제해결 과정을 주도하고, 일부분만 클라이언트가 담당하도록 하며 클라이언트가 절실하게 필요로 하는 욕구는 무시한 채 사소하고 해결하기 쉬운 면만 도우려 하며 클라이언트를 조종하고 통제적 방식으로 설득하는 것은 옳지 않으며 클라이언트의 행동에 대하여 심판적인 자세를 취하게 되면 사회적 약자는 위축되어 더욱 마음의 문을 닫아버릴지도 모른다. 그러므로 비심판적 태도가 클라이언트에게 전달되도록 함과 동시에 클라이언트를 이해하기 위한 객관적 평가가 필요함을 알려주어야 하며 클라이언트의 욕구 및 문제에 대한 선입견, 성급한 추론과 분류는 지양한다. 그러나 클라이언트의 태도나 행동에 대한 평가적 판단은 하고 있어야 하며, 반사회적, 비윤리적, 불법적인 태도에 대해서는 올바른 기준이 있어야 한다. 클라이언트가 비난과 판단을 두려워한다면 자신에 대한 이야기를 하지 않을 것이다. 비난뿐만 아니라 칭찬과 승인도 판단적인 태도의 예로 비난과 칭찬은 클라이언트에게 동일한 영향을 미칠 수 있다. 비심판적인 태도를 잘 전달하기 위해서는 클라이언트를 충분히 수용하면서 적절한 치료적인 관계를 유지하여 자신의 문제를 개방하도록 하고 자신의 문제를 직면하도록 함으로써 궁극적으로 사회에 잘 적응하도록 도와야 한다. 클라이언트와의 최초 면접상담에서 매우 중요하게 요구되는 태도로 질문할 때는 공격적으로 하기보다는 상대방을 배려하면서 질문하려고 노력해야 한다. 객관적으로 검증할 수 없는 사회복지 현장에서 옳고 그름을 판단하기보다는 클라이언트를 이해하고 행동의 원인을 규명하는 데 초점을 두고 사회복지사로서 도움을 줄 수 있는 것에 대해서 보다 체계적이고 사회복지사 자신만의 계획을 세우고 이를 실천해 보아야 할 것이다.

사례 1 장애인의 결혼 그리고 출산

♣ 부모의 역할과 자녀양육에 어려움을 겪는 장애 가정

클라이언트는 교통사고로 인한 중도장애인으로 뇌병변 및 지체장애를 가지게 되었다. 가족들의 권유로 정신상애를 가진 여성과 결혼하여 딸아이를 낳았다. 그러나 아내의 정신장애 증세는 점점 더 악화되어 정신병원에 입원하게 되었고, 아내의 정신병원 입원 후 아이와 단둘이 생활하게 되었는데 자녀양육에 많은 어려움이 있었다. 이를 본 이웃들이 아동학대로 신고하여 아이는 아동보호전문기관으로 보내졌고 클라이언트 혼자 생활하게 되었다. 사회복지사는 장애인의 결혼이 그들의 자녀에게 더 큰 어려움을 줄 수 있다는 생각을 가지고 있었기에 클라이언트의 환경에 불편함을 느끼고 있었다. 그러나 사회복지사는 홀로 생활하는 클라이언트를 위해 어떠한 서비스를 지원해야 하는지와 어느 정도까지의 사례관리가 필요한지에 대한 어려움 또한 가지고 있다.

□ 사례분석 들어가면서

☞ 「중도장애」와 「자기분석」에 대한 이해를 갖는다.

「중도장애」란 첫째, 신체적 정신적 혹은 정서적인 성질의 문제가 심하기 때문에 일상적으로 갖추어져 있지 않은 광범위한 서비스가 필요한 상태 둘째, 지적장애-맹, 지적장애-지체 부자유와 같이 하나의 장애영역에 하나의 프로그램을 적용시킬 수 없는 심각한 문제를 야기하는 장애, 셋째, 정상적인 생활을 하다가 사고 및 질병 등 주변의 환경적 요인에 의해 후천적으로 장애를 가지게 된 경우로 설명할 수 있다. 중도장애에 대한 수용의 어려움으로 자신의 삶을 포기하는 사례들이 발생하기도 한다.

「자기분석」이란 스스로 과거의 체험과 경험, 행동양식을 돌이켜 봄으로써 자신의 정체성과 적성, 능력을 파악해 보고 커리어 플랜(Career Plan)과 비전을 설정해 보는 자기탐구 작업이다. 자기분석을 통해 자신의 성격, 가치관, 감장, 능력, 소질 등의 핵심을 파악하고 표현할 준비를 갖추어 나가는 것이다. 즉 나의 객관적인 전력은 무엇인가를 스스로 평가하는 자기진단이기도 하다. 정신분석학에서는 나를 행복하게 하는 것과 행복하게 하지 않는 요소들에 스스로 납득할 만한 원인을 붙여나가는 과정이라고 정의하는데, 이때 사소한 것부터 중요한 것까지, 세속적인 것부터 근본적인 것까지, 일차원적인 것부터 고차원적인 것까지 모든 것을 포함한다. 자기분석은 자신의 감정을 이해하고 받아들이는 것으로 시작한다. 다시 말하면 자신의 불안, 두려움, 슬픔, 분노와 같은 감정을 인식하고 이를 받아들이면서 내 생각과 행동의 이유를 파악하는 것이다. 이를 통해 자신의 감정을 잘 다루어 자신을 안정시키고 자신의 강점과 약점을 인식함으로써 강점은 자신의 능력과 가능성을 더 잘 이해할 수 있도록 도와주고 약점은 개선이 필요한 부분을 파악하여 보완하는데 도움을 줌으로써 자신의 행동에 대한 자존감과 자신감을 키워준다.

▫ 사례분석 과정

☞ 클라이언트가 가지고 있는 개인적 상황 및 환경에 대한 충분한 이해를 바탕으로 사회복지사 자신의 경험치를 클라이언트에게 투사 또는 감정이입의 태도를 취하는 것은 매우 위험한 요소이다. 따라서 클라이언트가 가지고 있는 지지요인을 찾아 해결의 방안을 제시해 주어야 하는데, 우선적으로 장애의 정도를 정확하

게 파악하여 스스로 해결할 수 없음에 따른 서비스 계획을 수립하고 서비스 지원을 위한 인적, 물적 자원을 확보해야 한다. 또한 아동보호전문기관에서 지내고 있는 클라이언트의 자녀에 대한 지원방안에 대한 계획수립도 이루어져야 한다. 클라이언트에 대한 정서적 지지를 시작으로 가족구성원들의 역할과 보살핌과 돌봄의 여부, 지역사회 및 복지시설에서의 지원체계 등을 가계도, 생태도등 사정도구의 활용으로 전문가로서의 역량을 발휘할 수 있어야 한다.

클라이언트의 일상생활에 대한 어려움, 자녀와의 분리로 인한 불안과 우울, 아내의 입원으로 인한 상실감과 외로움 해소를 위한 어떻게 서비스 할 것인가에 대한 통합적인 사례관리의 진행을 필요로 한다. 이는 중도장애에 대한 대안이 있다고는 하나 실현방안이 적음과 지속성의 인지가 중요함을 설명하는 것이다. 중도장애인으로서의 삶과 결혼한 아내의 장애에 대한 이해. 자녀의 올바른 양육태도를 위한 정보의 부족, 자녀와의 분리로 인한 심리적 우울감 등에 대해 개입의 우선순위를 설정하고 사회복지사가 생각하는 클라이언트에 대한 관심과 전문적인 지식을 가지고 클라이언트에게 진정한 서비스가 제공될 수 있도록 노력해야 한다.

2) 이론적 모델의 접근 (리머의 의사결정 모델)

윤리적 갈등해결의 지침인 리머(Reamer)의 의사결정모델은 다른 학자보다 더 구체적인 의사결정모델을 제시하고 있다. 이에 윤리적 의무에 관한 일관성의 원칙을 구체적으로 사회복지 분야에 적용하고 있다. 즉 생명, 건강, 음식, 주거, 정신적 균형 등을 포함하는 모든 사람들에게 요구되는 복지 측면의 기본조건과 혹사, 약탈, 사기, 거짓말, 기만을 포함하는 인간의 삶에서 능력이 약화되는 조건, 지식, 재산, 교육, 자아존중감 등을 포함하는 능력이 부가되는 조건 등으로 설명할 수 있다. 리머의 의사결정 모델(1995)은 개인의 자기결정권과 그 자신의 기본적 복지권보다 우선한다. 자발적이고 자유롭게 동의한 법률, 규칙, 규정을 준수해야 하는 의무는 이러한 법률, 규칙, 규정과 갈등을 일으키는 방식으로 행동하는 개인의 권리에 우선하는 여섯 가지 윤리 지침을 제시하고 있으며 의사결정의 윤리적 해결과정은 일곱 가지의 단계로 설명한다.

사회복지 실천현장에서는 다양한 윤리적 갈등이 발생하게 되는 데 이러한 윤리적 갈등을 해결하는 것은 사회복지사로서의 매우 중요한 역할이다. 또한 윤리적 갈등을 해결하는 과정이 곧 전문가로서의 역량을 키우는 기회가 되기도 하고 그들의 책임과 역할을 잘 이해하는 데 도움이 될 것이다. 그러나 윤리적 갈등의 해결은 쉽게 이루어지지 않는다. 따라서 사회복지사는 윤리적 원칙을 바탕으로 클라이언트를 위해 가능한 최선을 선택하고 보다 효과적인 서비스를 제공할 수 있도록 윤리적 가이드라인과 규정에 대한 이해와 필요한 지식과 기술의 활용하여 합리적이고 긍정적인 결과로 이끌어내야 한다.

〈표 13-2〉 리머(Reamer)의 의사결정 과정 적용

구분	의사결정 단계	모델에 따라 초점 내용 확인하기
1단계	갈등을 일으키는 사회복지실천 가치와 의무를 포함하여 윤리적 이슈를 규명함	-클라이언트와 가족구성원 특성 파악 -클라이언트의 가족관계 어려움 점검
2단계	윤리적 결정에 의하여 영향을 받을 가능성이 있는 개인이나 집단, 조직을 규명함	-가족의 권유로 결혼하였으나 클라이언트의 결혼생활 유지에 대한 의지 재확인
3단계	실행 가능한 모든 행동방침과 각각의 경우에 포함되는 참여자들 그리고, 각 경우의 잠재적 이익과 위험을 잠정적으로 규명함	-클라이언트의 상황에 따른 개입순위 설정 -자녀 분리에 대한 우울/불안 해소방안 마련
4단계	다음의 사항을 고려하여 각각의 행동방침을 찬성 또는 반대하는 이유와 근거를 철저하게 검토함(a. 윤리이론, 원칙, 지침들, b. 윤리강령과 법적 원칙들, c. 사회복지실천 이론과 원칙들, d. 개인적 가치들)	a. 장애인 결혼에 대한 사회적 인식 개선 b. 장애인가정 자녀를 위한 법적지원 확인 c. 클라이언트를 위한 정서적 지지체계 구축 d. 클라이언트에 대한 충분한 이해 및 숙지

5단계	동료나 적당한 전문가와 상담함: 기관의 직원, 슈퍼바이저, 기관의 행정가, 변호사 등	–클라이언트 당사자 및 가족구성원을 위한 사회 복지적 개입방법 및 계획수립
6단계	결정을 내리고 의사결정 과정의 증빙서류를 첨부함	–클라이언트 의사결정참여에 대한 결과물 제시
7단계	결정을 감시, 평가하고 결정에 관한 서류를 첨부함	–클라이언트에 대한 사후관리 및 평가 진행

3) 자유토론을 위한 공간

클라이언트의 비심판적 태도(비판단적 태도)가 제한된 사례에 대해 그룹별로 내용을 찾아보거나, 스토리를 만들어 본다. 그리고 그룹별로 토론과정을 통해 클라이언트의 비심판적 태도(비판단적 태도)가 가능하도록 하기 위한 어려움을 간접 경험하면서 사회복지사로서의 전문적 역량을 강화한다.

♣ 비심판적 태도(비판단적 태도)의 어려움이 예상되는 사례 기입해보기

3. 클라이언트의 「통제된 정서적 관여: controlled emotional involvement」와 사회복지사의 전문적 역할

사회복지사의 적절한 정서적 관여는 클라이언트로 하여금 수용된다는 느낌을 가지게 하여 자신의 문제가 이해되는 심리적 안정을 찾게 된다. 관여는 통제되어지는 것으로 상담의 총체적 목적에 따라 그리고 클라이언트의 변화하는 욕구나 사회복지사의 진단적 사고에 따라 의도적이며 적절한 반응의 방향이 설정되어야 한다. 사회복지사가 공감의 반응을 보이면 클라이언트는 자신의 감정이 수용되고 있음을 느끼고 심리적 안정감을 가지게 되는 데 클라이언트가 자신의 감정을 표현할 때 사회복지사가 이에 대해 원하는 반응을 기대하기에 정서적 관여를 하게 된다.

이때 사회복지사는 클라이언트의 감정에 민감성을 가지고 그 감정에 해당하는 반응 즉, 해당 감정에 대해 의도적이고 적절한 반응을 보이는 것이다. 이에 사회복지실천 관계에서 매우 중요한 심리적 요소로 고도의 기술을 필요로 한다. 또한 외적인 반응으로 끄덕임, 시선, 얼굴 표정 등의 변화를 활용하여 공감하고 있음을 알리거나 내적으로는 교감하고 있다는 느낌을 원조의 목적에 맞게 통제하고 조정하여 드러낼 수 있어야 한다는 것을 원칙으로 한 클라이언트의 감정에 대해 사회복지사가 반응할 때는 서비스의 목적과 사회복지사의 자기인식을 바탕으로 한 정서적 관념이기도 하다. 이러한 통제된 정서적 관여는 클라이언트의 감정의 의미에 대한 사회복지사의 민감성과 클라이언트 감정에 대한 이해 및 사회복지사에 의한 적절한 반응으로 클라이언트의 감정에 대한 목적이 있는 적절한 정서적 반응 등을 의미하며 '내 문제에 대해 동정적으로 반응해 주면 좋겠다'는 클라이언트의 욕구에 기반하는 것으로 클라이언트가 변화하고자 하는 욕구 즉 문제에 대해 공감적 반응을 얻고 싶은 욕구에 맞추어 클라이언트의 주관적 경험과 감정을 같이 경험함으로써 그것이 클라이언트에게 가지는 의미를 찾아내는 계속적인 과정의 감정이입적 태도와 공감능력과 전문적, 객관적 관점을 위한 충분한 정서적 거리를 유지할 수 있는 사회복지사의 능력을 요구하기도 한다.

클라이언트의 면접은 주로 정서적인 면에 관계되어 있으므로 사회복지사는 클라이언트가 자기감정을 말로 표현할 수 있도록 권고하고 이들 감정에 호응하기 위해 정서적으로 관여하는 데 이때 클라이언트의 감정과 비언어적인 방법 즉 표현의 강도, 머뭇거림, 억양, 얼굴 표정, 자세, 옷차림, 손동작으로 표현한다면 클라이언트의 행동을 민감하게 관찰하고 경청해야 한다. 다시 말하면 클라이언트의 감정을 이해하는 실마리와 지표가 되는 것으로 클라이언트의 감정을 잘 관찰하는 것과 경청하는 것에서 비롯한 민감성과 언어, 표현, 행동 등을 통해 이루어지고, 클라이언트에게 즉시 전달되므로 신중해야 하는 의도적인 적절한 반응, 클라이언트가 표현한 감정의 의미와 클라이언트에게 어떠한 영향을 미칠 것 인가를 클라이언트의 입장에서 이해하는 감정이입으로 이루어짐을 설명할 수 있다.

또한 클라이언트의 말이나 행동, 감정에 대하여 사회복지사가 민첩하게 대처하는 것이며 클라이언트의 표현에 대하여 사회복지가 적절하게 자신을 드러내는 것으로 서비스의 목적에 맞게 통제하고 조절해야 하며 사회복지사는 감정의 의미를 클라이언트의 문제와 관련시켜 이해하고, 클라이언트가 나타내는 언행의 의미를 탐색하여 클라이언트와의 상담에서 저해가 되는 요인을 줄이려고 노력해야 한다. 전문적 원조자로서 클라이언트의 감정표현에 대한 사회복지사의 반응은 사회복지실천 관계에서 가장 중요하며 어려운 심리적 요소로 사회복지사 자신의 생활경험과 전문적인 실천의 결과로부터 얻어질 수 있으며 이러한 역할 및 능력의 향상을 위해 인간행동과 발달과정에 대한 심리학, 정신의학, 사회과학 등의 다양한 과학적 지식과 전문가의 슈퍼비전, 자문 등을 필요로 하며 끊임없는 사회복지사의 자기인식과 자기훈련의 과정을 거쳐야 한다.

사례 3 성전환 후의 클라이언트와 보수적인 부모

♣ 성전환 후 경제적/가정적으로 어려움을 호소하는 클라이언트

성전환 후 부모와의 관계를 단절하고 싶은 클라이언트를 상담하였다. 클라이언트의 부모는 보수적으로 클라이언트가 성전환 하였다는 사실을 인정하지 않았고 부끄럽다는 태도를 보여 클라이언트는 더 이상 부모님과 연락하고 싶지 않았다. 그러나 사회복지사는 클라이언트가 경제적으로 독립할 능력이 없는 것으로 판단됨에 따라 클라이언트가 지금까지 부모님 밑에서 견디어 온 것을 칭찬하고, 스스로의 힘으로 살아갈 것을 권유하였다. 클라이언트는 자신감을 얻어 독립하였지만 부모님과의 관계는 더욱 악화되었고, 직장을 구하지 못하여 다시 부모님과 함께 생활하게 되었고 결국 클라이언트는 부모님과의 악화된 관계에 대하여 다시 고민하게 되었다.

□ **사례분석 들어가면서**

☞ 「감정이입」과 「자기인식」에 대한 기본적 지식이 필요하다.

「감정이입」은 수용과 매우 밀접한 관계가 있으며 타인이 경험한 것을 이해하기 위하여 타인의 감정과 생각에 자신을 투사시키는 것이다. 즉 상대방의 경험과 감정 그리고 사고와 신념 등을 타인의 관점과 입장에서 듣고 이해하는 능력이다. 이때 감정은 동감(同感)으로 통찰 또는 동정심의 감정과는 구별되어야 한다. 다시 말하면 클라이언트로 하여금 자기 자신의 과거를 돌아보고 자신의 내면 상태를 느끼고 경험하면서 스스로 자신의 행동에 대해 책임지고 결정할 수 있도록 하고, 스스로 결정하고자 하는 태도를 가질 수 있게 해야 하는 것으로 자아개념에 대한 변화를 일으키게 하는 것이라고 할 수 있다. 즉 이러한 과정에서 일관되게 긍정적인 관심으로 자신의 관점을 유지하면서 클라이언트의 상황에 있어 그들의 정서적 상태를 경험하도록 놓아두고 느낌과 경험에 몰입하여 클라이언트의 내면을 촉발시키는 것으로 설명할 수 있다.

「자기인식」이란 특성, 행동, 감정을 포함하여 다양한 측면을 인식하는 것을 포함한다. 근본적으로 자신이 관심의 초점이 되는 심리적인 상태로 자기개념의 구성요소 중 하나이며, 자기인식의 수준은 차별화, 상황, 인식 영원, 자의식의 5단계로 나누어지고, 자기인식의 유형은 공공자기인식, 사적자기인식으로 구분할 수 있다. 자기인식은 우리가 어떻게 자신을 이해하고 어떻게 다른 사람들과 세상에 관계하는 데 중요한 역할을 한다. 또한 지나친 자신인식은 과도한 자의식을 발생시킬 수 있다.

□ **사례분석 과정**

☞ 성전환 후의 클라이언트와 보수적인 부모 〈사례 3〉은 사회복지사사 무조건적인 공감으로 클라이언트를 인정하는 주관적 판단의 태도를 보였다. 억압적인 부모는 클라이언트의 주관적 보고라는 사실과 실제로는 부모의 경제적 지원으로 성전환수술을 할 수 있었으며 클라이언트가 부족하지 않은 생활을 이어올 수 있었다는 사실이 간과되었다. 따라서 클리이언트가 부모와의 관계를 개선하려고 노력한 점에 대해서는 '지지'와 '격려'는 가능하지만 무조건적인 '칭찬'과 '공감'은 올바른 사정(assesement)이 아니라고 볼 수 있다. 이는 클라이언트 중심의 상담으로 지나친 공감으로 때로 본질이 왜곡되는 결과를 가져올 수 있기 때문에 심리적 거리를 유지하며 클라이언트의 이야기를 객관화 시킬 수 있어야 한다.

2) 이론적 모델의 접근(콩그레스의 모델)

〈표 13-3〉 콩그레스(Congress)의 ETHIC 모델 적용

구분	의사결정 단계	모델에 따라 초점 내용 확인하기
1단계	E(Examine relevant personal, societal, agency, client and professional values.): 관련되는 개인의 가치, 사회의 가치, 기관의 가치, 클라이언트의 가치, 전문가의 가치를 검토한다.	개인적 가치: 트렌스젠더로서의 정체성 확립 필요 사회적 가치: 소수자에 대한 다양성 인정 인식개선 기관의 가치: 클라이언트의 자기결정권 존중 중요 C't의 가치: 자기결정에 대한 현실적 상황 인식 전문가 가치: 클라이언트의 자기인식을 통한 관계 회복과 긍정적 삶의 가치 지양 유도
2단계	T(Think about what ethical of the NASW code of ethics applies to the situation as well as about relevant laws and case decisions): 상황에 적용되는 윤리강령의 윤리기준, 규정이나 관련 법규와 판례를 고려한다.	–성소수자에 대한 사회적/법적 지원 점검 확인 –부모와의 신뢰감 형성/긍정적 관계 방안 마련 –다양한 가족과 성소수자에 대한 사회/문화적 인식의 변화, 사회참여 가능여부 등 정보제공 –사회적 환경변화에 대응할 수 있는 방법 제시 –유사 사례공유를 통한 문제해결 가능성 제공
3단계	H(Hypothesize about possible consequences of different decisions): 각기 다른 결정으로 나타나는 결과에 대해 가설을 설정한다.	–클라이언트의 자기결정권 존중의 경우(성소자에 대한 부정적 인식의 정도가 약해질 수 있음) –클라이언트의 자기결정권 부정의 경우(심리적 위축으로 다양한 어려움에 노출될 수 있음)
4단계	I(Identify who will benefit and who will be harmed in social work's commitment to the vulnerable): 결정과 관련하여 가장 취약한 대상에 대한 사회복지의 헌신에 비추어 누가 혜택을 받을 것이며, 피해를 입을 것인지를 확인한다.	–자신의 결정에 대한 불인정과 비난에 대해 정서적, 심리적으로 매우 어려움을 겪고 있음 –현재의 상황에서 벗어날 수 있는 방안을 제시함으로써 자신감 회복 –자립의지와 동기부여를 위한 부모와의 관계개선 –변화된 삶에 대한 인지로 사회적응력 향상 가능

5단계	C(Consult with supervisor and colleagues about the most ethical choiceIt): 최선의 윤리적 선택에 대하여 슈퍼바이저와 동료에게 자문을 구한다.	–클라이언트에게 주고자 도움을 주고자 하지만 사회복지사로서의 윤리적 선택에 대한 자문 필요 –슈퍼바이저의 경험과 전문적 지식을 활용할 수 있는 기회 마련

3) 자유토론을 위한 공간

트렌스젠더인 클라이언트와 보수적인 부모〈사례 3〉와 관련된 내용을 그룹별로 찾아보거나 스토리를 만들어 본다. 그리고 그룹별로 토론과정을 통해「통제된 정서적 관여」에 대한 어려움을 간접 경험하면서 사회복지사로서의 전문적 역량을 강화한다.

♣ 통제된 정서적 관여의 어려움이 예상되는 사례 기입해보기

참고문헌

참고문헌

강기정, 김제선, 신규철, 최미경, 최세영(2021). 사회복지윤리와철학. 경기: 어가.

강신익, 고인석, 김국태, 김유신, 박영태, 박은진, ... 홍성욱(2011). 과학철학: 흐름과 쟁점, 그리고 확장. 경기: 창비.

강종수(2019). 사회복지행정의 이해. 서울: 학지사.

고세훈(2000). 복지국가의 이해-이론과 실제. 서울: 고려대학교출판부.

고수현(2022). 사회복지윤리와 철학. 경기: 양서원

과학정보통신부(2020). 국가 인공지능 윤리 기준(안)

권중돈, 조학래, 윤경아, 이윤화, 이영미, 손의성, 오인근, 김동기(2014). 사회복지개론. 서울: 학지사.

김경희(2001). 사회복지사의 윤리적 책임행동 결정변인에 관한 연구: 서울지역 사회복지관을 중심으로, 한국사회복지행정학, 5, pp. 79-113.

김기덕(2002). 사회복지윤리학. 서울: 나눔의 집.

_____(2004). 푸코와 사회복지, 사회복지연구, 24:45-72.

김만지(1993). "사회사업실천에서의 윤리적 딜레마에 관한 사례 연구-복지대상자의 자기결정권과 비밀보장을 중심으로-". 이화여자대학교 사회사업학과 석사학위논문

김민수(2013). 사회복지사의 윤리적 민감성에 영향을 미치는 요인에 관한 연구, 경상대학교 대학원 석사학위논문.

김성호(2017). 미국 사회사업의 동향과 과제-NASW 윤리강령의 변화과정을 중심으로-. 한국사회복지학회 학술대회 자료집. pp. 343-359.

_____(2018). 미국 NASW 윤리강령의 변화과정 및 2018 개정의 함의. 생명연구, 제47집. pp. 209-248.

김영종(2014). 한국 사회복지전문직의 제도적 전문성 경로와 대안적 정향. 사회복

지정책 Vol.41 No.4 377-404.

김용민(2011). 사회복지사가 인지한 전문적 능력이 윤리적 책임에 미치는 영향. 보건사회연구 제31권 제4호, pp. 125-153.

김정자(1993). 사회복지실천의 윤리적 재고찰. 서울: 한울아카데미.

김태성(2018). 사회복지정책입문. 서울: 청목출판사.

김혜란, 공계순, 박현선, 홍선미(2023). 사회복지실천론. 서울: 학지사

김호정(2005). 개인적 요인과 조직적 요인이 공직자의 윤리적 판단에 미치는 영향, 한국행정학보, 39(4). 125-148.

김효선, 김녹현, 이경희, 이우언, 조성욱, 최영자, 황동섭(2020). 사회복지실천론. 경기: 공동체.

맹주만(2013). 센델과 공화주의 공공철학. 철학탐구. 24:65-94.

박형원(2020). HIV/AIDS 감염인과 일하는 사회복지사의 딜레마. 미래사회복지연구. 11(1). pp. 77-109.

방송통신위원회(2021). 인공지능기반 미디어 추천서비스 이용자 보호 기본원칙

백종현(2007). 철학의 기념과 주요 문제. 서울: 철학과 현실사.

백훈승(2015). 철학입문. 전북: 전북대학교출판문화원.

서미경·김영란·박은미 옮김(로웬버그와 돌고프 지음)(2009). 사회복지실천윤리. 경기도:양서원. (Loewenberg, F. M., & Dolgoff, R., 1996, Ethical decisions for social work practice. Itasca, IL:F. E. Peacock).

송유미(2008). 사회복지사의 전문성과 윤리적 책임행동 간의 관계를 통한 사회복지실천적 함의, 한국지역사회복지학, 27, pp.195-210.

신중섭(2016). 센델의 시민적 공화주의, 윤리교육연구 42:195-222.

안병덕, 이근홍(2015). 사회복지학전공 대학생의 전공관련 만족도가 사회복지전문직 정체성에 미치는 영향. 한국사회복지교육, vol.32, pp.167-184.

양명숙, 김동일, 김명권 외 2명(2013). 상담이론과 실제. 서울: 학지사.

양옥경(1993). 사회복지 실천과 윤리. 서울: 한울아카데미.

양옥경, 김정진, 서미경, 김미옥, 김소희(2000). 사회복지실천론. 경기: 나남.

양옥경 외(2011). 사회복지윤리와철학. 서울: 나눔의집.

양옥경(2009). 사회복지 윤리경영 인증지표 개발연구, 사회복지 윤리경영 선도기관 육성사업 2차년도 결과보고대회 자료집, 1-75, 한국사회복지협의회.

_____(2021). 사회복지윤리와인권. 서울: 공동체.

오윤수, 정현태(2019). 사회복지윤리와철학. 서울: 공동체.

오정수, 유채영, 김기덕, 홍백의, 황보람(2022). 사회복지 윤리와 철학. 서울: 학지사.

오혜경(2006). 사회복지실천에서 자기결정권과 자기결정권의 제한, 인간연구 제11호, pp. 220-249.

_____(2006). 인간서비스 전문직 종사자와 윤리적인 함정. 상황과 복지, 22, 155-206.

_____(2008). 사회복지실천에서의 비밀보장 등에 관한 연구, vol.4,no.2,통권 8호 pp.95-136.

_____(2015). 사회복지윤리와 철학. 서울: 창지사.

우국희, 임세희, 성정현, 최승희, 장연진, 좌현숙(2013). 사회복지윤리와철학, 공동체.

우영미(2007). 사회복지사의 전문성과 윤리의식에 관한 연구. 동국대학교 석사학위논문

유연숙(2015). 사회복지사가 경험한 윤리적 갈등과 윤리적 의사결정의 의미구조 : 위버만의 객관적 해석학 방법으로. 강남대학교 사회복지전문대학원 박사학위논문.

유연숙·이효선(2016). 사회복지사가 경험한 윤리적 갈등과 윤리적 의사결정의 의미 재구성. 사회복지 실천과 연구. 13(1). pp.73~114.

유하얀(2016). 장애인거주시설 사회복지사의 발달장애인 관계 경험, 전북대학교 대학원 사회복지학과 석사학위 논문.

윤성호, 이미라, 손지현(2022). 사회복지윤리와철학. 경기: 지식공동체.

윤순임(2011). 현대상담 심리치료의 이론과 실제. 서울: 중앙적성출판사.

윤찬영(2017). 사회복지의 이해. 경기: 정민사.

이병록(2007). 지역사회복지와 사회복지시설. 서울: 청목출판사.

이세원(2006). 아동학대 예방센터 사회복지사의 윤리적 딜레마와 의사결정에 관한 연구. 서울대학교 대학원 석사학위논문.

______(2008). 아동보호전문기관 사회복지사의 윤리적 딜레마와 의사결정에 관한 연구. 한국사회복지학, 60(1). 53-76.

이수연(2017). 상담심리학. 경기: 양성원.

이순민(2012). 사회복지윤리와철학. 서울: 학지사.

______(2020). 사회복지윤리와철학. 서울: 학지사.

이영분, 김기환(2010). 사회복지실천론. 서울: 동인.

이채석(2017). 사회복지 사례관리. 경기: 어가.

이철주·한승주(2014). 관료제 구조와 사회복지업무 속성의 충돌, 그리고 재량행위의 왜곡. 「정부학연구」 제20권 제1호. 75~118.

이태희, 류동수, 박희숙, 오하나, 황동섭(2019). 사회복지실천기술론. 경기: 지식공동체.

이현주(2000). 사회복지전문직의 종사자의 윤리적 갈등에 관한 연구. 중앙대학교 대학원 석사학위논문.

이효선(2003). 사회복지 윤리와 철학의 이해. 서울:학지사.

장바른(2016). 장애인복지시설 사회복지사의 인권감수성에 관한 연구, 이화여자대학교 대학원 사회복지학과 석사학위논문.

장홍숙(2008). 사회복지사의 윤리적 민감성에 영향을 미치는 요인 연구, 숭실대학교 대학원 석사학위논문.

정보통신위원회(2000). 네티즌 윤리강령.

정진화(2016). 존 롤즈의 분배정의론과 한국적 적용에 대한 연구, 한국정치학회보, 50(2): 75-101.

정현태, 이인순, 이진향(2022). 사회복지윤리와 철학. 경기: 지식공동체.

조수민(2020). 이상론과 비이상론, 시대와 철학, 31(3): 247-282.

조용환(2023). "인공지능 기술보다 중요한 인공지능 윤리" 조용환 칼럼니스트. 2023년 3월 24일 기사.

조우연, 신경애, 김영이, 김은주, 전은경, 강희숙(2013). 지적장애인거주시설 사회복지사의 윤리적 딜레마 경험. 재활복지 17(1). 233-258.

조휘일(2004). 사회복지 슈퍼비전 실천의 방향. 2004년 한국사회복지행정학회 춘계학술대회 자료집.

최명민 외(2019). 한국사회복지사윤리강령의 개정 필요성과 방향에 관한 연구. 한국사회복지행정학 21권 제2호(통권 제63호). pp. 171-202.

최문기(2002). 공직 윤리에서 윤리적 의사결정과 교육, 윤리연구, 51. pp.74-75.

_____(2015). 윤리적 의사결정'에 의한 세월호 참사 분석. 윤리연구 102권 61-87.

최영민(2005). 정신보건사회복지사의 윤리적 민감성 훈련프로그램 개발 및 형가, 정신보건과사회사업, 20, 182-215.

최창현, 황민철(2018) 사회복지조사방법론. 서울: 윤성사.

한국산업인력공단(2015). 사회복지서비스. 서울: 진한엠앤비.

한국전자통신연구원(2020). 코로나 이후 글로벌 트렌드, '완전한 디지털 사회'.

한국지능정보사회진흥원(2021). 2020 디지털정보격차 실태조사.

__________________(2022). 크리에이터가 알아야 할 디지털윤리 역량 가이드북.

한국포스트연구소(2017). '제4차 산업혁명과 새로운 사회윤리', 아카넷.

한국인공지능윤리협회(2020). 인공지능윤리현장.

황미경(2018). 한국 사회복지전문직의 제도적 속성에 따른 의무와 재량행위. 사회복지법제연구, 제9권 1호,119-142.

Barr, N. (2004). *Economics of the Welfare State(4th ed)*. Oxford University Press

Christman, J. (2004). 사회정치철학. 실천철학연구회 역. 서울: 한울아카데미.

Congress, E.(1999). *Social Work Values and Ethics: Identifying and Resolving Professional Dilemmas, 1st Edition*. Chicago: Nelson-Hall.

Frankena, W. (1984). Ehtics. Prentice-Hall.

Freidson, E.(1994). Professionalism Re-Born: Theory, Prophecy and Policy. Cambridge: Polity Press.

Hartman, Nicolai(1996). 윤리학. 하기락 역. 서울: 형성출판사.

Heidegger, M. (2000). 동일성과 차이. 신상희 역. 서울: 민음사

Hugman, R. 2003. "Professional Values and Ethics in Social Work: Reconsidering Postmodernism?" British Journal of Social Work 33: 1025-1041.

Jary, J., & Jary, D. (1995). Collins Dictionary of Sociology(pp. 405-406). London: HarperCollins Publishers.

Loewenberg, Frank. M., & Dolgoff, R.(1996). Ethical Edcisions for Social Work Practice, Peacock. Inc. 서미경, 김영란, 빅비은 공역(2009). 사회복지실천윤리. 양서원.

NASW(1995). Encyclopedia of Social Work, Maryland : NASW.

Perelman Chaim, (1986a). 심현섭, 강경선, 장영민 역, "정의에 대하여", 법과정의의철학. De la Justice, 서울: 종로서적.

Pojman, L. (2002). Ethics: Discovering Right and Wrong. Wadsworth.

Reamer F. G.(1999). *Social Work Values and Ethics(2nd ed.)* New York : Columbia University Press.

__________(1986). The Use of Modern Technology in Social Work: Ethical Dilemmas. Social Work, 31(6). 469-472

__________(1990). Ethical Dilemmas in Social Service. Columbia University Press.

__________(2003). "Boundary Issues in Social Work:Managing Dual Relationships." Social Work, 48(1). 121–133.

____________(1999). *Social work values and ethics(2nd ed).* New York: Columbia University Press.

Richard Nelson Jones(2016). 상담 및 치료의 이론과 실제. 김성봉, 황혜리 역. 서울: 시그마프레스.

Saleebey, D. (1990). Philosophical Disputes in Social Work: Social Justice Denied. Journal of Sociology and Social Welfare, 17(2):29–40.

Sandel, M. (1998). *Liberalism and the Limits of Justice(2nd ed).* Cambridge University Press.

___________(2010). 정의란 무엇인가. 이창신 역. 경기: 김영사

Thompson, M. (2000). *Ebtics.* Contemporary Books.

Trevithick, P. (2008). Revisitng the Knowledge Base of Social Work. British Journal of Social Work. 28:1212–1237.

네이버 인플루언서 센터: https://influencercenter.naver.com./support/ctreaorwork-shop

문화체육관광부: https://www.mcst.go.kr/main.jsp

서울디지털재단: https://sdf.seoul.kr/kor/index

여성가족부: www.mogef.go.kr

한국학중앙연구원: https//encykorea.aks.ac.kr

저자소개

오 미 희

- 일본 메이지(明治)대학교 대학원 정치학박사(Ph.D)
- 아동학대연구동향, 저출산지원정책, 난임지원정책연구 등
- 현) 유원대학교 사회복지학부 교수

이 태 희

- 서울기독대학교 대학원 사회복지학과, 문학박사(Ph.D)
- 명지대학교 지방자치대학원 사회복지학과, 사회복지학 석사
- 현) 경북전문대학교 사회복지과 교수

박 순 미

- 경북대학교 대학원 사회복지학 박사(문학박사)
- 노인주거정책, 노인부양정책 및 서비스 등
- 현) 진주보건대학교 사회복지과 교수

배 은 석

- 부산대학교 대학원 사회복지학 박사(Ph.D)
- 사회복지전달체계, 지역사회보장계획, 통합돌봄 분야 연구
- 현) 고신대학교 사회복지학과 부교수

김 수 림

- 백석대학교 기독교사회복지대학원 사회복지학 박사
- 다문화가정 결혼이주여성, 주거복지, 노인일자리에 관한 연구 등
- 전문대학 혁신지원사업, Hive 사업, 지방 전문대학 활성화사업 등
- 현) 세경대학교 사회복지과 교수

디지털시대의

사회복지 윤리와 철학

초 판 1쇄 인쇄 2023년 8월 30일
초 판 1쇄 발행 2023년 9월 5일

지 은 이 | 오미희 · 이태희 · 박순미 · 배은석 · 김수림
펴 낸 이 | 김기섭
책임편집 | 이현남
펴 낸 곳 | www.changjisa.com
08589 서울시 금천구 가산디지털 1로 83 파트너스타워1차 9층
전화 (02) 719-2211~3
팩스 (02) 701-9386
등 록 | 1977년 4월 28일 · 제1-421호

ISBN 978-89-426-1837-8 (93330)

값 18,000원